Guantian xiwen

观天习文

纪念北京师范大学天文系建系60周年

陈黎　陈阳◎主编

当代世界出版社
THE CONTEMPORARY WORLD PRESS

序

　　2020年，对北师大天文系而言极不平凡，它标志着天文系度过了整整一个甲子。作为纪念北师大天文系成立60周年的重要组成部分，我们请陈黎教授负责主编了这本纪念册《观天习文》，相信这本图文并茂的册子会成为她主编的50周年系庆纪念册《追星逐月》的姐妹篇，不仅呈现出天文系一个时期以来发展的方方面面，反映出天文系在人才培养、科学研究和社会服务中所做的点点滴滴，更体现了北师大天文人的人文情怀与梦想。

　　回首往事，我们要致敬天文系的前辈。物理楼手工建造的太阳塔和陈列室的老物件，生动勾勒出前辈们呕心沥血和乐观向上的身影，你们历经艰辛、不懈奋斗的履历不仅为我们今天的发展打下良好的物质基础，更成为我们努力奋斗的精神财富。展望未来，我们深感任重道远。在祖国天文事业迅猛发展的当下，北师大天文人要秉承优良传统，更加重视冯克嘉先生倡导的"三材"建设，营造"和为贵"系文化，注重内涵式发展，进一步提高教师队伍水平，努力培养优秀学生，积极发展优势和特色学科，拓展国际交流合作，切实提高服务社会的能力。

　　《观天习文》以系训为题，对前行者是一种精神追忆，对后来者又是一种现实期冀。纪念册收到很多系友们感人至深的稿件，感谢你们将往日珍藏的回忆与大家分享，读来如饮甘冽，爱不释手，备受启发。

　　斗转星移一甲子，春华秋实六十年。过去北师大天文系走过了不平凡的道路，今天北师大天文系还将昂首走向辉煌。相信在学校的直接领导下，在兄弟单位同仁们的大力帮助下，在广大系友的关心和支持下，通过全系师生的共同努力，北师大天文系未来一定能续写出更加绚丽的篇章，为我国天文事业的发展做出应有的贡献。

仲佳勇

2020年9月

目　录
CONTENTS

第一章
贺辞

院士题词 …………………………………003

名家题词 …………………………………008

峰高路遥再展望 ………………… 何香涛 / 022

绘画书法作品 …………………… 肖兴华 / 023

书法作品 ………………………… 杜昇云 / 024

绘画书法作品 …………………… 翁庆余 / 025

祝寿 ……………………………… 康连生 / 026

小米画盘 ………………………… 米兰玉 / 027

桃李言 …………………………… 王正一 / 028

第二章
图文十年

1960—2020 年在天文系工作过的人员名单 …031

系主任访谈录 ……………………………034

图文十年——2011—2020 ………………046

现
天文

合作共建，共创多赢
——天文教学综合实验室建设和设备介绍··· 高　健／081
聚力提升服务社会的能力
——漫话光电探测研究室研究工作二三事··· 张保洲／091
合作——科研发展之路·················· 姜碧沩／094
恒星物理团队介绍···················· 毕少兰／097
星震学团队介绍······················ 付建宁／101
实验室天体物理团队介绍·············· 仲佳勇／104
谈谈引力波实验室
——激光干涉引力波探测器样机··· 张　帆等／108
初生牛犊不怕虎
——天文系本科生科研 20 年回顾 ··· 张同杰／110
助力高能"慧眼"，洞穿宇宙天体······ 陈　黎／115
快乐观天
——学生实习课程拍摄展示················／118

第三章
时间都去
哪儿了

FAST 团队中的北师大人 ············ 邱育海等／123
春秋甲子谱乐章······················ 史志成／128
薪火相传···························· 张喜镇／129
天文是我一生的追求·················· 夏晓阳／130
往事如烟···························· 杨永田／135
感恩师德···························· 张建卫／136
巡演······························ 肖天生／137
我的天文情缘······················ 秦　争／142
时间铸就理想······················ 蒋红涛／145
一生最关键的学习——学天文········ 郑志文／148

宿命天文·······························季凯帆 / 152

时间带给我的感悟······················卢方军 / 154

流星划过······························王斗天 / 157

寻迹·································平劲松 / 160

随笔 & APOD ·················陈玉琴 唐歌实 / 163

我的天文之路··························李德范 / 166

不惑之年的"天文印象"··················邱红梅 / 170

用情感培育情感························张立燕 / 174

工作偶记······························张　泳 / 178

时光的去处····························刘　茜 / 181

天空一无所有，为何给我安慰?·····王燕平 / 184

放飞自我······························袁田甜 / 189

天文馆科普展览二三事················赵开羿 / 192

十年·································葛志帅 / 195

时光漫漫······························潘海武 / 197

收拾过往，面向未来··················薛梦瑶 / 199

一片星辉照亮未来····················郁静娴 / 203

我曾经的星辰与大海··················周叶艳 / 206

科研生活的那些事儿··················王　舒 / 208

从天文到人文························刘　晗 / 210

弹指十年······························潘之辰 / 212

第四章
星夜寄情

马建民副校长心系天文系··········李宗伟 / 219

金婚记······························郑学塘 / 222

最美不过夕阳红······················堵锦生 / 227

说说我家的娃························陈　黎 / 230

观天习文

教的书…………………………………… 姜碧汐 / 235

北师大天文系——我永远的精神家园

…………………………………………… 王术军 / 238

感恩十年，情寄校园………………… 张　阳 / 241

太阳在上……………………………… 高　爽 / 243

我眼中的天文学，我心中的天文系 …… 高　鹤 / 246

仰望者的家园………………………… 高　爽 / 249

献给北师大天文系 60 华诞 ………… 赵泰安 / 253

韶华六十年（诗二首）……………… 王毅强 / 256

金色秋天……………………………… 吴树龄 / 257

贺岁联四幅…………………………… 张建卫等 / 259

七律二首……………………………… 王春明 / 260

临江仙·群星会聚…………………… 赵世荣 / 261

镜头里的天文系……………………… 于琪林 / 262

青玉案·静夜………………………… 李爱珍 / 265

琐忆我的天文缘……………………… 袁啟荣 / 266

清西陵之旅…………………………… 崔士举 / 272

同学情真……………………………… 袁　强 / 274

太多太多……………………………… 张聪慧 / 277

从东单到天安门，是一首祝酒歌的距离

…………………………………………… 翟　萌 / 279

杂忆杨志良老师……………………… 薛梦瑶 / 281

和孙老师在一起的日子……………… 宋秋宾 / 283

人生如逆旅，十年似白驹…………… 赵　赫 / 285

记忆的碎片…………………………… 满中意 / 287

在这里………………………………… 林海博 / 289

来生还做您的学生

    ——纪念我的导师杨志良教授……… 郭开明 / 291

本科之流水账………………………… 王盛堂 / 295

群岛…………………………………… 张若羿 / 298

一个幸运的 95 后的大学生活 ……… 王思雨 / 300

哲天联足球队往事…………………… 郭伟长风 / 303

从狼狈到优雅

    ——本科科研手记………… 邓丁山 孙　漾 / 308

冬日半夜十二点的教十楼顶

    ——天导实验课的"温暖"插曲…… 纪　璇 / 311

今夜我又挑灯三更…………………… 董晓菲 / 313

那个春天的故事……………………… 盛衍钧 / 315

球王！………………………………… 蔺是杰 / 318

终局之战……………………………… 高崇宇 / 320

"夜观天象"足球队的三场赛事…… 胡嵩煜 / 322

落进心里的流星雨…………………… 王泳好 / 324

满天星………………………………… 张敬雅 / 327

第五章
谈天说地

应氏杯………………………………… 何香涛 / 331

登滇池大观楼望家乡鹳雀楼

    …………………………… 纪树臣 刘绍颖 / 334

桃李六十春…………………………… 刘维真 / 335

望星空………………………………… 严子尚 / 337

我经历的纽约疫情…………………… 陈　鹰 / 339

有惊无险……………………………… 岑健敏 / 342

拜星月慢·致艾米黛拉……………… 李晓渝 / 345

随笔两篇·······················赵世荣 / 346

沙漠——我另一个家乡·············郑志文 / 350

演艺人······················王　沪 / 353

寻星揽胜忆青海

　　——德令哈观星琐记············李　鉴 /357

民以食为天···················陈冬妮 / 361

人在智利····················李抒璘 / 363

我和星缘的两次难忘经历···········詹　想 / 368

生活诗话····················查清哲 / 372

起早·······················张　珏 / 373

玫瑰星云

　　——致那些引我入门的祈愿········周梦怡 / 377

室友＆食友曾曾　···············陈启航 / 379

新五月花号在火星···············任桐田 / 381

后记 ·······························383

贺辞

第一章

院士题词

六十载育英才 天文界喜迎新俊秀
三十年同奋力 共庆建国一百周年

庆祝北京师范大学天文系六十周年

叶叔华
2020.6.25

观
天习文

北师大天文系六十华诞
六十载探索宇宙成绩斐然
一日日培育英才惠及天下
苏定强敬贺

贺北师大天文系成立六十周年
六十载桃李满天下
新甲子迈步从头越
陈建生 庚子年五月

潮来潮去考名校，
梦里巡天欲求道，
学生不见建系时，
系见学生几回老！

俚言贺北师大天文系建系六十周年

敬贺北师大天文系成立六十周年

教学科研硕果累累
不懈书写辉煌明天

二零二零年初夏 崔向群

六旬问天育人路
百年圆梦报国情

恭贺北师大天文系六十华诞
中科院国家天文台 汪景琇
二○二○年五月廿二日

贺北师大天文系六十华诞

观天育人天人合一
沐日浴月日月经天

刘川

二○二○年六月四日

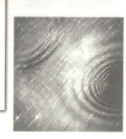

闲天寻道一甲子

授业解惑薪辉煌

祝贺师大天文系六十华诞

韩占文 二〇二〇·五·二〇

六十载洵星问道屡谱新篇

百年学人桃李芬馥满天下

贺北师大天文系六十华诞

常进 二〇二〇·五·二〇

名家题词

北京师范大学天文系建立 60 周年华诞志庆
北京

天文建系历艰难，
一瞬回眸六十年。
成就辉煌名学府，
人才优秀跻高端。
师生献礼欢心庆，
兰蕙争芳满苑妍。
放眼新征谋发展，
攻坚致胜已前瞻。

——胡云富

学贯天人际

名争日月光

北京师大天文系六十周年贺

庚子夏月柳斌书

探索宇宙奥秘
造福人类生存

敬贺北京师范大学天文系成立六十周年

庚子初夏

九一老叟 邵明逸书

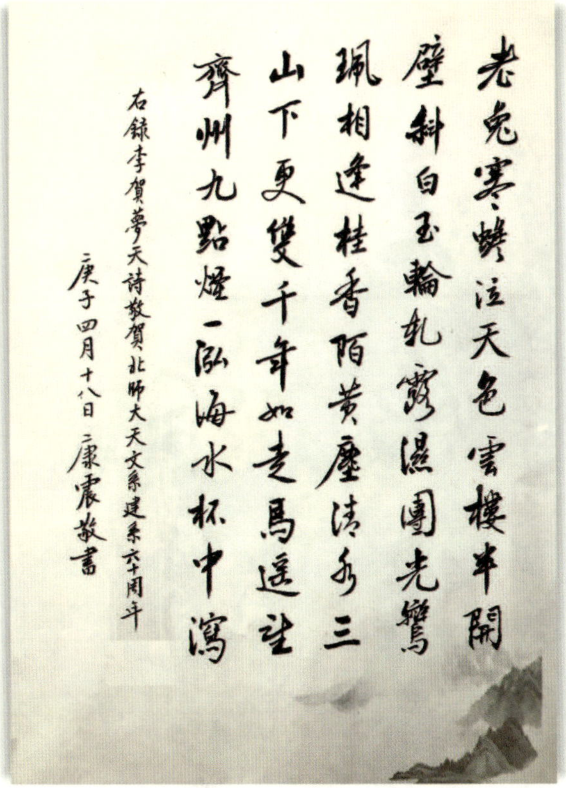

老兔寒蟾泣天色 云楼半开
壁斜白玉轮轧露湿团光鸾
珮相逢桂香陌黄尘清水三
山下更双千年如走马遥望
齐州九点烟一泓海水杯中泻

右录李贺梦天诗敬贺北师大天文系建系六十周年

庚子四月十八日 康震敬书

天心参道义
文采焕绨缨

母校天文系薪延之颂

庚辰之夏中文八七校友蔡培贵敬作

培育天文人才 创新一流学科

北京师范大学天文学系成立六十周年志庆

南涌云汉敬贺

庆祝北京师范大学
天文学系成立六十周年

庚子之夏月　常敬宇书

第一章　贺辞

探索宇宙

曹文灏 献辞

庆祝北京师范大学天文
学系成立六十周年

祝贺 北京师范大学天文学系成立四十周年

探索宇宙奥秘
造福天地众生

庚寅夏月王麻坤书于北京

賀北京師範大學天文學系成立六十周年

蒼穹無垠學無涯探賾索隱
建奇葩輝煌滿甲勤耕讀
六十榮昌冠華夏

貳仟零貳零年六月　蘇新紅題賀

现 天文

起舞弄清影
何似在人间

北京師範大學天文係成立六十周年

二零二零年七月世華敬賀

朱博华

北京师范大学天文系成立三十周年贺

天文文耀於斯

庚子夏月西安朱博华王志敏文王羽禅士

王志敏

探索浩瀚宇宙

造福人类生存

贺北师大天文学系成立六十周年

二0二0年校友王四矮书于京华

峰高路遥再展望

何香涛 教师

绘画书法作品

肖兴华 教师

书法作品

杜昇云 教师

宇之表无极
宙之端无穷
学之海无涯
理之广无垠
宇宙学理深
探研无止境

贺建系六十周年
庚寅春昇云书

篮球曾是我喜好
年逾古稀仍奔跑
力不从心才放弃
唱歌跳舞亦热闹
好友相聚打台球
准时上班兴致高
专业未丢再努力
修史大系心血浇
科普足迹八省留
至今未断不言老
笔耕舞文又弄墨
木铎心声常撰稿
恬静快乐陪老伴
退休生活不单调

退休生活二三事
庚子春昇云书

绘画书法作品

翁庆余 1960 级本科

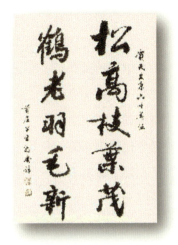

祝寿

康连生 1964 级本科

六十大寿弹指间，
多少思念留心田。
古今中外学科众，
唯我天文最优先。
吾辈创业历艰险，
后生代代谱新篇。
系友师生齐努力，
宏图大展史无前。

　　注：作者毕业后在北京天文台（现国家天文台）工作。曾参与建立我国第一个脉冲星观测系统，并取得了国内首次观测成功。后又参加了米波综合孔径、FAST 等项目工作。退休后学习国画和摄影等，是中科院美术家学会会员。作品多次参加院里和市里的展览，并曾在中科院书画大奖赛上获得二等奖。

小米画盘
——以我拙笔寄思念——贺天文系成立 60 周年

米兰玉 1995 级本科

桃李言

王正一 2017 级本科

观天习文

現天文

图文十年

第二章

1960—2020 年在天文系工作过的人员名单

全体人员名单

冯克嘉	董以师	刘世楷	朱光华	黄　桢	彭忠明	凌慧娟	袁宗晏
李宗伟	郝允祥	何香涛	堵锦生	杜昇云	倪彩霞	曹文翰	张启俊
李志安	刘学富	王克文	周克平	刘佩华	童　彝	肖兴华	王桂筠
肖孝兰	孟繁府	黄华邦	吴必信	赖春明	朱慧斌	范　英	黄　瑞
孙　锦	郑学塘	马文章	贾学文	曹盛林	吴时敏	高正民	凌慧娟
王均广	魏宝忠	王贵昌	杨　静	宫　虹	张燕平	吴圣谷	毛信杰
卞正旺	王松生	齐竞男	刘方鑫	崔维征	缪增妹	李和裕	李凤岐
仇转娣	刘景春	邓连发	李学尧	霍彩萍	高恩惠	孙德海	赵之涛
储齐人	张　研	王爱萍	王星桥	陈惠卿	张安京	周景萍	李子英
孙文珍	石锦新	宋　伟	赵曼娅	蒋静芬	王　菲	厉亚芬	李雪冬
高尚志	李秀芬	张　勇	汪哲臣	于建成	陈　黎	张保洲	葛卫国
唐　杰	黄　河	马丽芳	葛家满	唐冬平	房　耕	田京娜	周正峰
方冬萍	郑晓东	左　林	胡隽辉	洪　林	王术军	王建民	刘宝田
赵伟瑞	曹丽娟	张同杰	孙艳春	武向平	杨志良	陈　阳	刘文中
赵　娟	张竹梅	姜碧沩	高　健	徐　昶	李庆康	朱宗宏	毕少兰

付建宁　张文昭　魏静萍　张　琳　白　宇　陈嘉婕　张　阳　余　恒

吴江华　卢利根　杨伍明　仲佳勇　李正祥　张　帆　高　爽　刘　康

林　琳　高　鹤　曹　硕　夏俊卿　苑海波　曹周键　胡　彬　郭建鹏

张先飞　邢　楠　魏　星　肖存英　安维明　宗伟凯　吕卫青　平永利

陈蕾光　陈　悫　张　杰

博士后（带有下划线的博士后出站后已留校任教）

<u>杨伍明</u>　唐延柯　<u>李正祥</u>　李小波　张雪峰　苏　杰　<u>张先飞</u>　祁景钊

杨　青　韩　波　<u>宗伟凯</u>　杨　涛　王佳鑫　季力伟　刘良端　赵志超

李少泽　易　竹　赵　东　汤鹏飞　章　博　梁　楠　张　益

历任系主任

冯克嘉

郝允祥

李宗伟

马文章

武向平

陈黎

朱宗宏

仲佳勇

历届党总支（支部）书记

朱光华

张启俊

王桂筠

袁宗晏

王均广

马文章

孙锦

陈黎

张保洲

李庆康

系主任访谈录

冯克嘉

一、创系

（受访者——何香涛教授）

1958 年 10 月，天文教学小组被取消，改为由教师、学生、工人三结合的物理学系第三研究室。冯克嘉先生担任该室主要负责人。研究室成立时确定的研究方针是：科学研究应该结合教学，结合国家建设需求，应有明确的社会目的性，而太阳与国民经济关系甚为密切，因而确定开发太阳物理工作。但这方面的设备却一无所有，而且关键设备——太阳塔，别说没有一个人见到，许多人甚至是第一次听说。于是，人们四处奔波找资料，刻苦钻研，日夜苦战，终于利用物理楼电梯通道建起了太阳塔。为制造塔内全部光学仪器，兴办了一个光学仪器厂，厂里用普通玻璃磨制口径 50 厘米的大镜面，自制了太阳单色光观测用的偏振片和口径 40 厘米的定天镜。由于太阳塔需要的大型光栅不能靠进口解决（一块价值 8000 多美元），于是厂里派人走访民间搞微雕的老艺人和印制钞票邮票的工厂，学习技术，终于自己刻成了 12×12 厘米、600 条/厘米的光栅。最后，利用这个土制太阳塔拍出了太阳光谱，还制作了底片坐标量度仪等。尽管这些土法制作的仪器设备的精度不够，甚至造成一些浪费，但大家能在一无所知、一无所有的情况下在如此之短的时间内将设备制造出来，并获得一定成功，就已经是个奇迹了。有了这些设备，北京师范大学物理系天文研究室也就拥有了一个集光学观测、分光观测和射电观测为一体的小型综合天文台。

1959 年 9 月，北京师范大学光学仪器厂正式成立。

10 月，物理系主任金永龄在全系大会上正式提出：将物理系扩建成"四系、三所、一台"，四系指无线电电子学系、核物理学系、天文学系、物理学系，一台是北京师范大学教学用天文台。

天文研究室经过数年的酝酿、摸索、积累、苦战，在人力、物力上已有相当基础，一个教学用天文台的雏形也已具备，可以说，北师大天文学系，已呼之欲出了。

1959 年年底，北师大副校长刘墉如，党委副书记、副校长马建民，物理系主任金永龄联合向教育部申请在北京师范大学建立天文系。1960 年 2 月，教育部批准北京师范大学天文系正式成立。同年 6 月 24 日，教育部党组报呈

何香涛教授

国务院文教办和中宣部的《关于北京师范大学今后发展方向和方针任务的请示报告》中，明确将天文系的"天文物理专业"和"天文光学专业"列入北师大的专业设置方案。

北京师范大学天文学系刚成立时未设系主任，由副系主任冯克嘉主持工作。教师党支部书记由朱光华担任，教务秘书为王克文。当时的天文系有教授一人（刘世楷），副教授一人（冯克嘉），讲师三人（黄桢、朱光华、汪家华），助教十余人，他们都是原物理学系天文小组成员，毕业后留校

担任了天文系的教师。另外，从正在筹建中的北京天文台调来了几名实验员，这就是刚建系时的全部人马。

左起：张保洲、谭满清、郝允祥
2017年摄于莽山公园

冯先生在系庆25周年会上致辞

二、说说25周年系庆

（受访者——郝允祥教授）

1985年2月，天文系老系主任冯克嘉先生离休离职，我接任系主任。次年2月，我被调至校部工作。考虑到我在1985年4月至6月按原计划到日本埼玉大学外访3个月，我实际在系主任岗位上为天文系效力的时间很短。

任职时间短，做事少，兼以距今已久远且个人记忆力衰退，现感到没有多少可说的往事。今年搞60周年系庆，我就顺便说说1985年举行的天文系25周年系庆吧。那是我们系第一次系庆，庆祝活动规模虽然不大，但全系上下都齐心协力，北京天文台台长王绶琯先生等校外单位代表亲临现场，校内关系密切的系、所和校领导也到场祝贺。那次系庆，系里还专门印制了一册天文系第一个科研成果汇编，搞这个汇编意在借系庆之机在全系鼓动科研之风。此汇编工作我们请老系主任冯克嘉先生主持，全系老师积极配合撰稿，小葛（家满）还专请启功先生为汇编题名。此汇编在系庆现场赢得不少赞誉。系庆后我曾代表天文系到北医三院看望物理系病重的吕烈扬先生，给他带去的礼物之一就是这本汇编，尽管他重病在身，还是情不自禁地当场浏览了目录，并高兴地对他的学生们以及天文系其他年轻教师说了许多鼓励的话。

三、办系抓"三材"

（受访者——李宗伟）

北师大天文系是 1960 年 2 月根据教育部的批示成立的全国第二个天文系，当时的系（副）主任冯克嘉先生提出办系要抓"三材"：人材、教材和器材。我 1960 年毕业后分配到天文系协助系主任工作，曾到南京大学天文系吸取办系的经验，然后制定北师大天文系的教学大纲和办系方针。天文系刚成立没有几年就遭遇"文化大革命"摧残，这十年中教师不能上课，学生也不能学习课程。"文

李宗伟教授

革"后，1977 年我被任命为副系主任，1987 年当选系主任，一直到 1994 年年底换届，为天文系工作了几十年，与广大师生一起为天文系的生存而努力奋斗。20 世纪八九十年代，正值国家改革开放和大发展的时代，高校发展中竞争十分激烈，回想和总结起来，在这期间天文系主要抓了几件大事：（1）申请天体物理博士点，这是相当难的任务，也是非常重要的事情，也反映出天文系在国内的学术地位；（2）集中全系的力量发展计算机和 Email 工作，当时成为学校 Email 中心；（3）坚持"请进来和走出去"指导思想，狠抓真正的科学研究，坚持教学和科学研究共发展，还出版了在国内有影响的教材；（4）发扬老系主任的办系思想，天文系突出天文实习和重视学生的天文实践，在国内口碑很好。总之，多年的系主任工作我最深的体会是：办好一个系最重要的是一定要得到校领导的重视和关心爱护，当时天文系便受到马建民副校长和袁贵仁校长的关心和支持。

四、关于三件事情的回忆

（受访者——马文章教授）

北师大天文系 1960 年建系，我是当年 9 月入校的天文系 60 级学生。

我在北师大天文系学习、工作，从天文系退休后继续在北师大珠海分校工作、生活到 2020 年，加起来也是 60 年，感到非常的荣幸。

1994—2000 年期间，我担任天文系主任。在这期间，天文系行政班子和孙锦老师负责的系党总支团结一致，在提高天文系教学质量、科研水平和福利等方面做出了努力；进一步加强了和北京天文台等天文单位在人才培养和科学研究方面的合作，建立了联合基地。

我离开天文系快 20 年了，当时有些事已记不太清楚了，我选择下面三个事件做个回忆。

马文章教授

1."北师大星"的由来

"北师大星"是宇宙空间中一颗自然天体小行星（国际编号 8050）的名字。这颗小行星的发现者是北师大天文系本科 81 级毕业生朱进。朱进博士在中国科学院国家天文台（1991 年 7 月—2002 年 9 月）工作期间，参加了施密特望远镜 CCD 多天体测光研究工作并主持小行星 CCD 观测研究项目。截止到 2001 年，该项目共发现并获得国际小行星中心暂定编号的小行星 2728 颗，获得永久编号和命名权的小行星 1214 颗。

按照国际上有关规定，小行星的发现者有权给自己发现的小行星命名。2000 年，北师大启动了"北师大百年校庆"有关筹备工作。这期间，朱进博士想把他发现的一颗小行星命名为"北师大星"。当我知道朱进博士这个想法后，立刻陪他一起去向时任北师大校长袁贵仁做了汇报。袁贵仁校长听后非常高兴，认为小行星被命名"北师大星"是给百年北师大争光。汇报中我们提出：希望学校领导能出面，向国家天文台有关领导表达谢意。袁校长当场答应并说他亲自去，让我们尽快联系。经和国家天文台有关部门联系，袁校长和校办主任及朱进和我，一同拜会了主管国家天文台施密特望远镜 CCD 多天体测光研究项目的陈建生院士。我们表达了学校和天文系对国家天文台和负责同志的谢意，当即确认了将发现的一颗小行星命名为"北师大星"，并尽快上报提请国际天文学联合会小行星提名委员会批准。

2001 年，国际天文学联合会小行星提名委员会正式批准，由中国科学院国家天文台施密特 CCD 小行星项目组发现的国际编号为 8050 的小行星被正式命名为"北师大星"。这是国内继北京大学之后，第二所大学获得小行星命名的殊荣。从此，宇宙空间有一颗自然天体小行星，它的名字叫"北师大星"。

2. 天文系建立"卫星定位导航实验室"的梦想

目前，"互联网""卫星定位导航"等新技术可以说家喻户晓，大家都在使用。然而，在 20 世纪 90 年代初期，可不是这样。就拿"卫星定位导航"来说，当时那可是少数单位少数人在做的事。

后来，我看到有关我国将于 1994 年启动北斗卫星导航系统建设的信息，并查看和阅读了有关卫星定位和导航方面的书刊。我发现卫星定位导航系统应用面非常广，凡是需要精确位置的领域都有需要，而且卫星测量定位涉及许多天文学基础知识，例如人造卫星运动轨道理论、卫星受摄运动和星历计算、天文坐标系、时间系统、误差理论等。我感到天文专业本科生应该对卫星定位导航系统的原理与应用有所了解，特别是天体力学、天体测量专业方向的学生。

在这种认知下，我希望天文系能有一台卫星定位导航系统接收机（具体就是想买一台 GPS 接收机及运行软件）。如果有了 GPS 接收机和软件就可以成立"卫星定位导航实验室"。当时，国内天文界中上海天文台是开展"卫星定位导航"研究工作比较早的单位，上海天文台购买了 GPS 接收机和有关软件系统，做了大量观测与研究工作。系友程宗颐（北师大天文系 61 级本科毕业生，毕业后分配到了上海天文台工作）在"卫星定位导航"研究团队里从事软件工作。为了能更多了解 GPS 卫星导航原理和应用，我曾多次向上海天文台从事 GPS 卫星定位导航研究团队的科研人员和程宗颐等系友请教，并就天文教学需要买一台 GPS 接收机一事向他

们做了多次咨询。

根据天文系当时的情况和学校支持的力度，买一台 GPS 及运行系统、建个实验室的想法根本不可能，这个美好的愿望难以实现。后来，在系友程宗颐等同志的大力帮助和争取下，上海天文台将早期购买、已经退役的小型 GPS 接收机赠送给了北师大天文系。在此，我非常感谢上海天文台多年来对北师大天文系教学工作的支持和帮助。上海天文台赠送给北师大天文系的 GPS 接收机，是由在上海天文台毕业的天体物理学博士张同杰来北师大天文系任教时，从上海背到北京的。我们看到了 GPS 接收机实物，非常高兴！在此，我真诚地感谢张同杰老师的付出。程宗颐系友还专程来北师大天文系帮助我们装软件和试观测，证明这个小型 GPS 接收机是可以正常使用的。在此，我也要真诚地感谢程宗颐系友，感谢他对天文系无私的帮助。

在我任期内，我没有实现在天文系建立一个"卫星定位导航实验室"的愿望。但我非常高兴地看到下届天文系行政班子，建立了"精密定轨实验室"，安装了工作站和 GPS 接收机等设备，并聘请汤锡生少将指导完成了相应软件的移植和模拟。在此，我真诚地希望建立的"精密定轨实验室"在天文人才培养中发挥它应有的作用。

3. 北师大退休年龄为什么是 61 岁

在我任天文系系主任期间，正赶上学校下调教师退休年龄。原来北师大教师的退休年龄是 65 岁。当时，学校根据上级指示精神，要将退休教师年龄调下来。北师大执行这个规定时，时任校长是陆善镇教授。

开始是由 65 岁退休下调到 64 岁退休，然后每一年下调一岁退休年龄。开始执行时，虽然有些教师也有些不理解，但这是上级的规定和要求，必须执行。当教师退休年龄下调到 63 岁时，学校各系的系主任坐不住了，原因是系里老教师同步退休，教师队伍青黄不接，学校许多学位点出现了没有导师的现象。为了保障教学需要，保住已有的学位点，理科各系的系主任联合起来，向陆善镇校长反映情况，要求学校停止下调退休年龄，以保障教学需要和保住学位授权点。这期间尽管各系多次反映出现的问题，但学校没有采纳理科系主任们的意见。

下一年，教师将是 62 岁退休了，学校仍没有表态停止下调退休年龄。理科各系的系主任再次联合起来，要求学校有关部门到各系了解实际情况，看我们各系反映的情况是不是真实。在这样的背景下，学校把教师退休年龄停在了 61 岁。高校教师 61 岁退休，可能只是北师大吧！

五、进入 21 世纪

（受访者——陈黎教授）

武向平院士

2001 年天文系换届。当时第一批建系的教师几乎同步退休，天文系仅剩下不足 20 位教师。我觉得这是天文系发展最为艰难的一个阶段。为了寻求天文系发展的新思路，系领导向当时的国家天文台台长艾国祥院士求援，希望让时任国家天文台宇宙学组的首席科学家武向平研究员兼任天文系主任。武向平一来，就自出经费，为天文系装备了第一个多媒体教室，还给系里提供了一批国外最新书籍资料，并为本科生开设了宇宙学课程。一年后，武向平辞去了系主任职务。接下来一直到 2010 年 1 月，

陈黎教授

我先后做了两届系主任，第一届时，我做系主任并分管教学，杨志良和杨静为分别任科研和行政副系主任，张保洲任书记；第二届时，我做系主任，副主任是张燕平和姜碧沩，分管教学和科研，书记仍为张保洲。我自己对这 10 年的评价是承上启下的 10 年，当然，也不乏可圈可点的事情，例如：

校友朱进发现的国际编号为 8050 的小行星被正式命名为"北师大星"，在师大百年校庆时为母校献上一份好礼；接着，天文系光电探测研究室与物理系、低能所光学专业联合成立了北京市重点实验室。今年的新冠病毒让我们很容易想起 2003 年曾经经历的"非典"，那年我系获得了

"抗击非典先进单位"。在上个世纪，文档大都是纸质的，随着 2005 年教学评估，我们完成了天文系首版系列电子教学文档。在实践基地建设上，我们先后与国家天文台和云南天文台签署了共建天文学实践基地，并共建了 80 厘米"国家天文台—北京师范大学望远镜"（NBT）和 60 厘米"云南天文台—北京师范大学望远镜"（YBT）。到了 2007 年，天文系入选教育部特色建设专业，次年又入选北京市特色建设专业。

天文系还与学校教育学部合作，开始招收天文教育方面的硕士研究生，成为国内唯一招收天文教育硕士的单位（现在所有教育硕士均已并入教育学部）。

在我两个任期内，我觉得最重要的是先后引进了姜碧沤、朱宗宏、付建宁和毕少兰四位教授。朱宗宏在北师大取得了杰青和长江学者称号。他们现均为二级教授，参与了多项国际国内重大科研项目，多次主持自然科学基金重点项目，为天文系的发展作出了显著贡献。

朱宗宏教授

六、实现跨越式的发展

（受访者——朱宗宏教授）

2010 年 1 月—2016 年 12 月我担任天文系系主任 7 年。早在 2000 年，当时我还在国家天文台工作的时候，天文系就要引进我到师大做天文系主任，但考虑到要扩大国际视野，我选择了去日本国立天文台工作。2004 年回国到天文系工作后，系主任陈黎教授多次动员我担任一些行政管理工作，我都以京师学者特聘教授科研工作压力大为由婉拒，直到 2009 年年底终于被陈黎教授说服，从 2010 年年初开始担任系主任，一届四年后的 2014 年我申请换届卸任，想效仿中国天文学会和北京天文学会理事长不连任的传统，但学校和系里多方劝留，最终还是在 2014 年 12 月换届连任，但是只承诺完成半届，两年后经过多次辞职，终于在 2016 年 12 月底从系主任位置上退了下来。我个人对院系行政一把手位置的认识是：这不是一个发号施令的领导岗位，更不是走上仕途的台阶！对于一个学者而言，这是一个完完全全牺牲自身学术时间和精力，和管理团队一起为一个学科发展甘愿奉献的服务岗位！我认为院系的工作就是要针对一个大学的社会功能来着力，体现在人才培养、科学研究、社会服务、文化创新四个方面。而要做好这四个方面的工作，就要辅之以三个方面的建设：师资队伍与资源、国际交流与合作、管理规范与制度化。我担任系主任 7 年间，整个管理团队前后两届班子包括书记张保洲教授、副书记张琳老师、总支委员杨伍明教授；副主任付建宁教授、毕少兰教授、吴江华教授、仲佳勇教授；学术委员会主任姜碧沩教授；工会主席杨静老师、张琳老师；办公室张竹梅、吕卫青和张阳。7 年期间，在前后两届班子和整个管理团队的通力协作下，在全系教职员工的共同努力下，在学校领导和各个职能部门的大力支持下，在我国和国际天文界的大力支持下，北京师范大学的天文学科得到了全方位跨越式的发展，受到了学校各方和整个天文界同行的关注和赞扬！

我们加入了学校"985"数理平台基地，使天体物理获批为北京市重点学科。我们增设天文学博士后流动站，通过引进和培养，天文系国字头人才比例居全校前列！我们拥有国家优秀外专团队和四名高端外专；成为多项双边或多边国际合作项目的中方牵头单位。

在人才培养方面：从 10 级开始，我们进行教学国际化的大胆尝试，全年级成建制出国研修，这在全校尚属首次。我们还参与了国际处牵头的和加拿大卡尔加里大学的 2+2 人才培养合作协议的签订，联系荷兰莱顿大学天文台，为本科生出国留学开辟新渠道。从 12 级开始改革本科生招生方法，实行自主招生。我们一贯注重实践教学，在物理楼顶增设 10 台小望远镜组成的望远镜群、建设校内互动式数字天象厅、启动教十楼太阳塔的重建，为天文实验增加新内容。2012 年，天文系与国家天文台共建校外人才培养基地获得北京市立项，是全国高校首个省市级天文校外人才培养基地项目。

天文系提高了博士和硕士毕业标准、强化研究生科研能力；增加本科生、研究生海外研修经历，学生国际交流人数一度仅次于教育学部位列全校第二！这10年，我们有多位本科生、研究生获得学校十佳和宝钢奖，研究生论文的数量和质量在学校名列前茅。

为了保证教学科研的有序进行，我们还制定了一系列规章制度：

政策、制度文件名	
《天文系党政联席会制度的规定》	《天文系研究生培养国际化项目管理办法》
《天文系党政联席会的议事规则》	《博士研究生招生规则》
《天文系领导干部廉洁从政若干规定》	《硕士研究生招生规则》
《天文系年度考核标准》	《天文系科研经费管理制度》
《天文系业绩津贴分配方案》	《天文系财务管理制度》
《本科人才培养方案》	

七、新的征程

（受访者——仲佳勇）

仲佳勇教授

2016年年底，我接任天文系主任，吴江华教授和夏俊卿教授任副主任，李庆康教授任书记，张琳老师任副书记。我接任天文系主任时，国内多个高校相继成立了天文系和天文专业，天文教育发展势头迅猛，加之天文学科评估的特殊性，让天文系倍感压力。为了迎接这样的挑战，天文系领导班子着力引进青年人才，发展多学科方向，广泛开展国际合作，关注社会服务能力建设，天文系呈现快速发展趋势：

近几年天文系共引进了约 10 位优秀人才，系教师队伍扩大到了近 40 人，拔尖人才比例接近 30%；年均科研经费在 1000 万以上，获得国家自然基金近 20 项，包括 5 项重点和重大专项课题；SCI 论文年均达 50 篇以上，其中有两篇论文发表在 Nature 子刊；朱宗宏教授荣获教育部高等学校科学研究优秀成果奖自然科学二等奖；天文系教师科普著作也获得国家奖励，科研成果首次获评中国十大天文科技进展。

2018 年天文系获得一级学科博士学位授权点。本科生和研究生人数创新高，超过了 200 人，博士后 12 人。本科生连续入选北京师范大学十佳大学生，本科生、研究生科研成绩在学校名列前茅。

观测实验条件大为改观，与国家天文台、新疆天文台共建的慕士塔格 50 厘米望远镜即将投入使用；与国家天文台签署合作成立天体等离子体模拟联合实验室紧张顺利进行；引力波实验室进入实质建设阶段；1.9 米望远镜项目立项也在推进中。

特别值得一提的是，2019 年南院 F 座 1000 平方米新办公用房投入使用，加之学校提供引力波团队的 500 平方米实验用房，极大地改善了天文系教职工的工作和实验环境。

今天，我们迎来天文系办学新的甲子，希望天文系未来的发展更上一层楼。

图文十年——2011—2020

　　2010年恰逢北京师范大学天文系建系50周年，我系于2010年9月25日在校本部举办了隆重的庆典。数百位科学家、系友和领导见证了这一盛会。

天文系成立50周年庆典

系主任朱宗宏教授致开幕词　　　党总支书记张保洲教授主持大会

　　天文系现有教职工 41 人，平均年龄不到 43 岁，其中教学科研岗 31 人，教授 20 人，副教授 6 人，讲师 5 人，长江学者奖励计划特聘教授和国家杰出青年基金获得者 1 人，国家青年千人和优秀青年基金获得者 6 人，入选教育部新世纪优秀人才培养计划 4 人，北京市教学名师奖获得者 2 人。天文系天文学专业为教育部和北京市特色专业建设点，也是一级学科博士学位授权点。

　　近年来在学校领导和各部门的大力支持下，天文系得到了快速发展，2010 年在国内高校综合排名第 4，在国际学术领域的地位和影响也在不断增强。自 2010 年起，天文系获得的基金项目多达 90 余项，特别是

2020 年天文系教师合影

2015 年之后，共获得 25 项国家基金，其中基金委重点项目 4 项，重大子课题 1 项，国家重大专项课题 1 项，优青 2 项，2016—2019 年天文系年科研经费均在 1000 万以上，获得国家自然基金近 20 项，包括同时主持 5 项重点和重大专项课题。

近十年来，北师大天文系在星系宇宙学、恒星物理、太阳物理、引力波天文学、天文力学与天体测量、天文技术与仪器、空间天文、实验室天体物理、天文教育科普等多个方面取得了显著的科学研究成果，共计发表学术论文 500 余篇，其中 SCI(EI) 论文 400 余篇，在实验室和实习基地等硬件建设方面有了新的突破（见相应介绍文章）。

天文系与国际知名高校、科研机构等开展了广泛的实质性的合作。如美国耶鲁大学、加州理工学院、University of Wisconsin、法国 les houches、德国 Free University of Berlin、波兰 Nicolaus Copernicus Astronomical Center 等。每年邀请国内外知名学者 40 余人来访报告。如诺贝尔奖得主 Weiss、Thorne 教授，美国国家科学院院士 Bruce 博士，加州大学伯克利分校的著名天文学家 Filippenko 教授，英国皇家学会 John A.Peacock 院士，东京大学理学院副院长 Hoshino，美国加州大学伯克利分校的著名搜寻地外文明

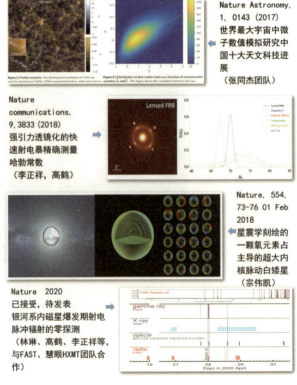

天文系部分教师科研项目

专家 Daniel Werthimer 教授，等等。在十二五期间，北京师范大学天文系部分科研人员成为国际 SONG 项目（国际恒星联合观测网）指导委员会成员和中国核心推进组成员。

近年来我国天文和物理界越来越关注引力波探测和引力波天文学的进展，开始在引力波天体物理、引力波数据分析和引力波实验方面开展研究工作。国际引力波界与我国进行合作的愿望也越来越强烈，在此背景下，由北京师范大学、清华大学、中国科技大学、华中科技大学和中国计量科学研究院组建了中国引力波工作组（朱宗宏教授任组长），正式成为日本 LCGT 和澳大利亚 AIGO 的合作伙伴，数据分析小组还成为美国 LIGO 项目的科学协助成员。

2017 年天文系朱宗宏、曹硕等获得教育部高等学校科学研究优秀成果奖自然科学二等奖

"系主任访谈录"一文概括地描述了天文系 60 年的发展脉络，本文将以图文形式，通过不同侧面来展示近十年来天文系的发展。

一、从办会看影响力

近十年，天文系承办了众多学术会议，在国内外产生了较大的影响力。

时间	活动（会议）名称	承办负责人
2010.3.29—4.2	第三届 SONG 项目国际研讨会	付建宁
2011.4.7—10	星震学与 SONG 项目学术研讨会	付建宁
2012.7.16—18	全国天文教育研讨会	付建宁
2013.3.4—8	第八届全球望远镜国际研讨会	付建宁
2013.8.2—6	BNU Summer School on Gravitational Waves	朱宗宏
2014.5.24—25	LAMOST 星震学研讨会	付建宁

2014.7.15—19	2014 星际物理与化学研讨会	姜碧沩
2014.7.21—25	2014 BNU Summer School on Gravitational Waves	朱宗宏
2014.8.4—8	2014 BNU Summer School on Gravitational Lensing	朱宗宏
2014.8.19—22	第一届郭守敬望远镜 – 开普勒卫星国际学术研讨会	付建宁
2014.9.12	北京师范大学航天员论坛	张同杰 张保洲
2014.11.18—27	引力透镜研讨会	朱宗宏
2015.7.13—17	"星际 / 星周尘埃"暑期讲习班	姜碧沩
每年暑期（7 月）	全国青少年天文与航天夏令营	李庆康 余恒
2015.7.28	WWT 宇宙漫游制作大赛	杨静
2015.12.11—13	恒星光变研讨会	付建宁
2015.12.16—19	太阳与恒星物理研究中一些前沿问题研讨会	毕少兰
2016.4.24—25	2016 Beijing gravitational-wave workshop	朱宗宏
每年暑期（7 月）	中小学天文教师暑期培训	张文昭
2016.7.25—29	2016 星际物理与化学研讨会	姜碧沩
2016.10.8—9	LAMOST 二期中分辨率光谱巡天研讨会	付建宁
2016.11.11—12	The 2nd International Meeting on KAGRA	朱宗宏
2017.4.3—7	Physics of the Intracluster Medium	余恒
每周五	舌尖上的天文	高鹤
2017.6.27—7.1	2017 星际物理与化学研讨会	姜碧沩
2017.12.19	诺贝尔物理学奖获得者科普讲演	张帆
2018.4.21—22	活动星系核及宇宙学研讨会	吴江华
2018.7.28—30	2018 星际物理与化学研讨会	姜碧沩
2018.8.28—31	GrEAT kick-off meeting & 7th Beijing GW Workshop	朱宗宏
2018.9.7—8	1.9 米光学望远镜研讨会	吴江华
2019.1.11—14	2019 年度春季恒星活动周学术研讨会	付建宁

续表

2019.1.22—23	1.9 米光学望远镜研讨会	吴江华
2019.4.13	第五届高能量密度物理青年科学家论坛	仲佳勇
2019.6.25—29	The 6th workshop on magnetic fields in laboratory high energy density plasmas	仲佳勇
2019.7.16—20	星际物理与化学研讨会	姜碧沤
2019.7.16—19	1.93 米光学望远镜研讨暨项目启动会	吴江华
2019.9.7—9	第二届宇宙学与阿里宇宙微波背景辐射极化望远镜研讨会	胡彬
2019.12.13—14	太阳与恒星物理研究中一些前沿问题（系列）研讨会	毕少兰
2019.12.8—10	北京师范大学天文系与中国科学院新疆天文台合作交流研讨会	仲佳勇

让我们通过照片对这些活动（会议）进行回顾：

2017 年 12 月 19 日，诺贝尔物理学奖得主、美国麻省理工学院物理学教授雷纳·韦斯（Rainer Weiss）和美国加州理工学院费曼理论物理学教授基普·索恩 (Kip Thorne) 来到北京师范大学，参加由未来论坛和北京师范大学天文系联合主办的第 36 期理解未来讲座，为师生们讲解引力波。

第二章　图文十年

1.BNU Summer School on Gravitational Waves 2013.8.2 摄于北师大

2.BNU Summer School on Gravitational Waves 2014.7.21 摄于北师大

3.BNU Summer School on Gravitational Lensing 2014.8.4 摄于北师大

4. 引力透镜研讨会 2014.11.18 摄于北师大

5.Beijing Gravitational-wave Workshop 2016.4.25 摄于北师大

6.GrEAT kick-off meeting & 7th Beijing GW Workshop 2018.8.28 摄于北师大

7.The 2nd International Meeting on KAGRA 2016.11.11 摄于北师大

1. 星际物理与化学系列研讨会 2014.7.15 摄于大连
2. 星际/星周尘埃暑期讲习班 2015.7.13 摄于北师大
3. 星际物理与化学系列研讨会 2019.7.16 摄于河北大学
4. 星际物理与化学系列研讨会组委会成员合影 2016.7.25 摄于成都
5. 星际物理与化学系列研讨会组委会成员合影 2017.6.27 摄于湖南湘潭
6. 星际物理与化学系列研讨会 2018 摄于昆明

全国天文教育研讨会
2012.7.16 摄于北京市
密云区瑞海姆田园度
假村

第二章　图文十年

1. 第三届 SONG 项目国际研讨会 2010.3.29 摄于北师大

2.LAMOST 二期中分辨率光谱巡天研讨会 2016.10.8 摄于北京香山卧佛山庄

3. 星震学与 SONG 项目学术研讨会 2011.4.7 摄于江西南昌大学

4. 第八届全球望远镜国际研讨会 2013.3.4 摄于北师大

5.LAMOST 星震学研讨会 2014.5.24 摄于北京蟹岛会议中心

6. 第一届郭守敬望远镜－开普勒卫星国际学术研讨会 2014.8.19 摄于北京蟹岛会议中心

7.2019 年度春季恒星活动周学术研讨会 2019.1.11 摄于北师大

2015.12.16 摄于昆明

2017.4.3 摄于北师大

2019.4.13 摄于贵州平塘

第二章 图文十年

2018.4.21 摄于北京香山卧佛山庄

第六届高能量密度实验室等离子体磁场会议
2019.6.25 摄于贵州平塘

第二届宇宙学与阿里宇宙微波背景辐射极化望远镜
学术会议研讨会 2019.9.7 摄于北师大

自 2015 年后的每年暑期，我系和北京天文馆均联合主办"全国青少年天文与航天夏令营"和"中小学天文教师培训班"。夏令营通过知名学者学术讲演、实地参观、动手实践、师生互动等方式，展示天文和航天学近年来取得的重大成就，搭建青少年实现天文和航天梦的平台，增强青少年对天文和航天的兴趣，提高青少年的科学素养。培训班则系统进行天文教学、天文器材使用、天文观测实践等课程的培训，为全国各大中小学培养具备专业天文素养的天文教师，并以点带面，培养我国自己的天文后备人才。

2014 年 9 月 12 日，由中国载人航天办公室和北师大联合主办的"追星逐月、探索宇宙"论坛在我校举行。该活动是第 27 届太空探索者协会年会的社会活动之一，20 位多国航天员当日分别在北京、天津、西安、深圳 4 个城市，进入高校、研究机构等，介绍各自最新的飞行经历，分享体会，进行技术交流，探讨国际合作潜在的方向。

第二届 WWT 宇宙漫游制作大赛颁奖典礼 2015.7.28 摄于北师大

1.9 米光学望远镜研讨会 2018.9.8 摄于北京香山卧佛山庄

1.93 米研讨会暨望远镜项目启动会 2019.7.18 摄于新疆慕士塔格峰观测站

北师大天文系与中国科学院新疆天文台合作交流研讨会上，仲佳勇主任和王娜台长分别代表两个单位续签了合作协议 2019.12.8 摄于北师大

自 2017 年 4 月 13 日始，天文系将研究生例行的每周报告会更名为"舌尖上的天文"，邀请国内外专家做学术报告，同时各研究小组轮换报告自己的研究成果。同学们一边吃着盒饭一边讨论问题，使这一活动成为研究生科研活动的一个"品牌"。

二、研究生培养

天文系对博士生的论文质量提高了要求，使得这些年天文系研究生无论是科研产出质量指数还是论文数量，在学校都名列前茅，以 2017 年学校科技处的统计为例：

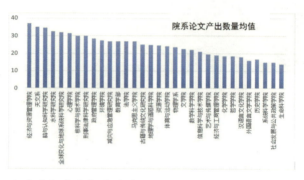

院系论文产出数量均值

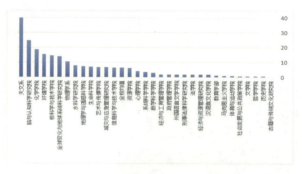

院系科研产出质量指数

2019 年 9 月 26 日，系领导和班主任到昌平校区看望博士新生

我系 2013 届博士生曹硕，师从朱宗宏教授，在校期间发表 SCI 论文 10 篇。他获得了 2012 年度宝钢教育基金优秀学生奖、2012 年度教育部"博士研究生学术新人奖"、2012 年度研究生国家奖学金和 2013 年北京市优秀毕业生。留校后，他被破格晋升为副教授。

曹硕

2013 级博士生任安炳（导师付建宁）基于对郭守敬望远镜的大样本恒星的光谱巡天观测数据分析，发现了一批贫金属星和超高速星的候选体。相关成果于 2016 年发表在国际天文学顶级学术期刊 The Astrophysical Journal Supplement Series，迄今已被 24 篇国际学术论文引用。

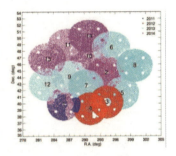

任安炳文章附图——郭守敬望远镜对开普勒天区的 4 年度光谱观测目标分布图

2010 级硕士生宗伟凯（导师付建宁）通过对位于南极冰穹 A 的中国 CSTAR 望远镜约 80 万幅观测图像的高质量的数据处理和分析，首次发现一颗盾牌座 δ 型变星 HD92277，并进行了双波段星震学分析。该成果于 2015 年发表在国际著名天文学期刊 The Astronomical Journal，并获得了审稿人的高度评价。鉴于宗伟凯在硕士生阶段出色的表现，他获得国家留学基金委的全额资助，

宗伟凯（左三）在法国通过博士答辩后与导师付建宁（左一）和答辩委员会合影

于 2013 年赴法国图卢兹天文台天体物理专业深造，并于 2016 年在法国以全优成绩获得博士学位。

三、向大众进行天文科普宣传是天文系老师们的义务和共识

1.2016 年 2 月 27 日，朱宗宏教授在理解未来系列讲座中发表演讲"LIGO 的成就和我们的思考"

2.2019 年 11 月，何香涛教授来到天文系帮扶的北师大大兴附小，做完报告后，和天文小组同学座谈

3.2016 年 3 月 27 日，李庆康教授在中国科技馆科学梦大讲堂作报告"科幻——令人脑洞大开的天文畅想"

4.2016 年 11 月 24 日，高爽博士在天津科技馆作报告"望远镜发明前的天文学"

5.2019 年 4 月 20 日，杜昇云教授在河北科技馆、科学燕赵学堂第二期进行"天文科学漫谈"

6.2019 年 10 月 23 日，张文昭老师在延庆三中介绍望远镜

7.2019 年 11 月 4 日，张同杰教授在珠海校区作"2019 年诺贝尔物理学奖与地外文明"报告时的合影

8.2016 年 2 月 16 日，张帆博士在中国环球电视网介绍由北师大参与组织撰写的《中国科学》引力波综述专刊

四、教书育人成绩斐然

北师大天文系天文学一级学科博士学位授权点研究方向包括：宇宙学，引力波，恒星，星系，星周，类星体，高能天体物理，实验室天体物理，空间等离子体，天体轨道测量，天文教育，等等。北师大天文系的定位与目标是：国内一流、国际有影响，即建成有国际显示度的学科，有国际竞争力、影响力的科研团队，培养优秀天文人才。北师大有着高校最完备的天文实践基地（详见高健老师撰文），为人才培养和相关的科学研究提供了重要的支撑。北师大天文系秉承"学为人师、行为世范"的校训，重视人才培养，在课程建设、实践教学、国际合作和科研能力培养方面砥砺前行，成绩卓著。

1. 本科生全员国外短期研修制度

天文系与美国、英国、意大利、法国、荷兰、加拿大、澳大利亚、日本等国多所大学的天文系或天文研究单位建立了合作关系，每年互派教师和学生交流访问，举办天文领域的国际会议或讲习班。近几年，天文系和加

我系与莱顿天文台合作协议签署仪式

拿大卡尔加里大学物理与天文系建立了 2+2 人才培养合作关系，学生在北师大和卡尔加里大学各学习两年，毕业后获得两个大学的学士学位；和荷兰莱顿大学天文台建立了 3+1+2 人才培养合作关系，学生在北师大和莱顿大学各学习 3 年，毕业后获得北师大学士学位和莱顿大学硕士学位。从 2011 年开始，天文系本科生在学期间有一至两次国外短期实习的机会（见下表）。

时间	研修期（天）	年级	研修地	带队人
2011.11	7	2010	KASI & BOAO, Korea	付建宁 陈黎
2012.10	7	2011	UWA, Australia	余恒
2014.11	8	2012	KASI & BOAO, Korea	卢利根 高爽
2015.07	7	2013	UWA, Australia	曹硕 张帆
2016.07	30	2014	USA/Finland/Belgium/Australia/Italy	学生各自前往
2017.07	14	2015	Tourla Observatory, Finland/UWA, Australia	胡彬 苑海波
2018.07	14	2016	Leiden Obs./UWA/UHH	胡彬 苑海波
2019.07	14	2017	Leiden Obs./UWA	胡彬

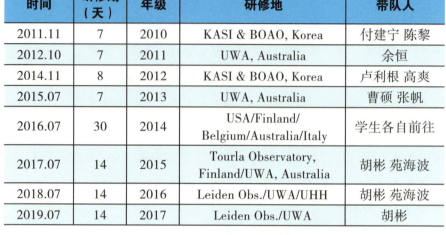
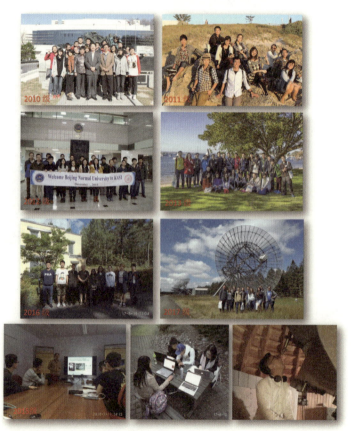

部分年级国外实习期间留念

研修之余的活动

2. 北师大十佳大学生风采

天文系本科生人数仅占全校本科生人数的1%，但入选十佳学生的人数比例却非常高。

1. 刘德子（2011届），曾获第十九届"京师杯"课外学术科技作品竞赛一等奖、第六届首都"挑战杯"课外学术科技作品竞赛一等奖、第十二届"挑战杯"全国大学生课外科技学术作品竞赛二等奖、宝钢教育基金优秀学生奖和北京师范大学十佳大学生称号

2. 满中意（2015届），获得第二十一届"京师杯"二等奖、第二十二届"京师杯"一等奖第一名、宝钢优秀学生奖和北京师范大学十佳大学生称号

3. 纪璇（2020届），获得北京大学林桥基金本研一等奖、科普视频《自然》天文创作新作品竞赛一等奖、宝钢优秀学生特等奖和北京师范大学十佳大学生称号

4. 吕澈秋（2019届），被誉为"洞察宇宙的天文才子"，毕业论文《利用二次高斯过程方法限制哈勃常数》被评选为"2019年北京高校优秀本科毕业论文"，入选北京师范大学十佳大学生

3. 系庆献礼

天文系本科生的科研成就在北师大首屈一指（参见张同杰老师和邓丁山、孙漾的撰文）。许多学生在本科期间就发表了高水平的文章。2017 级本科生顾弘睿、郑晨发和崔深哲同学参与了苑海波副教授指导的国家级本科生科研基金项目《基于微引力透镜效应寻找 M31 中的系外行星》。2020 年 5 月，他们使用 3.6 米 CFHT 望远镜拍摄的 M31 星系长时序图像数据，利用图像相减算法，发现了两颗新小行星。为庆祝建系 60 周年，他们特以临时编号 BNU–DoA、DoA1960 上报小行星委员会。

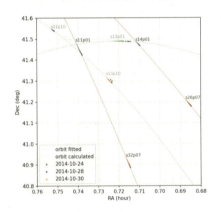

小行星轨迹图，其中 s11p01 和 s32p07 同属一个新的小行星，s14p01 和 s26p07 同属另一个新的小行星，s01p10 和 s13p10 同属一颗已知小行星，s13p01 属另一颗已知小行星

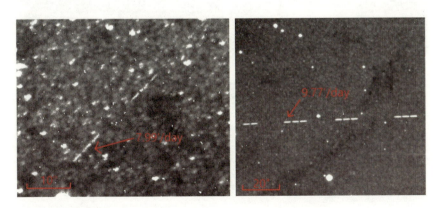

左图为新发现的一颗小行星，右图为一颗已知的小行星

第二章　图文十年

4. 学生科普活动

天文学社多次被选为学校的十佳学社，他们每年都会组织丰富多彩的活动。

路边天文　　　　　　　　　中秋赏月

圆顶天文　　　　　　　　　科普文化节讲座

古观象台参观　　　　　　　京师广场观星

明信片义卖　　　　　　　　天文馆义务讲解

5. 丰富多彩的学生活动

学生活动组图 1

拼孔明锁　　讲演

排球队

2019年京师校友文化节
"中民华鼎"杯羽毛球友

主办：北京师范大
协办：中民华鼎科
承：

十佳社长

整"诵吟经典 品味书香 中华经典诵

服饰设计大赛

北京师范大学
BEIJING NORMAL UNIVERSITY

2019年北京市大学生板球赛

学生活动组图2

学生活动组图 3

五、党政工会活动采风

　　天文系党政团结，气氛融洽，有良好的工作生态环境。在两届书记张保洲、李庆康和两届工会主席张琳（兼副书记，主抓学生和人事工作）、张保洲的带领下，与系行政和团总支密切合作，组织了许多充满正能量、极具凝聚力的活动。

1.2019 年 7 月，前往正在为脱贫努力奋斗的国家级贫困县新疆克州

2.2018 年 6 月 13 日，系党总支和系工会组织了"追忆红色历史，缅怀革命先烈"狼牙山红色之旅活动

3.2017 年 2 月，我系教师参观 FAST，在大窝凼与"天眼"合影

4.2012 年 8 月 11 日，参观腾冲中国远征军纪念馆

5.2019 年 4 月 28 日，系工会和党总支联合组织教师前往香山革命纪念馆参观

五彩纷呈的工会活动

第二章　图文十年

1. 北师大教职工"食尚"厨艺大赛一等奖获奖选手合影 2017.4.7 摄于北师大

2. 教师模特大赛主秀——俊男靓女 2017.5.31 摄于北师大

3. 系领导全员在模特大赛中亮相——很强的明星气场有没有！

4. 永远铭记的一二·九 2015.12.9 摄于北师大

5. 彩扇舞起来——工会女职工活动

1. 何香涛教授是天文系历届乒乓球赛的主力队员 2015.10.31 摄于邱季端体育馆

2. 参加北师天文 ABA 羽毛球师生联赛 2014.6.8 摄于邱季端体育馆

3. 天文系教师参加全校健美操表演后 2014.4.23 摄于操场

4. 年年全员跳绳，年年拿"安慰奖"，重在参与 2019.3.7 摄于北师大

5. 冠军队张阳老师英姿飒爽 2020.1.8 摄于奥林匹克森林公园气膜羽毛球馆

6. 我系荣获北京天文学会年度会员羽毛球赛冠军 2020.1.8 摄于奥林匹克森林公园气膜羽毛球馆

六、2011 年之后引进的青年教师简况（按入校先后排序）

姓名	照片	研究方向	主要简历
余恒 副教授 博导		星系团物理 / 多波段数据分析 / 天文软件和算法	2011 北京师范大学天文系，博士 2014 意大利都灵大学物理系，博士后
吴江华 教授 博导		活动星系核 / 类星体	1999 北京师范大学天文系，博士 1999.7—2001.7 国家天文台，博士后 2001.7—2011.10 国家天文台，副研究员
卢利根 副教授 硕导		光辐射测量 / 天文探测技术与方法	2012 北京师范大学天文系，博士，副教授，硕士生导师
杨伍明 教授 博导		恒星结构演化及其振动	2007 云南天文台，博士 2007.7—2012.8 河南理工大学，讲师、副教授
仲佳勇 教授 博导 / 优青 北京市科技新星		实验室天体物理学	2006 国家天文台，博士 2006.6—2008.4 日本大阪大学激光工程物理研究所，博士后 2011.11—2012.2 美国普林斯顿大学等离子物理实验室，访问学者 2013.2—2014.1 国家天文台，研究员

李正祥 副教授 硕导		宇宙学	2007.9—2012.6 湖南师范大学物理系，理论物理专业，硕博连读 2012.7—2014.7 北京师范大学天文系，博士后
张帆 副教授		相对论天体物理和高能天体物理	2005—2008 伦敦高盛集团，量化分析师 2013 美国加州理工学院，博士（＋硕士） 2013—2014 西弗吉尼亚大学物理和天文系，博士后研究员
高爽 已离职		银河系和双星物理	2011 德国海德堡大学，博士 2011.11—2014.7 国家天文台，博士后，LAMOST fellowship 2014.7—2018.7 北京师范大学天文系讲师 2018.8 至今，自由职业者，天文学传播
刘康 实验师		类太阳恒星的结构与演化	2008—2014 北京师范大学天文系，博士
林琳 讲师		高能天体物理/磁星/脉冲星/γ 射线暴	2011 国家天文台，天体物理，博士 2009.12—2011.5 阿拉巴马大学亨茨维尔分校，CSPAR，研究助理 2011.10—2013.10 Sabanci University，自然科学部，博士后 2013.11—2015.4 巴黎第七大学，APC 实验室，博士后
高鹤 教授 博导 优青		伽马射线暴/引力波电磁对应体/高能中微子/高能宇宙线	2014 美国内华达大学拉斯维加斯分校，天体物理，博士 2014.8—2015.6 美国宾夕法尼亚州立大学，天文系，博士后

曹硕 破格副教授 博导		强引力透镜效应/ 宇宙学/星系结构 与演化	2011.9—2013.9 北京师范大学天文系—意大利那不勒斯费德里克二世大学，联合培养博士生
夏俊卿 教授/博导 优青/青千 北京市优秀青 年人才		宇宙学的理论模型分析和实验数据处理	2003.9—2008.7 中国科学院高能物理研究所理论室，理论物理博士 2008—2012 意大利国际高等研究院（SISSA）天体物理系，博士后、研究人员 2012.10—2015.10 中国科学院高能物理研究所粒子天体物理中心，项目研究员、研究员
苑海波 副教授 博导		银河系结构/形成和演化/大视场巡天/星际消光与星际弥散吸收带/双星/发射线气体星云	2011.7 北京大学天文系，博士 2011.7—2013.7 北京大学科维理天文和天体物理研究所，LAMOST Fellow，郭守敬望远镜冠名博士后 2013.7—2015.7 北京大学科维理天文和天体物理研究所，Kavli Fellow，科维理基金会冠名博士后 2015.7—2015.10 国家天文台，访问学者
曹周键 教授 博导 优青		引力波和数值相对论	2006 北京师范大学物理系，博士 2006—2011 中国科学院数学与系统科学研究院，助理研究员 2008—2009 台湾成功大学，留学 2009—2011 德国 Jena 大学，留学 2011—2017 中科院数学与系统科学研究院，副研

现
天
文

胡彬 教授 博导 青千		宇宙学理论 / 引力波 / 数据分析	2006.9—2011.7 中国科学院理论物理研究所，硕博连读 2011.9—2013.9 意大利国立核物理研究所 / 帕多瓦大学，博士后 2013.10—2015.11 荷兰莱顿大学，博士后 2015.12—2016.8 西班牙巴塞罗那大学，博士后
郭建鹏 教授 博导		日球层物理 / 行星空间物理	2005.9—2008.6 中科院地质地球所地球与行星物理重点实验室，空间物理博士 2008—2016 中科院空间中心国家重点实验室，博士后、副研究员 2013.6—2014.5 日本九州大学地球与行星科学系，访问学者
张先飞 讲师		恒星结构与演化 / 双星演化与特殊恒星形成 / 引力波 / 星团与银河系演化	2009.10—2013.8 英国贝尔法斯特女王大学与阿马天文台，博士 2013.9—2014.9 英国阿马天文台，研究助理 2015.10—2017.10 北师大天文系，博士后
邢楠 讲师		卫星导航与精密定轨	2010—2013 中国科学院上海天文台，博士 2013—2017 中国航天科技集团第九研究院第七〇四研究所，星载导航设备研发 2017—2019 空天信息创新研究院（原中科院光电院），卫星导航地面运控软件的研发

魏星 教授 博导 青千		天体物理流体力学	2004.10—2008.12 剑桥大学，博士 2009.1—2011.3 苏黎世联邦理工学院，博士后 2011.4—2013.6 哥廷根大学，研究助理 2013.7—2015.8 普林斯顿大学，研究学者 2015.9—2019.3 上海交通大学，副教授
肖存英 教授 博导		行星与空间物理/天文技术与方法	2009 中国科学院国家空间科学中心，博士 2009—2019 中国科学院国家空间科学中心、助理研究员、副研究员、研究员
安维明 教授 博导		实验天体物理/等离子体物理/等离子体尾波加速器/大规模等离子体模拟计算	2013 美国加州大学洛杉矶分校(UCLA)，博士 2013.10—2018.5 美国加州大学洛杉矶分校(UCLA)，博士后 2018.5—2019.6 美国加州大学洛杉矶分校(UCLA)，助理项目科学家
宗伟凯 讲师		星震学/脉动变星/白矮星/热型亚矮星/大数据光谱	2013—2016 法国图卢兹大学/法国科学研究中心，博士 2017—2019 北京师范大学，博士后 2017—2019 国家天文大科学中心，LAMOST特聘青年研究员

备注：优青：优秀青年科学基金
　　　青千：青年千人计划

第二章　图文十年

观天习文

我们是一家人，快快乐乐的一家人

合作共建，共创多赢

——天文教学综合实验室建设和设备介绍

高健

天文学科是以观测为基础的学科，随着近年来国家对天文学科的投入不断加大，一批地面和空间天文观测设备正在建设并陆续投入使用，这对高校天文人才的培养提出了新的要求。加强天文科研基地和实验室建设，对提升科研水平和培养高层次天文人才至关重要。天文系从建系开始就非常重视对学生天文实测能力的培养，并于 2001 年经学校批准成立了天文教学综合实验室，承担对天文学教学和人才培养极其重要的所有天文教学设备的建设、管理和运行任务。

在学校的大力支持下，经过近 20 年的建设，天文教学综合实验室完成了多项重要的实验设备项目建设，极大地改善了校内实验和校外实习条件，成为天文人才培养的重要平台，是国内综合实力最强的天文教学实验室之一。实验室已建成了较为完善的校内天文实验设备体系，包括一台 40 厘米反射望远镜、一台 40 厘米折反射望远镜和一台 2.3 米射电望远镜、10 台 10 厘米小型折射望远镜、3 台 8 厘米日珥镜，以及天象厅和太阳塔（光谱仪）等大型设备，固定资产总额近千万元。在这些设备的支撑下，实验室每年承担本校天文专业、全校和校际非天文专业共 15 门课的天文实验教学，为学生提供丰富的天文实验操作体验，每年实验人数近 400，实验总人时数达 1500，实践教学的总体水平在国内高校天文单位首屈一指。

除了校内建设，实验室还协助系里和中国科学院国家天文台、上海天文台、云南天文台、新疆天文台和陕西国家授时中心等单位在设备建设和人才培养方面开展密切合作，建设了多个北京师范大学校外天文教学科研基地。实验室与国家天文台联合建立了兴隆天文学实践基地，并在兴隆观测基地共建了一台 85 厘米望远镜，命名为"国家天文台—北京师范大学望远镜 (NBT)"；与云南天文台联合建立了北京师范大学云南天文台天文学实践基地，并在云南天文台共建了一台 60 厘米望远镜，命名为"云南天文台—北京师范大学望远镜 (YBT)"。

近三年，在学校和系里的大力支持下，实验室还与中国科学院国家天文台和新疆天文台在新疆慕士塔格址点共建了一台口径为 50 厘米的高分辨率望远镜；与中宇天仪（北京）科技有限公司和中国科学院新疆天文台在新疆南山观测站共建一台口径为 50 厘米的全自动大视场望远镜。前者已于 2019 年 7 月成功安装于新疆慕士塔格址点，后者正在进行出厂测试，预计将于 2020 年年底在新疆南山观测站完成安装。更重要的是，天文教学综合实验室协助系里启动了与中国科学院南京天文光学技术研究所、中国科学院国家天文台和新疆天文台共建的 1.9 米光学望远镜的项目。这些举措将使北京师范大学天文系拥有国内一流的光学天文教学和研究平台，为培养天文实测高端人才奠定坚实的基础。

为庆祝天文系建系 60 周年，本文将向各位系友介绍近十年来天文教学综合实验室建设的一些主要天文设备，供系友回忆往昔，展望未来！

一、校内设备

1. 物理楼太阳塔（光谱仪）

物理楼太阳塔于天文系建系后不久由我系师生独立自主建成，位于物理楼中段西北角，纵深约 20 米。无论在历史价值、人文价值方面，还是在科研教学价值方面，对太阳塔进行合理修缮、改造、运行与维护都是非常有必要和有意义的。改造太阳塔并建设新的太阳光谱仪将使实验室能重新开设高分辨率光谱的拍摄及数据处理的实验，进一步丰富并完善天文系"实测天文"教学的特色，结合开设的低分辨率恒星光谱实验和原有的CCD 成像和测光实验，基本形成完整的实测天体物理的实验体系，使天文系的实践天文教学迈上新台阶。

太阳塔光谱室

2018年12月太阳塔评审会合影

太阳塔圆顶内部

太阳塔改造项目于 2016 年正式立项，中国科学院国家天文台怀柔太阳观测基地中标。整个改造项目分为两期，历时两年建成，第一期完成了对原有定天镜的光学、电控和机械改造，重建了天文圆顶，实现了对太阳的高精度自动跟踪功能；第二期新建了成像光学系统和光栅光谱仪系统，配置科学级终端设备，实现太阳高分辨率光谱观测，满足了教学与科研相结合的需求。2018 年 12 月 22 日，项目顺利通过评审验收会。目前，天文教学综合实验室已结合太阳塔和天文实验教学课程，设计了"定标汞灯的光谱拍摄与证认""太阳高分辨率光谱的拍摄与谱线证认"等实验。

2. WWT 互动式数字天象厅

2014 年 10 月，天文系 WWT（World-Wide Telescope）互动式数字天象厅在物理楼顶建成，北师大成为国内第一个拥有互动式数字天象厅的高校。天象厅直径约 4 米，每次可容纳 20 人上课。教师可在其中生动地演示天象，增强教学效果；学生可以直观了解四季星空及其变化，并利用 WWT 软件制作新的天象节目，培养创新思维和动手能力。

天象厅的建成既可满足天文专业课和天文公选课的教学需求，也可用于天文夏令营和校园开放日等活动，在天文教学和天文科普中都发挥了积极作用。作为国内高校第一个 WWT 互动式数字天象厅，实验室的相关建设经验为其他高校天文单位建设同类型天象厅提供了参考，实验室设计的相关实验课程也被其他高校采纳。

3. 教九楼顶 40 厘米望远镜

40 厘米反射望远镜位于曾宪梓楼（教九楼）天文台，1985 年购于日本西村光学制作所。其主镜口径为 40 厘米，焦距为 6 米，光学系统为卡塞格林（R-C）系统；副镜为开普勒式折射望远镜，口径 15 厘米，焦距 1.98 米。其后端配备了数码照相机、CCD 成像系统、光谱摄谱仪及太阳黑子投影板，可以进行目视、照相、光谱及太阳黑子投影观测。这台望远镜主要用于天文系的专业课实验教学，校内、校际公选课实验教学及天文科普活动，是对外开展天文普及的重要观测设备。

学生使用教九楼望远镜进行观测

2015 年，实验室请国家天文台兴隆

观测基地专家帮助改造了该40厘米望远镜，新增了亮恒星的低分辨率光谱的拍摄和数据处理实验。但由于圆顶年老失修，目前该望远镜的教学运行受到了部分影响。

4. 科技楼顶 40 厘米望远镜

Meade LX200 折反式光学望远镜（右图）位于我校科技楼天文台，由美国 Meade 公司 1999 年生产。其口径 40 厘米，焦距 4 米，光学系统为施密特－卡塞格林系统，后端配备了 CCD 成像系统，采用 GPS 自动校时系统，可以进行各种天体的夜间目视与照相观测。它曾主要用于本系专业课实验教学、本科基金项目、大学生创新计划观测等，曾是支持我系教学及本科科研项目的主要观测设备。但由于该望远镜赤道仪损坏，维修困难，目前处于暂停状态。

5. 2.3 米口径小型射电望远镜

天文系于 2007 年从美国购置了一台小型射电望远镜（左图），口径为 2.3 米，主要工作在 1400MHz — 1440MHz，可以观测银河系的中性氢辐射、太阳射电辐射等。该仪器配有多平台下的 JAVA 控制程序，用来控制望远镜和获取数据。该射电望远镜可配合射电天文学课程，开展多项射电天文观测的教学实验。

二、校外共建设备

1. 国家天文台—北京师范大学望远镜 (NBT)

从 2001 年起，天文系和国家天文台多次签署合作协议，在人才培养、设备研发、教学和学术交流等方面开展了全方位的合作，并在国家天文台兴隆观测基地建立了北京师范大学天文教学实践基地。2006 年，天文系与

中国科学院国家天文台共同出资，在兴隆观测基地共建改造了一台85厘米望远镜，命名为"国家天文台—北京师范大学望远镜"，简称"NBT"。

2012年，天文系又为NBT望远镜购置一台新的高性能CCD相机。依托兴隆北师大天文教学实践基地和NBT望远镜，天文系获批北京市级校外人才培养基地建设项目，共建产出的科研成果在兴隆站观测设备运行绩效评估中长期名列前茅，获得了中国科学院院长白春礼等领导的高度赞扬和肯定。

2. 云南天文台—北京师范大学望远镜 (YBT)

为了加强在天文教学中的实践环节，充分利用天文台的天文观测仪器，培养高素质的天文人才，中国科学院云南天文台与北京师范大学天文系于2008年共同签署了《中国科学院云南天文台—北京师范大学天文系共建"天文教学实践基地"的协议》，随后双方共同建设了云南天文台凤凰山基地的60厘米天文望远镜，命名为"云南天文台—北京师范大学望远镜（YBT）"，之后又对该望远镜进行了自动化改造，并为该望远镜配备了新的CCD相机。十多年来，双方在教学、科研和基地建设方面进行了良好的合作，取得了较好的效果。

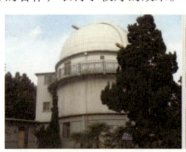

3. 慕士塔格 50 厘米高分辨率望远镜

2019 年 7 月底，经过十天奋战，天文系放置于新疆慕士塔格天文选址点的 50 厘米望远镜顺利安装完毕。该望远镜是天文系与中科院国家天文台、新疆天文台共建的一台高分辨率光学望远镜，由北师大出资建造，由中国科学院长春光学精密机械与物理研究所中标研制。新疆慕士塔格天文选址点是国家天文台大型光学红外望远镜台址组的重点监测点之一，初步监测结果显示其为潜在的世界级优秀台址。由于慕士塔格址点海拔高达 4520 米，台址尚未正式开发，条件艰苦，望远镜的运输、安装和调试难度极大。天文教学综合实验室的老师们亲临一线，与长春光机所及新疆天文台的同志共同奋战，克服种种困难，顺利将望远镜安装完毕，并进行了望远镜相关性能的现场调试。

北师大慕士塔格 50 厘米高分辨望远镜所在台址全景

基于新疆慕士塔格候选台址的优良观测条件和望远镜设计水平、终端仪器的技术进步，该 50 厘米望远镜的综合实测能力预计将能达到普通台址 1 米口径望远镜的水平，它的建成能有效地缓解我系专属天文观测时间的不足，将在天文实测的科研和教学方面提升

慕士塔格 50 厘米望远镜

我校天文学科的实力。现该望远镜已进入后期调试和试运行阶段，天文教学综合实验室将和共建单位一起完善该望远镜的自动化程序观测功能，争取尽快验证望远镜的各项技术指标，通过项目验收，使其正式为我校天文学科及双一流建设服务。

天文系 2017 级学生顾弘睿、行科瑜和 2018 级学生黄博闻、李安利用慕士塔格 50 厘米望远镜拍摄的一些天文图片

4. 南山 50 厘米大视场全自动望远镜

天文系拥有优良的天文实测理论、课程和教师队伍，培养了许多优秀的天文人才。中国科学院新疆天文台是国内重要的天文研究机构，管理和运行南山、奇台和慕士塔格等优秀天文实测基地 / 台址；中宇天仪（北京）科技有限公司是国内近年来异军突起的望远镜制造企业，并且长期支持国内天文科普圈的发展。为结合三家单位的各自优势，进一步提升天文系的科研和教学条件，依托新疆天文台南山观测站的优良观测条件和丰富的管理与运行经验，应用和推广中宇天仪的望远镜技术，打造高校、科研单位与企业三方合作的典范，上述三方经充分商议后，拟在新疆天文台南山观测基地合作建设一台口

南山观测站已建成圆顶

厂内调试中的望远镜

径为 50 厘米的全自动远程控制望远镜，以 LAMOST 中分辨率光谱观测天区的时序三色测光为主要观测计划。该望远镜建成后，将提升我系天文实践教学和科研条件，培养更多高素质的实测天文人才。

实验室将申请资金购买一台 9K×9K 的 CCD 相机，配备 BVR 三色滤光片系统；中宇天仪公司将出资设计并制造一台口径为 50 厘米的全自动大视场（直径 6 度）望远镜，包括配套的赤道仪，负责运输和安装，并将在望远镜建成后把所有权赠与北师大；新疆天文台在南山观测站为该望远镜提供合适的放置地点，出资建设圆顶。截至 2020 年 5 月，望远镜圆顶业已建设完成，望远镜本体正在进行紧张的厂内测试，CCD 相机的研制工作也在紧张进行中。

三、未来展望——1.9 米望远镜

近年来，国内众多高校都在投入巨资，建设口径更大的、更自动化的、更尖端的、性能更好的望远镜，以促进高校天文教学与科研的飞跃发展。其中，山东大学威海天文台于 2007 年建设的 1 米口径望远镜曾是国内高校所建口径最大的科研用光学天文望远镜；南京大学与云南天文台于 2010 年在云南抚仙湖共建了 1 米口径的光学及红外太阳爆发监视望远镜，最近甚至酝酿投资亿元以上，建设一台 2.5 米口径的光学望远镜；中山大学为天琴引力波项目建造了 1 米口径的天文望远镜；中国科技大学与中国科学院紫金山天文台共建的 2.5 米大视场望远镜已于 2019 年完成招标，现正在成都由中国科学院光电技术研究所建造；云南大学物理与天文学院也正布局建设 1.6 米口径的多通道测光巡天望远镜。高校实测天文竞争非常激烈。

左图：1.9 米望远镜示意图
右图：圆顶示意图（中国科学院南京天文光学技术研究所提供）

第二章 图文十年

　　因此，建设直接隶属于北京师范大学的天文望远镜，不仅是天文系努力建设一流天文学科的必经之路，对我校天文学科的发展和天文人才的培养具有至关重要的作用，也将为北京师范大学建设世界一流大学提供有力支持。为此，北京师范大学天文系拟作为主要出资方，与中国科学院南京天文光学技术研究所、中国科学院新疆天文台、国家天文台及其他单位合作，在我国潜在的世界级天文台址新疆慕士塔格选址点，建设一台口径为1.9米的光学望远镜，采取远程控制全自动观测模式，配备多色测光和中低色散光谱观测设备。

　　在传统天文学进入时域天文学的黄金时代，1.9米望远镜将致力于各类时域暂现源、引力波电磁对应体、超新星及其前身星、变星、活动星系核、星团、系外行星、近地小天体的研究，利用其所处台址的独特地理经度，填补国内、国际时域天文的时区空白，成为国际时域天文网络的关键一环。同时，北京师范大学天文系将围绕该望远镜建设国内一流的光学天文研究平台，吸引各类优秀人才，培养高端天文实测人才，提升北京师范大学天文系在国内天文学科的地位，成为北京师范大学"双一流"建设的亮点之一。

附：近十年天文教学综合实验室的工作人员

2001—2005 张燕平（主任）、杨静、张竹梅

2005—2007 杨静（主任）、张燕平、付建宁、张竹梅

2007—2012 付建宁（主任）、张文昭、白宇（2011年调走）

2012—2015 吴江华（主任）、张文昭、刘康（2014年入职）

2015—　　高健（主任）、张文昭、刘康（2019年调走）、张记成（待入职）

聚力提升服务社会的能力

——漫话光电探测研究室研究工作二三事

张保洲　教师

说到天文系光电探测研究室，不要说外界对其知之甚少，就是天文系内的很多年轻教师很可能都不知道它的存在。然而，提到北师大开发的照度计和紫外辐照计，在国内与光辐射测量和应用相关领域内，几乎是无人不知、无人不晓。

硅光电池照度计的研发不仅是光电探测研究室影响最为广泛的研究工作，而且经过几代改进和完善，作为应用仪器，至今仍是国内广泛应用的主流产品。硅光电池照度计曾获1978年全国科学大会奖，在《北京志·科技卷》中把硅光电池照度计的研制列为70年代光学相关领域北京市的唯一代表性成果。

该文献列出了20世纪40年代后光学相关领域中出现的物理学重要成果，在硅光电池照度计研制之前的成果均是由物理学和光学界泰斗级人物严济慈、钱临照、王大珩、龚祖同等先生完成的，由此可见硅光电池照度计研制的意义。几年前，国内进行巡回照度标准比对时就是使用北师大提供的标准照度计作为比对标准。

从20世纪80年代接受航空工业部委托的飞机座舱显示系统亮度测量任务以来，光电探测研究室承担了多项与国防相关的研究任务。其中，承担专用星点光度计研制任务的过程还颇有戏剧性：专用星点光度计是国防重大专项中需要的重要测试设备，由于前期调研和论证中的疏忽，原计划通过采购常规设备进行配套来实现，而这实际上是行不通的，因为常规设备中根本没有达到专用星点光度计要求的定型设备。重大专项项目开展后，专用星点光度计一直没能到位，成为影响项目推进的主要障碍。项目团队先是求助中国计量院，中国计量院的同行几次与我们沟通相关技术问题后，还是决定让项目团队直接与我们接洽，最终决定由光电探测研究室承担起专用星点光度计的研制任务。

由于光电探测研究室具有光度计研发的丰富经验和技术储备，加之又有天体测光的

《北京志·科技卷》内页

技术背景，所以专用星点光度计研制工作进展得很顺利，不仅提前完成了任务，而且许多技术指标都优于任务书的约定。在研制专用星点光度计的过程中，项目团队加深了对光电探测研究室研发能力的认识，不仅先后又将相关的两项具体任务委托光电探测研究室承担，还邀请我们介入了项目总体方案的修订和验收。唯一遗憾的是由于北师大没有保密资质，这些工作光电探测研究室都无法作为主承担单位，难以获得与工作贡献相匹配的回报。

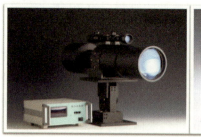

专用星点光度计　　　　　　　　UV-B型紫外辐照计

光电探测研究室开展过许多服务社会的工作，有时这种服务"大"的机会往往来自我们认真对待每一项"小"的工作。许多年前，航空工业部某研究所委托我们开发一种用于精密航空件无损探伤时测量紫外线的仪

器，需求量不多但技术要求还很高，当时光电探测研究室主要是被来者的诚意所打动，本着为国家航空事业做点贡献接下了任务，由于投入了相当的精力，委托的任务顺利地完成了。

当时并没有预料到的是，以这款研制仪器为雏形后来形成的系列紫外辐照计，成为被国内外广泛选用的紫外测试设备，近十多年来每年来自各行业的需求加起来都达到千台以上，成为北师大光电仪器厂的主干产品之一。由于其性能突出，不但仪器品质成为业内的"标杆"，北师大光电探测研究室还成为紫外辐照计国家计量检定规程的主要参编单位之一。

由于包括上述这些工作在内的一系列工作的影响，北师大天文系光电探测研究室已成为国内光辐射探测技术方面最有影响的单位之一，郝允祥教授曾担任中国照明学会副理事长、名誉理事长，张保洲教授也被聘为全国颜色标准化技术委员会（SAC/TC120）主任委员、全国光学计量专业委

员会副主任，还作为国家计量标准一级考评员主持考核多项国家基标准，在业内相关国家技术法规的制定中发挥了突出的作用。

尽管光电探测研究室的工作主要聚焦在应用光辐射测量技术领域，作为天文系的组成部分，光电探测研究室也开展了与天文探测技术相关的许多工作：从最早作为光

张保洲在全国颜色标委会上发言

电探测研究室前身的天文系光电探测研究组牵头，云南天文台和四机部11所参加研制的恒星红外光度计（此工作被王大珩先生列为"文革"后10年中国光学领域10项科研成果之一），到后来为天文台选址研制的夜天光光度计和大气水汽测量仪，都在相关领域的工作中得到了实际的应用。

光电探测研究室的研究方向自然算不上天文系的主流，但其所做的工作在很多应用领域都留下了痕迹，这也许可以从一个侧面体现出其社会服务的能力吧。在系庆60周年之际，这篇小文算是表达光电探测研究室同仁对系庆的祝贺之意。

合作——科研发展之路

姜碧沩 教师

教书固然是一个老师的义务，但作为一所高校，尤其是一所一流高校的教师，科研也是义不容辞的。

我到师大的那年，孙锦老师退休了，在恒星和星际介质的方向上，我算是孤身一人。如果一个人能像爱因斯坦那么强大，那么用一支笔一张纸就能推出一个完整的体系。但我不能，一个人工作很寂寞，也很容易放弃。幸运的是，当年高健（95级本科、99级硕士、05级博士，现天文系教授）硕士毕业留校，科研处于起步阶段，于是我邀他一起工作。我手头的课题是银河系的红外星际消光，源于1999年在法国巴黎天体物理所与 Alain Omont 教授的合作。高健加入进来之后，他在计算机方面的优势充分发挥出来，我们利用存档的大数据对银河系和大麦哲伦云的红外消光规律进行了系统的研究，得到的结果受到同行们的广泛认可。

自高健之后，多个研究生都在星际消光方面做了很好的工作，得到最广泛关注的有以陈丙秋博士（04级本科、08级博士，云南大学副教授）为主完成的关于银河系消光结构的工作，以王舒博士（11级博士，2016年第一届博士后创新人才支持计划的获得者）为主完成的关于近红外消光规律普适性的工作，和以薛梦瑶博士（08级本科、12级硕士，Ken and Julie Michael Prize 2019获得者）为主的关于中红外星际消光规律的精确测定的工作。学生们的参与不仅帮助我完成了这些课题，更重要的是，他们毕业后去到不同的岗位，开辟新的课题，让这个研究方向发扬光大了。

另外一个让我受益匪浅的合作是与李爱根教授（88级本科，密苏里大学教授）的合作。在他的带动下，我们的工作不再局限于观测，而是扩展到理论模型，在星周和星际尘埃模型方面做了一系列工作。爱根和我联合指导张可博士（01级本科、05级硕士、加州理工学院博士，Hubble Fellow，威斯康辛大学助理教授）完成了星周

一年一度的课题组毕业活动，2018年夏

21微米和30微米光谱特征的尘埃载体认证工作，指导王舒博士完成了用于解释消光规律的星际尘埃模型。

与爱根合作的另一个果实是星际物理与化学全国系列会议的举办。自2009年第一次会议在湖南师范大学举办以来，会议先后在大连理工学院（2014年）、成都理工大学（2016年）、湘潭大学（2017年）、云南大学（2018年）、淮北师范大学（2019年）举办，国内（以及零星从国外回来的）从事星际介质研究的同仁们欢聚一堂，进行学术交流和讨论，畅谈热点话题，使会议成为大家期待的一年一次的聚会。

除了合作，团队建设必不可少的一个因素就是科研项目，当然，项目的首要作用是满足科研活动的经费需求；另一方面，项目促使团队集中力量攻克特定的课题。我们课题组得到了NSFC的两个重点、若干面上和青

星际物理与化学会议暨胡景耀老师 80 华诞，2017 年，湘潭大学

年等各种项目，还有 973 项目，以及一些横向课题。必须说，处在祖国科研投入增长的时期是幸福的。

　　与教学的公益性相比，科研是更私人的活动，科研问题的意义是很难定义的（虽然这可能是被强调得最多的），尤其对于像天文这样与俗世生活毫无瓜葛的领域，很多当时看似毫无意义的研究多年后都颇受重视，所以我选择课题时更多地接近本心，即是好奇——在工作中发现很多问题，觉得很有意思，于是追踪下去。我在科研中体会到的乐趣一点都不比教学少，甚至是与年龄正相关的，我爱科研。借用巨人爱因斯坦的话为自己背书：科学的殿堂里有太多的人，但多数是被他们的胃驱动的，只有少数人，一生都像顽童一样，打着灯笼去寻找好奇的世界。

恒星物理团队介绍

毕少兰

恒星是构成星系乃至宇宙的基石。探索恒星的结构和演化是天体物理的一个根本问题，对认识恒星、星系乃至整个宇宙的形成和演化都有重要意义。它使我们能够认识各类不同恒星的内部结构、恒星内部的各种物理过程及其演化规律，并解释不同类型恒星的许多观测现象和规律。因此，恒星结构和演化研究是现代天体物理中最重要的基础研究领域之一。

北京师范大学天文系恒星物理研究团组成立于 2006 年，现有成员 13 人，其中教授 2 人，讲师和实验师各 1 人，博士研究生 4 人，硕士研究生 5 人；培养了博士毕业研究生 10 人，硕士毕业研究生 5 人，博士后出站 2 人。毕业的学生中有 12 人继续开展相关方向的研究，其中 2 人分别在英国和德国做博士后，1 人在澳大利亚继续攻读博士学位。经过多年的努力和发展，恒星物理研究已经逐步成为北京师范大学天文系的特色学科之一。在星震学、特殊恒星的理论研究等方面做出了一系列有重要国际影响的研究工作，发表了 120 余篇高质量的研究论文，取得了重要成果，主持了国家自然科学基金重点项目 2 项、面上 4 项目和青年基金项目 1 项，并作为核心成员参与了 973 项目和科技部大科学装置研发项目。

星震学是通过恒星震动性质来研究其内部结构的学科。由于星震学数据的丰富和理论模型的发展，我们对若干单星恒星演化的理解已经提升到

了一个全新的精度水平，一方面是通过星震学减少恒星物理模型中的简并项从而提高模型的准确性，另一方面则是结合光谱数据为这些恒星给出精确的恒星参数。近年来，团组成员针对富锂巨星的形成这一恒星领域重点热点难题，提出了氦白矮星与红巨星并合形成富锂巨星的模型，成功解释了包括恒星基本参数以及星震参数在内的主要观测特征，同时该模型解决了部分特殊富碳巨星的形成难题。

特殊恒星主要包含特殊表面化学丰度恒星、特殊细致结构（震动模式）恒星和特殊演化阶段（如耀发、爆炸、并合、年龄异常等）恒星等。对这些恒星的研究可以促进恒星演化理论的进一步完善和发展；同时，通过对这些恒星形成机制的研究可以更好地理解它们所处的环境（如星团、星系）特征，以及用来测量距离、年龄等重要的基本参数。白矮星并合与演化是恒星演化计算中的难点问题之一，团组成员建立了一套较为完备的特殊恒星特别是并合恒星演化的构建方案，完善了双白矮星并合形成富氦热亚矮星模型，并被国际同行称为典型模型，单篇引用70余次。

借助于 LAMOST 望远镜等大型地面巡天项目以及 Kepler、Gaia、TESS 卫星等空间观测项目，各国研究人员广泛合作研究得到几十万颗恒星的较为完备的参数信息。这些大量的恒星样本是对恒星物理理论进行检验与拓展的重要基础，也因此成为当前天体物理研究的重点与热点之一。团组在进一步的研究中，将结合大样本恒星演化与大样本恒星观测数据，深入研究和探索大样本恒星的震动行为、恒星与行星的相互作用、特殊恒星形成，以及双星演化对恒星脉动影响等一系列与恒星演化与结构密切相关的

恒星物理团队合影

基础问题，拓展恒星演化理论，增进对单／双星演化结局多样性的理解。

学术交流方面，研究团组与国内外高校和研究所进行了广泛的交流与合作，其中与美国耶鲁大学、澳大利亚悉尼大学、德国马普天文研究所、英国阿马天文台、爱尔兰都柏林圣三一大学、日本东北大学、波兰哥白尼研究所等单位长期合作，联合培养学生，并每年邀请多名专家到团组交流讲学并指导研究生，其中包括 IAU 脉动变星分会主席英国 Simon Jeffery 教授、国际著名恒星物理专家日本 Hideyuki Saio 教授和美国的 Sarbani Basu 教授等。

团队主要成员介绍：

毕少兰 (学术带头人)，北京师范大学天文系教授，中国天文学会理事，中国天文妇女学会副主任。1997 年毕业于中国科学院云南天文台，获博士学位。2002 年至 2006 年任中国科学院知识创新工程"恒星结构与演化、恒星震动"创新团组首席研究员，2006年秋季开始在北京师范大学天文系任教授。主要从事太阳与类太阳小质量恒星（主序、亚巨星、红巨星）的演化和星震学研究。获得了 2003 年度云南省青年科技奖一等奖（排名唯一）和 2004 年度云南省科学技术奖励自然科学类二等奖（排名唯一），2005 年度入选中国科学院"西部之光"人才特别支持计划。已发表学术论文 70 余篇，并多次被非交叉第一作者引用。主持了国家自然科学基金重点项目 2 项和面上项目 5 项，作为骨干成员参与了科技部 973 项目和国家重点研发计划大科学装置前沿研究重点专项。

杨伍明，北京师范大学天文系教授，2002 年毕业于云南大学物理系，获理学学士学位。2007 年毕业于中国科学院云南天文台，获天体物理博士学位。2007 年至 2012 年在河南理工大学物理化学学院从事教学科研工作。2012 年 9 月到北京师范大学天文系工作。研究方向为恒星结构和演化及其星震学诊断，

深入研究了恒星转动、双星演化和超射效应对年轻和中等年龄星团主序拐点扩展的影响。主持国家自然科学基金面上项目2项，在国内外主要学术期刊上发表SCI论文40余篇。

张先飞，北京师范大学天文系讲师。2001年到2005年本科就读于兰州大学，获得理学学士学位。2006年到2009年毕业于中国科学院云南天文台，获得硕士学位。2009年到2013年就读于英国贝尔法斯特女王大学及阿马天文台，获得博士学位。2015年到2017年于北京师范大学从事博士后研究。主要研究领域为恒星结构与演化，具体方向为：双星演化与特殊恒星形成、恒星化学丰度、恒星脉动、引力波、星团与银河系演化。目前以第一作者在国际知名期刊发表SCI论文10余篇，作为项目负责人主持了国家博士后基金和国家自然科学基金青年项目。

刘康，北京师范大学天文系实验师。2004年至2008年就读于云南大学物理科学与技术学院物理学专业，获理学学士学位。2008年至2014年就读于北京师范大学天文系天体物理专业，获得理学博士学位。博士毕业后即留系工作。主要研究领域为恒星物理，具体方向为：恒星结构与演化、小质量恒星的转动与磁场、星震等。

观
天
习
文

星震学团队介绍

付建宁

恒星如果由于本身的物理原因，其光度或视向速度发生周期性变化，称为脉动变星。星震学通过研究恒星脉动现象及其规律，探测恒星内部结构和物理过程。其自 20 世纪 80 年代兴起，以全球望远镜联测为主要观测手段，结合理论研究的进展，取得了丰硕的科学成果。进入 21 世纪以来，美国开普勒卫星等空间望远镜观测数据的释放，推动了星震学研究革命性的发展，使其成为国际恒星物理学最活跃的研究领域之一。

北师大天文系脉动变星与星震学研究团组自 2005 年从法国引进其学术带头人付建宁教授到校工作以来，在科学研究、人才培养、国内外学术交流与合作等方面取得了令人瞩目的成效。团组先后开展了盾牌座 δ 型变星、脉动白矮星、B 型热亚矮星、星团变星等多类脉动变星及星震学的研究工作，至 2020 年 3 月共发表学术论文 130 篇，其中 SCI 期刊论文 75 篇（包括 Top 区 47 篇、Nature 及其子刊等国际顶尖期刊 10 篇）；主持国家自然科学基金重点项目 2 项、面上项目 3 项、青年基金 1 项，参

付建宁教授于 2015 年 8 月在国际天文学联合会第 29 届大会（美国夏威夷）作特邀报告

与基金委重点项目 1 项、科技部 973 项目 2 项；发起和领导了由多国天文学家广泛参加的 LAMOST-Kepler 项目和 LAMOST-K2 国际合作研究项目，已共计观测获得约 30 万颗恒星的 40 余万条光谱，并测量得到 30 余万组恒星大气参数。基于这些数据，已开展恒星大气参数校正、恒星脉动与星震学、疏散星团、恒星耀发等领域研究并取得系列研究成果。团组带头人担任 LAMOST 中分辨率光谱巡天工作组组长，推动和主持了 LAMOST 中分辨率光谱巡天项目的论证、巡天计划的制定、测试和优化。自 2018 年开始，LAMOST 已正式开始兼顾中低分辨率光谱观测的二期巡天，其作为国际上最重要的大型光谱巡天项目之一，将为银河系和恒星物理等领域的研究突破提供至关重要的海量科学数据。此外，团组利用中国位于南极冰穹 A 的多台望远镜观测数据，在脉动变星搜寻、脉动性质研究、台址天文观测条件分析等多个方面取得一批重要研究成果，获得国内外同行的广泛关注和积极评价。

自 2005 年以来，本团组培养博士后 4 人、博士生 10 人、硕士生 19 人、本科生 15 人，共计 48 人，其中毕业后赴国外留学深造 8 人。团组与法国、比利时、墨西哥、瑞士、波兰、意大利、美国等多国以及国家天文台、云南天文台、新疆天文台、北京大学、南京大学等单位的同行开展了广泛和卓有成效的研究合作，其中国外专家作为高端外专定期来校工作 1 人、合作承担国家自然科学基金委科研项目 2 人；国外专家来华讲座和合作研究 40 人次，学者和学生赴海外进行学术交流与访学 42 人次；主办国际学术会议 3 次、全国性学术会议 15 次，在国际天文学联合会大会和美国天文学会年会等国际学术会议作特邀报告 11 人次、口头报告 15 人次。

附录：团组网址 https://astero.bnu.edu.cn

团队主要成员介绍：

付建宁（学术带头人），1987 年本科毕业于北京大学物理系，在中国科学院北京天文台先后取得天体物理学专业的硕士和博士学位。曾任教于南昌大学物理系，后在法国图卢兹天文台天体物理实验室做了 4 年博士后，又在比利时布鲁塞尔大学天体物理研究所做助理科学家 3 年，于 2005 年被北师大天文系引进。付建宁的主要研究方向是恒星物理学——恒星脉动与星震学。他主持多项国家自然科学基金重点和面上项目，现为北京师范大学二级教授，博士生导师；入选教育部新世纪优秀人才支持计划，被评为国家重大科学装置 LAMOST 望远镜杰出学者。

付建宁任天文系教学副主任多年，主讲多门本科和研究生的课程，主持多项教学教改项目，多次获得教学奖励。

宗伟凯，2010 年从河北大学毕业后，师从付建宁教授取得理科硕士学位。后到法国图卢兹大学 / 法国科学研究中心学习，获得博士学位，现在北京师范大学天文系做博士后，同时也是国家天文大科学中心 LAMOST 特聘青年研究员。其研究领域为星震学、脉动变星、白矮星、热型亚矮星和大数据光谱 / 测光巡天等。主持了北京市基金委青年项目、博士后基金面上项目和 LAMOST 特聘青年研究员启动项目。近五年来在 Nature、ApJS、A&A 等天文学期刊共计发表文章近 20 篇，参加国际会议 10 余次，研究结果被国内外媒体广泛关注。

第二章　图文十年

实验室天体物理团队介绍

仲佳勇

　　实验室天体物理是交叉于高能量密度等离子体物理学与天体物理学之间的一个新的学科生长点。实验室天体物理有助于解决目前天体物理和等离子体物理中的一些关键共性问题。目前该学科研究的热点问题包括等离子体不透明度、等离子体不稳定性、磁场重联、粒子加速、喷流等；涉及天体物理中太阳对流层问题、日地空间太阳风磁场能量传输问题、伽马射线暴谱指数问题、宇宙高能射线或粒子加速问题等。

　　北京师范大学天文系实验室天体物理团队成立于 2014 年，现有成员 13 名，其中教授 2 人，副研究员 1 人，博士后 2 人，博士研究生 4 人，硕士研究生 4 人，现已逐步成为一支专业知识与年龄结构合理、学术思想活跃、治学严谨、团结合作的学术队伍。2014 年以来，团队成员在国内外著名学术杂志发表论文 40 余篇，获得专利 5 项，国际会议邀请报告 20 多次。团队获得国家重大专项课题 1 项和国防挑战计划课题 1 项，自然科学基金 4 项，2020 年起团队作为核心队伍参加中科院先导 A 项目。团队利用我国神光 II 强激光、星光 III 激光、日本 GEKKO 激光和美国 OMEGA 激光装置开展实验室天体物理研究，主要研究方向包括磁重联粒子加速、激光尾场加速、日地空间物理环境模拟、天体喷流、流体不稳定性、磁场产生与放大等。

　　团队成员最早开始激光驱动磁重联研究并取得了重要成果，利用神光 II 激光在实验室实现兆高斯磁重联过程，通过标度变换模拟太阳耀斑等离子体环顶源和重联喷流，成果发表在国际著名杂志 Nature Physics，6，984，审稿人评价"这项工作开辟了实验室天体物理研究新方向"。被 Nature China 选为亮点工作，评价"此次实验是对太阳耀斑中磁重联的首次实验室模拟，演示了用激光技术研究天文现象的可行性"。此外通过分析磁

实验室天体物理团队合影

重联产生的粒子加速效应，与天文观测得到的太阳高能粒子能谱进行比较，研究和确定太阳高能电子能谱中非热成份的份额和起源。成果发表于 Astrophysical Journal Supplement Series，225，30，太阳物理学家 Margarita Ryutova 在她的著作 Physics of Magnetic Flux Tube 中用一节内容介绍我们的工作。近年来团队成员进一步拓展激光驱动磁重联参数空间，设计了线圈靶磁重联实验，将等离子体 beta 降低了 2—3 个数量级，利用神光 II 升级装置实现了磁场主导的重联实验，并且观测到了加速到数兆电子伏的单能电子峰，通过质子背光诊断和 X 光成像诊断结合理论模拟给出了粒子加速机制，该项实验结果可以应用于伽马暴中相对论电子起源的研究。此项结果受邀在国际高能量实验室天体物理会（HEDLA）和国际磁重联会议（MRX）做大会报告。由于在激光驱动磁重联方面系统性的工作，团队受邀在 High Power Laser Science and Engineering 杂志撰写激光驱动磁重联的综述文章。

在学术交流方面，团队与国内外著名高校及科研机构长期保持着广泛而深入的学术交流和合作，如中科院物理所、中科院国家天文台、上海交通大学、上海光机所、中物院激光聚变中心、美国普林斯顿大学、美国麻省理工学院、日本东京大学、大阪大学、荷兰莱顿大学等。团队每年都会邀请众多国内外专家来讲学，同时派遣团队内研究生赴国内外高校及科研机构进行访问，形成了全方位合作交流的新局面。2019 年，团队在贵州平塘成功主办了"第五届高能量密度物理青年科学家论坛"和"第六届实验

室高能密度物理磁场应用国际研讨会"，扩大了北师大天文系实验室天体物理学科在国内和国际的影响。

团队组建初期，成员们只能通过申请获得神光等装置稀少的激光发次来开展实验，另外也不具备理论模拟的基础。经过3年的努力，我们不仅建成了实验室，还逐步掌握了磁流体模拟程序——FLASH、USIM，以及激光等离子体粒子模拟程序——PIC。2019年安维明教授加入课题组，使得团队的理论计算和模拟水平得到进一步提高。自2017年5月动工建设实验室以来，两年多的时间里，我们从最初采购光学平台、零件柜、各种实验室所需的零部件到调试激光器、涉及实验、搭建诊断等，不仅仅是体力上的付出，更有脑力上的付出，正是这些付出，使得实验室终于初具规模，并且可以开展实验。2019年团队联合国家天文台成立了"北京师范大学—国家天文台天体等离子体模拟联合实验室"。实验室现拥有

Nd-YAG固体激光器和飞秒激光器、真空靶室、用于诊断等离子体演化的光学诊断系统、用于接收X射线数据的IP读出仪设备、可见光光谱仪、高精度CCD等一批先进的科研仪器。这些设备和仪器为团队科研工作的顺利开展提供了强有力的保障。

天道酬勤，厚德载物。团队所有成员齐心协力、斗志昂扬。相信实验室天体物理一定会成为北京师范大学天文系独具特色的学科之一。

团队主要成员介绍：

仲佳勇，北京师范大学天文系系主任、教授，北京天文学会副理事长，中国天文学会理事。2006年毕业于中国科学院国家天文台，获博士学位。主要从事实验室天体物理学、激光等离子体高能量密度物理相关研究，包括激光驱动磁重联、无碰撞冲击波等。研究成果曾入选2010年度中国十大天文科技进展、2011年度中国科学十大进展，获2010和2012年度中国光

学重要成果奖。个人获得卢嘉锡青年人才奖、香港求是杰出科技成就集体奖和北京市科技新星称号等。作为项目负责人承担了国家自然科学优秀青年基金，面上、联合基金等项目。迄今已经在国内外主要学术期刊发表论文专利 110 余篇项，国际会议邀请报告 30 余次。

安维明，北京师范大学天文系教授。2000 年至 2007 年就读于清华大学工程物理系，获得学士学位与硕士学位。2007 年至 2013 年就读于美国加州大学洛杉矶分校电子工程系，获得博士学位。2013 年至 2018 年在美国加州大学电子工程系与物理天文系做博士后，2018 年至 2019 年在美国加州大学电子工程系与物理天文系做项目科学家。目前主要研究方向有实验室天体物理、等离子体尾场加速以及大规模并行等离子体模拟计算算法及程序开发。自 2013 年至今共发表 26 篇高水平期刊文章（包括以第一作者、通信作者及共同作者身份发表的文章），其中包括 Nature 2 篇，Nature Communications 3 篇，Scientific Reports 1 篇，Physical Review Letters 6 篇以及 Phys. Rev. ST Accel. Beams. 编辑推荐文章 1 篇。其中 15 篇文章的 SCI 总引用次数为 345 次，他引次数为 228 次。负责开发的大型并行模拟计算程序 QuickPIC 已经拥有来自各国的 40 多名用户。

平永利，北京师范大学天文系副研究员。1999 年到 2003 年就读于河北师范大学物理学院，获得理学学士学位。2003 年到 2008 年在大连理工大学物理学院硕博连读，于 2008 年获得博士学位。2008 年到 2014 年分别于北京大学物理与应用中心和中科院国家天文台做博士后工作。2014 年到 2017 年从事知识产权工作。2017 年以来于北京师范大学继续科研工作。主要研究领域为实验室天体物理，并首次提出了利用超强超短激光驱动等离子体产生相对论磁重联，具体方向为：激光与等离子体相互作用、磁重联、无碰撞冲击波、电子离子加速、粒子模拟方法等。目前在国内外知名期刊发表 SCI 论文 20 余篇，并先后主持承担过国家博士后基金和国家自然科学基金青年项目。

谈谈引力波实验室

——激光干涉引力波探测器样机

张帆 王梦瑶 朱宗宏

在引力波探测成功之前，北师大天文系已成规模地开展引力波相关研究。在首次直接探测到引力波的 LIGO 科学项目内，有十数名我系毕业生和在校生，此项获诺贝尔奖成果的相关论文也多次引用我系研究成果。我系不仅是日本引力波项目 KAGRA 的中方合作中心单位之一，同时长期致力于与澳大利亚和英国在引力波领域的切实国际合作。

鉴于对我们贡献的肯定和对我们未来发展的支持，2017 年 12 月，当年诺贝尔物理学奖得主、美国麻省理工学院物理学教授雷纳·韦斯（Rainer Weiss）和美国加州理工学院费曼理论物理学教授基普·索恩（Kip Thorne）来到北京师范大学，参加由天文系和未来论坛联合主办的第 36 期"理解未来讲座"，为现场一千余名师生和网络上 72 万名直播观众讲解引力波。可见北师大引力波研究不仅在国际相关领域研究者当中有很好的声誉，在社会上也有较大影响力。

引力波可以穿透宇宙间尘埃等，不易被遮挡，是发现、研究远距离、极端环境下天体物理的有力手段。而学校也高瞻远瞩，从很早就支持天文系引力波和宇宙学实验室协同物理系、系统科学学院、信息科学与技术学院，依托学校"引力波天文学前沿研究"交叉学科平台建设高频激光干涉引力波探测器样机。项目在学校大力支持下推进，位于人教社印刷厂一层的实验场地已经完成基建装修，下一步的实验室洁净间装修和主要设备购置及进场工作也已全面铺开。具体的设备组装、调试、实验工作很快就将开始。

2017 年 12 月 19 日，诺奖得主到北师大为师生讲解引力波，张帆老师负责接待并做直播翻译

　　地面激光干涉引力波探测器是可以长期存在、不断改进的引力波天文学主力观测设备，其地位和作用类似于我国 500 米口径球面射电望远镜（FAST）对射电天文学的作用，并不是一次探测成功之后就可以隐退的，而是长期持续发现新科学的途径。不论现在国家在引力波领域投入重点是在太空还是地面，我国都不可能永远没有地面探测器。我们制造的样机的一个功用就是掌握建设工程级光学和真空等系统的能力。样机的另一个主要目标是研究三项（通过量子纠缠方法构造宽频谱压缩态；增加谐振腔内激光强度；主干涉仪和信号循环腔谐振）千赫兹引力波探测的关键技术。现阶段国际已有的引力波探测器在千赫兹频段灵敏度不够，致使其研究中子星物态方程等的能力不足。我们需要千赫兹引力波探测器来揭示猛烈碰撞过程中的极端物理过程，并提取基础物理参数，包括超越核密度环境下的物态方程。同时，千赫兹探测器也具备与其他第三代探测器的差异性和互补性。

高频激光干涉引力波探测器样机真空系统外观

　　综上所述，我们建设中的引力波实验室将开展有明确科学目标和可行技术方案的实验研究，力争在未来为引力波天文学这门新兴学科的发展壮大贡献北师大的力量。

初生牛犊不怕虎

——天文系本科生科研 20 年回顾

张同杰 教师

1999 年 8 月，我从上海天文台毕业入职北师大天文系，当时马文章老师是系主任，孙锦老师任书记，教师人也不多，仅有何香涛、李宗伟、杨静、张燕平、陈黎、黄河、杨志良、孙艳春、赵娟、李庆康等十来个人。2000 年，武向平接任天文系系主任，当时他极具前瞻性地在天文系倡导本科生科研。而我那时仅仅是讲师，没有资格指导研究生，因此我就从指导本科生开始了我的"导师"生涯。我拿本科生毕业论文 (97 级周玮，现在师大附中任教) 小试牛刀便旗开得胜，在 International Journal of Modern Physics D 发表了我系第一篇本科生 SCI 文章"The Largest Virialized Dark Halo in the Universe"。天道酬勤，从此我系本科生科研驰名北师大，直至今天。

2002 年，北京师范大学设立了本科生科研训练计划，这也是全国高校中最早实施的本科生科研训练。而此时我所指导的本科生科研已经初见成果。98 级王玥（现在国家气象局工作）的本科论文完成了一部宇宙学科普视频，后为张燕平教授的天文科普视频选用，该视频由北师大出版社出版，还获得了国家科技出版奖。我指导 01 级袁强同学（目前在紫台工作，已经是优青）在本科期间发表了文章 5 篇。袁强向我推荐了 03 级的弋泽龙。弋泽龙先后发表文章 6 篇，他在 Modern Physics Letters A 发表的论文 "Constraints on Holographic Dark Energy Models Using the Differential Ages of Passively Evolving Galaxies" 首次利用哈勃参量 H(z) 的观测数据限制全息暗能量宇宙学模型，引领了该领域利用哈勃参量限制宇宙学模型的潮流。基于在 Physical Review D 上发表的论文"利用 Statefinder 方法检验 Modified Polytropic Cardassian 宇宙"，他获得第四届"挑战杯"首都大学生课外学术科技作品竞赛一等奖、北京师范大学天文系优秀毕业论文和第十届"挑战杯"全国大学生课外学术科技作品竞赛一等奖。2006 年弋泽龙以他的优秀素质和在科研工作中的突出表现，获得了宝钢教育基金优秀学生特等奖，开创了北师大该奖项的先河。本科毕业后，他被保送北京大学攻读硕士研究生，之后在香港科技大学攻读博士学位，目前在深圳大学经济学院任教授和副院长，校报曾对弋泽龙的成长给予过多次报道。

　　我曾指导 08 级大三学生刘德子参与北京师范大学本科生科学研究基金和国家大学生创新性实验计划项目：宇宙学光度距离观测数据分析与应用。刘德子等同学在 Monthly Notices of the Royal Astronomical Society 发表的论文，获得了北京师范大学第十九届课外学术科技作品竞赛一等奖，并由校团委推荐参加首都"挑战杯"。我校共有 15 件作品参加此次比赛，最终 7 件进入特等奖答辩环节。他作为北师大理科的唯一获奖人，得到了第六届

现天习文

张同杰（中）与袁硕（左）、刘思琪进行课题讨论

首都"挑战杯"课外学术科技作品竞赛一等奖。尔后，刘德子又获得了2011年宝钢教育基金优秀学生一等奖、第十二届"挑战杯"全国大学生学术科技作品竞赛二等奖、2011年中国专利年会校园发明与创新优秀奖和2011年度北京师范大学十佳大学生称号，几乎斩获了北师大本科生所能获得的所有奖项！

09级袁硕和10级刘思琪也是我们课题组的成员。在教育部2011年度"大学生创新创业训练计划"项目支持下发表了两篇文章（JCAP 和 PLB）。

我指导09级张聪在 RAA（Research in Astronomy and Astrophysics）上发表的文章，也是他本科毕业论文的主要内容，获得了中国 RAA2016

年度优秀论文奖。截至2019年4月30日，该文被他引的次数已进入空间学术领域同一出版年最优秀的前1%，入选2019年度 ESI 高被引论文。

天文系12级滕环宇发表的论文获得了北师大第二十三届"京师杯"课外学术科技作品竞赛一等奖和第十三届全国青少年创新大赛大学生科技创意一等奖。他和袁硕参与中微子数值模拟研究，亲自发出指令操纵天河二号超算进行运行，最终他俩作为主要作者在 Nature Astronomy 上发表了该研究，此是后话。

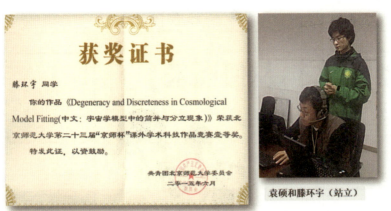

袁硕和滕环宇（站立）

20 多年来，天文系本科生科研获得了骄人的成绩，发表文章数量以及文章引用率等方面在全国兄弟单位中应处在前列。更为可喜的是天文系涌现出了许多老师，尤其年轻老师也在本科生科研方面做出了突出贡献。这不仅引起了校方的关注，也引起了媒体的关注。2010 年，《中国教育报》和《光明日报》对于天文系本科生科研给予了报道。2011 年，天文系本科生科研的成绩在教师节教育成果展第四部分"育英培华"中展出。

我相信这个优势会继续保持下去。目前我也在组建这样的教师团队，在本科生科研指导技巧及其最佳机制探究方面进行研究。

现天文

我们计划对以往指导过的几十位本科生的科研训练的经验教训进行统计分析，研究出针对不同类型的学生的最佳指导方式。我们相信本科学生的潜力是巨大的，关键是探讨出一套科学的、有效的本科生科研训练机制，使本科生的科研能力发挥到极致。

助力高能"慧眼"，洞穿宇宙天体

陈黎

左起：王建民、卢方军、袁启荣、陈黎、卢宇 2017.6.15 摄于西昌发射中心

"慧眼"（英文名 Insight）硬 X 射线调制望远镜（Hard X-ray Modulation Telescope，简称 HX-MT）卫星是我国第一颗空间天文卫星，她不但可以实现宽波段、大视场 X 射线巡天，还能够探测黑洞、中子星等高能天体的短时标光变和宽波段能谱的空间 X 射线，同时还是具有高灵敏度的伽马射线暴全天监视仪。1992 年中科院高能所李惕碚和吴枚提出了直接解调成像法，基于这种方法，利用技术成熟、造价便宜的准直探测器的扫描数据，就可以实现高灵敏度和高分辨率的成像。于是次年，李惕碚就提出了基于该方法建造 HXMT 的建议。直到 2005 年 8 月和 2007 年 3 月，HXMT 才被正式列入国家《"十一五"空间科学发展规划》和《航天发展"十一五"规划》，历经十余载，终于在 2017 年 6 月 15 日，HXMT 卫星发射成功，并开始科学观测。

在 HXMT 的研制队伍中，有许多来自北京师范大学天文系的身影。担任 HXMT 总设计师的卢方军，本科和硕士都是在北师大天文系度过的。他到高能所后，师从李惕碚院士，完成了首篇以直接解调成像法为理论依据的博士论文。接手 HXMT 之前，他正在美国从事超新星遗迹的研究，工作进展顺利，他发现的牛眼脉冲星被 NASA 和十多家重要媒体转载。但他为导师的科学情怀所感动，毅然中断研究，回国开始了这份可能多年都没有"成果"呈现的硬件研发工作。从起草项目建议书到组织任务实施，

HXMT 总设计师卢方军

卢方军一步步担纲起 HXMT 有效载荷的"大总管"。这期间，他两度因为压力过大而患上荨麻疹，一到天热就犯，必须吃药才能控制，治疗了三年才好。

卢方军总是谦虚地认为自己这个总设计师"名不符实"。这位以数据分析和观测研究为志趣的科学家一再强调，自己"对探测器和电子学都只知道点皮毛"，做成这颗卫星，完全是下面各个技术团队的功劳。但最早提出 HXMT 概念的李惕碚院士却认为，卢方军是不能忽略的关键人物之一，"尤其是在为这颗卫星扩展低能和中能望远镜的功能方面，他发挥了十分重要的作用。"的确，卢方军也承认，这颗卫星，是他一生中值得回望的山峰。

早在 2003 年，北京师范大学天文系陈黎教授就带领高健、张文昭、卢宇、李翮等参与了卫星轨道运行演示的项目。卢宇和黄跃从北师大天文系硕士毕业后直接进入高能所 HXMT 项目组。HXMT 地面应用系统中活跃着一批北师大天文系人，其中贾淑梅博士、屈进禄博士是该系统的负责人。陈黎、张文昭、黄跃是地面系统的核

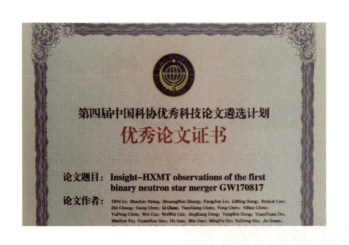

心成员。为了编写科学的观测计划软件，数年来，他们不仅学习、研究算法，还学习了大量软件管理方面的理论，撰写需求分析、完善各类文本，参与了国家重点研发计划"HXMT 数据分析方法和在轨背景模型"和"观测计划制定"的项目。在完成项目工作的同时也培养了人才。

　　HXMT 升空后，黄跃作为屈进禄研究员的博士生，是利用卫星数据发表 SCI 文章最早的几个人之一，我系的林琳老师也在用该卫星数据作科研。2019 年 11 月，以李惕碚院士打头的论文"Insight-HXMT observations of the first binary neutron star merger GW170817"获得了第四届中国科协优秀论文遴选计划给予的"优秀论文证书"，我系陈黎、张文昭和高鹤老师都是论文的合作者。

　　目前我系的张文昭和林琳又参与了下一代卫星"爱因斯坦探针 EP"的研发，相信未来会有更多的北师大天文系师生，可以为我国的高能天体物理事业做出更大的贡献。

现代天文

快乐观天

——学生实习课程拍摄展示

这里是银河系中心，那个数百万倍太阳质量的黑洞就藏在这片发光云团和尘埃带后面，这片云团由数以亿计的恒星组成，每个恒星都是一个太阳系。下面最明亮的白点是正好运行到这里的木星。照片由2017级学生拍摄于暑期去澳大利亚访学期间。

顾弘睿提供

位于金牛座的梅西耶45星团——昴星团，又称七姐妹星团，早在中国古代就被人们用肉眼观测到了。照片由2017级学生拍摄于天文学导论的认星实践课上。

顾弘睿提供

这是银河系中心的局部，图中4片红色的星云从左到右分别是梅西耶天体16、17、20、8号。这些地方充斥着形成太阳的原料。照片拍摄于小学期在澳大利亚访学期间。

顾弘睿提供

2017级杨隽和顾弘睿在西澳大利亚大学期间，趁着晴朗的天气，于寄宿家庭边的草坪上观测在北京无法看到的南半球天空，身后倒悬在天上的就是澳大利亚国旗上印着的南十字星座，是最著名的星座之一。

这就是小麦哲伦云，住在北半球的我们永远无法在祖国见到的风景。而正是北半球的人们开始向南远航，跨过了赤道，才最终发现了他们。所以它的发现也见证了大航海时代和全球贸易的到来。照片拍摄于小学期在澳大利亚访学期间。

顾弘睿提供

老铱星陨落之前，天文系的小伙伴在京师广场观赏它的谢幕演出。

李天摄

千手观音 郑晨发提供

左图：周期彗星表中的第 21 号彗星——21P Giacobini-Zinner。这张照片拍摄了 1 个多小时，这期间它实际在天上运动了至少 8 万公里。右图：位于人马座的 M22 球状星团，是在北半球所能看见的最大最亮的球状星团。以上两图均是由 2017 级天文系学生顾弘睿在大二利用十一假期前往明安图太阳射电观测站交流期间拍摄的。

是什么让我们聚集在一起？在遥远的一隅，在广袤的异域星空里，在 Dreamtime 中幻化成巨鸟的银河下，留下一点属于"我们"的印记……

时间都去哪儿了

第三章

FAST 团队中的北师大人

邱育海　朱文白　张海燕

2020 年 1 月 11 日，历时 20 多年研制和调试的大科学装置 500 米口径球面射电望远镜（FAST）通过国家验收。值得一提的是，FAST 团队中活跃着一批北师大天文系的校友。

主动反射面概念设计的提出

（邱育海　1960 级本科）

20 世纪 90 年代初，商品大潮袭来，下海和体制改革，使拥有众多无线电人才的北京天文台（下文简称北台）射电室人员流失几近一半。而整个研究室在完成密云综合孔径望远镜研制工作后，一时也找不到工作的方向。我 1989 年自德国马普射电所回北台，在完成密云 28 面天线相加系统的软件开发及观测后，便处于四顾茫然的状态。1993 年 8 月，转折出现，在日本京都召开的第 24 届国际电联大会（URSI）上，我室的吴盛殷受命代表我国参与 10 国联合倡议，研制下一代大射电望远镜（LT，1999 年改名为 SKA）。这给我们指引了工作方向。

此后，我们的工作便聚焦于：在 LT 计划中，如何做出中国的贡献？1994 年 2 月，在北台我们成立了 LT 推进课题组，以更好地开展有关工作。开始，我们设想过提供台址，如我国西北一带的广袤国土；其后，我们又提出利用中国丰富的喀斯特地貌建造 Arecibo 型天线阵，以此构成中国方案。为此我们找到遥感所聂跃平，他正好是贵州人，熟悉贵州的喀斯特地貌，很快按我们要求，利用军用地图，找出数百个适宜建设天线的喀斯特洼地。我随即用它建立了一个数据库，并画出数量、直径与深度的三维直方图，发现洼地在 500 米左右直径上有一个峰值。

随着 1995 年 11 月成立了以南仁东为主任的 LT 推进委员会，中国概念的 LT 先导单元模型研究相继开展。开始，大家聚焦于馈源，着力思考如何构建一个轻型、宽带并能克服球差的馈源系统，经过一年多的探索，发现几无可能。当然可用多反射面加经典馈源的 Arecibo 更新方案，但其过于昂贵，且在建造较大的（如 500 米口径）球面天线时，它太重太大以至于难以在工程上实现。这样，到 1997 年整个研究仍处于低谷。

路向何方？每个人都在考虑。

1998 年邱育海（中）与诺奖得主 A.Hewish（左一）在英国发现脉冲星设备现场的合影

当时我想，既然馈源难以进一步发展，那何不把目光朝下看，看看反射面是否有改进方法。有一天，我在翻阅访问 Arecibo 带回的一本技术资料时突然发现，在选取合适的焦距时，对一定的照明范围，旋转抛物面与球面相差甚小。众所周知，球面有各向同性的优点，对固定地面的球面，只要移动馈源位置即可实现对天体的跟踪。而旋转抛物面能将入射的平面波聚焦到一点，有用简单馈源便不会产生球差的好处，但当其固定于地面上时只能指向天空的固定位置，无法实现跟踪。二者能否结合起来？我当时想象，如将球面分成无数小块，用促动器自由改变其上下方向位置，这样可把馈源照明的部分球面通过小块位置的变动拟合成旋转抛物面。此时用经典馈源即可实现宽带照明。不断改变照明的球面以拟合成瞬间抛物面来实现跟踪。想通此点后，我随即开始编程计算，主要解决两个问题，一是算出使小块改变姿态最小的最优焦距，二是算出能满足面板公差要求的最大小块尺度（因球面曲率与抛物面曲率不同，分块愈小，引起的误差会愈小，但造价变高；小块尺度愈大，分块引起的误差便愈大，但块数少，造价低）。计算结果很快出来，我选定 500 米尺度作为实例撰写了论文。选定 500 米口径的原因有二：一是记起贵州洼地在 500 米左右直径上有较大峰值数量；二是想建造一个世界上最大的望远镜。我当时算出最佳焦距为 0.467 球面半径，最大分块尺度约 12 米（这些结果在 2005 年我又做了进一步优化）。1997 年 9 月，我在《天体物理学报》发表"具有主动反射面的巨型球面射电望远镜"一文。1998 年 3 月，受 PPARC（英国粒子物理与天文研究委员会）邀请，我在伦敦 PPARC、剑桥大学卡文迪什实验室、英国皇家天文学会及 Jodrell Bank 天文台等处作关于主动反射面望远镜的报告，英方专家认为"是一个全新的但可以实现的设想"。随后，主动反射面论文得到诺贝尔奖得主 A. Hewish 推荐，在英国皇家天文学会月刊发表（MNRAS,301,827–830,1998）。

1998 年，国家天文台成立，南仁东、彭勃、朱文白、朱丽春和我五人，组建了 500 米口径球面射电望远镜（FAST）实验室，进行主动反射面、馈源支撑、测量与控制等关键课题的预研究。我着重参与了与同济大学及南京天仪厂合作的促动器型主动反射面方案的研发，并做有关自动控制方面的研发与立项的工作。我于 2002 年退休，后延聘至 2012 年，一直从事 FAST 优化设计及 SKA 有关工作。

第三章 时间都去哪儿了

在一起，在路上

（朱文白 1989 级本科）

1996 年春，读到南仁东研究员主编的《国际大射电望远镜争建建议书》时，我被深深地吸引和震撼了。1996 年 7 月，我从北京师范大学天文系硕士毕业，如愿进入北京天文台"大射电望远镜推进"课题组工作。

1998 年，国家天文台成立"FAST 实验室"，定岗五人，在科学院创新重大专项经费和自然科学基金的支持下开始模型试验研究。我先后参与了上海反射面模型八节点网络控制、西安 50 米馈源支撑系统模型、清华大学 50 米馈源支撑系统模型、密云 FAST 模型馈源支撑系统的研制工作。同时，我组织开展了清华大学馈源支撑系统原型数值仿真和中德合作的仿真研究工作，期间完成博士论文《FAST 望远镜天文规划和馈源支撑的相关研究》的撰写。在一系列模型试验和理论仿真研究的基础上，FAST 馈源支撑系统工作原理和概念设计逐步形成。

FAST 大科学工程立项后，2008 年，我受聘任四大工艺系统之一的 FAST 馈源支撑系统总工。为了做好管理工作，我于 2010 年取得了美国项目管理协会的职业资格认证证书（PMP）。在大科学工程开工准备和建设实施阶段，由于其独特性和创新性，依然会发现新的技术问题需要去探索和解决。我们馈源支撑系统主要布局了两项试验研究：（1）FAST 动光缆的研制和机械性能测试；（2）舱索系统的阻尼参数测定和控制仿真研究。两项试验研究都取得重要成果，有效地支持了建设工程的进展。

在建设实施阶段，经历合同招标、产品设计、工厂制造、现场安装和调试运行等阶段后，FAST 馈源支撑系统的各子系统 301 支撑塔、302 索驱动、303 馈源舱、304 舱停靠平台、305 动态监测和 306 防雷工程次第完工，系统整体实现了馈源指向与跟踪运动的功能。我们的创新成果获得"2017 年度中国机械工业科学技术奖一等奖""2017 年度中国好设计金奖""2018 年度辽宁省科学技术进步一等奖"等。

FAST 工程无比浩繁，其任务分解为系统—子系统—工作包，需要大批人员的精细分工与密切合作。谈起参与 FAST 工作的体会，我首先想到的就是与团队成员"在一起"。一晃 20 多年了，从一本建议书结缘，到经历研制的全过程，我的心境始终是"在路上"，眼前风景次第而过，不断学习提升，应对各种难关，走过了一站又一站，持续推进向前、向前、再向前。

在 FAST 工程中成长

（张海燕 1992 级本科）

1998 年秋天，我作为北京师范大学天文系和国家天文台联合培养的博士研究生，开始参与 FAST 的预先研究。2001 年毕业后，我进入国家天文台大射电望远镜实验室 FAST 团队工作。FAST 首席科学家南仁东研究员曾说，作为一个科研工作者，一生之中能参与大项目的机会难能可贵，这既是机遇和挑战，也为我们提供了一个不断成长的平台。

随着 FAST 立项、开始建设，我作为工程办公室副主任，长期参与工程的日常管理，确保工程保质、按期完成。由于工程建设的需要，我还负责了望远镜的电磁兼容研究工作。FAST 作为最灵敏的单口径射电望远镜，极易受到电磁干扰。我们在国内首次完成系统和全面的射电望远镜电磁兼容研发，实现诸多技术创新（获得 2018 中国电子学会科学技术奖一等奖）。同时，为保护台址周边宁静的电磁波环境，在长期研究、测试和协调的基础上，2013 年贵州省颁布省长令，建立了以 FAST 台址为圆心，半径为 30 公里的电磁波宁静区，从而为 FAST 的科学产出提供了重要保障。

从 FAST 的预研、立项、建设、调试，到国家验收，我参与了项目的全过程。回顾参与 FAST 的历程，我非常荣幸能够从前期就参与这样的大科学工程，在国内外一流专家的指导与工程团队的通力协做下开展工作。今后，我将与 FAST 运行和发展中心的同事们一起，继续为 FAST 的正常运行和取得重大科学成果提供有力支撑。

春秋甲子谱乐章

史志成 1960 级本科

朱雀南天翔舞，
金桂蟾宫飘香。
春秋甲子一度，
探求日短星长。
斗转星移循序，
桃李树下成芳。
凝结天地精华，
谱写宇宙乐章。

2020 年 2 月 2 日

薪火相传

张喜镇 1961 级本科

初入大学门，梦想驻心中。教学楼上课，实验室做功。

居庸关植树，物理楼观星。卢沟桥修坝，玉泉山劳动。

太平湖游泳，大操场观影。沙河站实习，山西省四清。

入学一白纸，毕业初长成。也曾为人师，归队再观星。

主攻学射电，探月是新兵。嫦娥绕落回，圆我国人梦。

悠悠天地间，亘古师生情。教我为人师，带我世范行。

薪尽火种在，相传代代生。恩师如父母，吾辈拱手敬。

贺联一

木铎金声，不尽师恩深似海；

薪火相传，天下桃李已成林。

贺联二

源自物理，根植沃土，载桃种李一甲子；

成于天文，心系宇宙，教书育人六十年。

2020 年 3 月

天文是我一生的追求

夏晓阳 1963 级本科

时间在飞，转眼就要庆祝天文系创办一个甲子了。元月受邀为天文系系庆写篇文章，没有想到这期间从武汉到全国再到全球都受到新冠肺炎疫情肆虐的影响，我还没有缓过神来，给我的交稿期限就快到了。这次的疫情我的最深体会就是做任何事情都要只争朝夕，否则可能连机会都没有了，所以马上动笔。

1963 年，我从四川的一个小县城考入北师大天文系，实现了我的梦想。说来也奇怪，要学天文只是因为在我 6 岁的一个夏夜，在母亲工作校园的一个小山坡上，仰望着繁星密布的夜空时母亲对我讲述了牛郎织女的

故事。那之后，我就对神秘的星空充满了兴趣。高考完填报志愿时，我把北师大天文系作为我的第一志愿，并顺利入学，那感觉像是踏进了天堂。那时的大学生真是天之骄子，无论是学习还是生活条件都是做

梦也没有想到的。虽然由于处于特殊时期我在北师大只上了3年课，即只上完了普通物理、理论力学、热力学、普通天文和天体物理方法，但是老师讲课的神态我至今记忆犹新。尽管被分配去内蒙古后先后在农村劳动，在中学和包头师专做教师，但我一直没有忘记我的专业是天文。其实在北师大天文系学习的3年我们真说不上有好的专业基础，但就是念念不忘自己的专业是天文。

1978年年初，我终于有机会回北京再学习。我的初衷只是想学完电动力学和量子力学，刚巧那个学期曾谨言老师在给北大物理系理论物理专业的工农兵学员讲量子力学。我去旁听时听说，北大地球物理系天文专业在给全国天文台的年轻人办等离子体进修班，但因为大部分学员没有理论物理基础，所以进修班会把四大力学都讲一遍。这对我是多好的机会啊！在大学班主任马文章老师的帮助下，我得以去北大天文专业旁听，除了蹭物理系的课还旁听了等离子体进修班的全部课程。用如饥似渴来形容我那时的学习状态真是贴切。之后我又有机会上了北师大物理系进修班，到北大天体物理专业读研究生。在我读研究生期间，乔国俊老师希望我做脉冲星磁层，我完成了对强磁场下的逆康普顿散射的研究，并用来解释脉冲星的辐射。后来研究脉冲星的辐射机制成了乔国俊老师的主要研究方向。说起来，从1978年年初回到北京，到1982年拿到天体物理硕士学位的近5年期间，我并没有真正学会做天体物理的研究，但是充分享用了北大的资

源，听了北大物理系和数力系一批非常牛的老师的课，包括郭敦仁的数理方法，胡宁的量子场论，吴林襄的理论力学、磁流体力学和吴望一的流体力学等，还听了陈秉乾的热统、等离子

体物理。应该说，这一个阶段给我尔后的研究打下了坚实的数理基础。

研究生毕业后，我到天津师范大学物理系任教，在一次学术会议期间结识了科大的老师，他们建议我和他们合作做宇宙大尺度结构的研究。那时刚巧是哈佛的第一个星系红移巡天的 CfA 样本（只有 2401 个星系！）释放，而北京天文台又正好买了 VAX 计算机，于是我们做了不同光度的星系相关函数的计算和比较，发现光度越大的星系成团性越强。这个工作在 1986 年北京举办的 IAU 124 大会上被选为口头报告。之后在英国 Durham 大学和德国马普天体物理所访问期间，我基于更大的红移巡天样本又合作完成了一些星系大尺度结构分布的工作。

在这个阶段，科大的老师分享给我做研究的重要经验是：交流和讨论，而不是去啃一大堆相关的书。其实有了基本的数理和天文基础后，和同行讨论（包括读相关文献）可以比较快地进入一个新的领域。这种方法与最近读到的美国著名物理学家 Steven Weinberg 教导研究生的箴言一样："没人通晓一切，你也不必如此。"这是因为他读研究生时，指导他的资深物理学家坚持认为必须先开始研究，在研究过程中获取相关知识。这种研究方法也使得我尔后从星系大尺度结构的研究领域顺利地转向星系形成和演化的观测研究。

1987—1988 年，在中英奖学金的支持下，王绶琯先生推荐我去英国 Durham 大学访问（是陈建生和邹振隆两位老师建议的）。很有意思的是，我在 Durham 有三个"老板"，分别是 Richard Ellis、Carlos Frenk 和 Tom Shanks，他们对我都有指导和帮助。现在 Carlos 还总说我是他的第一个中国学生。去 Durham 之前，邓祖淦老师希望我学习数值模拟，邹振隆老师希望我学习做光纤，但是 Richard 对我说你只在这里待一年，掌握数值模拟有困难，所以我按 Richard 的建议参加了从 IRAS 卫星样本中选出的 60 微米流量极限为 0.6 央斯基的红移巡天工作（QDOT 红移巡天样本）。我和 Inn Parry 合作完成了样本的处理并参与了基于这个样本的大尺度结构的研究工作。在完成这个红移巡天样本的过程中，我参与了观测（南天部分用的是当时英澳天文台的 AAO 望远镜），那是我第一次看见那么大的望远镜——事实上，80年代4米级望远镜是用得最好、口径最大的地面光学望远镜。在处理数据过程中，我注意到极亮红外星系（远红外光度大于 10^{12} 太阳光度的星系），回国后开始了对星系的观测研究。可以说，这一年的访问给我打开了一扇窗户，让我真正地接触到天文观测和一手观测数据，而且真正知道天文研究该怎么去做。回国后，我一直非常关注 Richard Ellis 团队的工作，这对我选择研究课题有重要的引导作用。

1988年年底回国后，我马上参加了苏州的一个天文学术会议。在这期间，我和胡景耀老师讨论，他建议我们用兴隆的2.16米望远镜做这些红外极亮星系的图像。虽然没有成功，但是我们开始了对这类星系的形态、光谱性质的系统研究，而且也开始了对星系的多波段研究，包括亚毫米波、红外（近红外、中红外、远红外）、光学和 X-ray。我们对极亮红外星系的形态分类、光谱分类和多波段研究等方面的研究应该在国际上是最早的，也是用2.16米望远镜完成的第一批星系研究的工作。通过和国内外年轻学者合作，我们申请到了 JCMT、ROSAT、Chandra 和 IRAM，以及最近的 ALMA 观测时间，完成了一系列有一定影响的工作。所以，在本世纪初 IAU 两次大会期间的 Symposia 上都有我的口头报告，这应该是国内关于星系观测研究最早的报告。

在八五、九五期间，科技部攀登计划实施，我和邹振隆合作组织了对星系上的恒星形成、星暴的研究。而在十五、十一五期间，科技部973计划和基金委的重点项目实施，我和国内外年轻学者广泛合作，开展了对星系相互作用、星系和黑洞共同演化的系列研究工作。从和老一代老师们合作到和年轻一代老师们合作，从对星系的大尺度结构的研究

到对星系上恒星形成的研究，再到对星系相互作用和并合过程的研究，我们完成了一系列工作，取得一系列研究成果。这些成果曾经获科学院、教育部自然科学二等奖，天津市自然科学一等奖，而且培养了一批优秀的学生，最终在天津师范大学成立了天体物理中心。

我非常认同一位年轻朋友的一句话："国家给我们提供各种条件让我们做我们自己喜欢的事情，我们真的是精神贵族。"做研究非常有趣，真的是一种享受。所以在和老一代、年轻一代的合作过程中，我们从来不去争什么文章、奖项的排名，不去争名夺利。大家通过共同的兴趣走到一起，在完成一项工作的过程中，每个人都有自己的想法和贡献，怎么能够称得出来谁的贡献占多少百分比？

我的经历让我深深地体会到人一生中导师很重要。我这辈子有幸遇到了几位睿智、有胸怀、有眼光的导师。那种指导就是在关键问题上画龙点睛，让你茅塞顿开。同时，合作也非常重要，从 1982 年离开北大之后，我和国内外的老师和年轻学者有过广泛的合作，从合作者那里也学到了很多很多。我现在更多的是和年轻学者合作，继续基于各种样本研究星系的形成和演化，真是其乐无穷。

2020 年 4 月

往事如烟

杨永田 1965 级本科

建系六十载，毕业五十年。

西南楼入梦，东餐厅进餐。

北餐厅开会，物理楼开篇。

楼内有浴室，供水分冷暖。

餐费五毛整，荤素花样翻。

节庆有宴会，四碟配四碗。

国庆不眠夜，西华表狂欢。

幸福天文系，佑我古稀安。

2020 年 2 月 12 日

感恩师德

张建卫 1974级本科

甲寅年间离故乡，北上师大求知忙。

百丈高楼平地起，三尺讲坛新课堂。

物理楼顶望远镜，昼伏夜起观天象。

飞鱼计算摇酸手，天体力学解八荒。

走街串巷百步行，水准仪边细测量。

天文馆内天象仪，四季星空织罗网。

开门办学崇文外，光学物理高大上。

渤黄东海巡海疆，六分仪前定导航。

邯郸军营重熔炼，德智体美不差样。

师大天文好老师，辛勤园丁寄希望。

无私奉献赤诚心，桃李天下耕耘忙。

言传身教细无声，历历在目永不忘。

甲寅庚子四六载，感恩师德此情长。

2020年2月11日

注：张建卫，1974年考入北京师范大学天文系，1977年毕业。之后在中国科学院上海天文台工作，于2011年退休。

巡演

肖天生 1978 级本科

驻场演出

2017 年 8 月，上海芭蕾舞团携芭蕾舞剧《天鹅湖》赴欧洲进行为期 8 周的巡演。第一站是阿姆斯特丹皇家卡雷剧院，三周 18 场演出。

按照往常的习惯，在开演前，我会围着剧场建筑转转看看，感受一下剧院文化和演出氛围。入口处是我必去的地方。皇家卡雷剧院坐落在阿姆斯特丹富有特色的纵横交错的运河畔的居民区。我从剧院后台出来，绕一圈来到剧院正门，看到观众已经在剧场入口处排着长队检票进场了。因为销售火爆，演出商将给我们的工作票也卖出去了，以致我没有座位，只能用工作证入场，到楼上的音控室去观看演出。从音控室俯瞰，偌大的观众厅内坐满了观众。而在正厅下方的观众区域却没有那么拥挤。仔细看去，我发现该区域有 4 个观众，3 个坐在轮椅上，其中一个腿上打着石膏；另外一个躺在一张靠背竖起的病床上。这是我从事剧场或院团工作十几年来唯一一次遇见这种情况。经

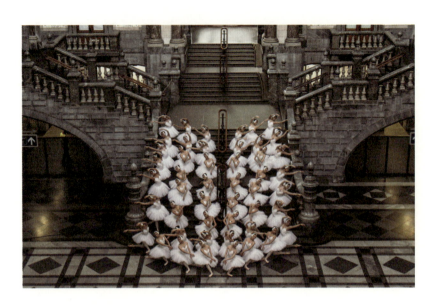

询问剧院工作人员得知，躺在病床上的是一位癌症晚期的观众，最大的愿望是看一场大型芭蕾舞剧《天鹅湖》。这片特殊的观众区域是剧院根据需要临时拆除部分座位而设立的。

　　由 48 只天鹅组成的队伍不断舞动着变化队形，将"天鹅海洋"缓缓呈现在观众面前，场景美轮美奂，征服了最挑剔的欧洲观众。这是现在世界上最庞大的天鹅阵容。据演出商告知，本次巡演的档期其实恰逢荷兰的节假日，本是属于剧院的淡季，但是令所有人出乎意料的是，18 场演出竟然场场爆满。最终又加演了一场，从而创造了皇家卡雷剧院 130 年同一古典剧目驻场演出 19 场的记录。《阿姆斯特丹日报》更是激动地评价道，"这是一场在皇家卡雷剧院从未见过且不容错过的演出。"

芭蕾的伤痛

　　2017 年 3 月 30 日上海大剧院舞台上，忧郁的王子哈姆雷特坐在舞台的左前部沉思，舞台中央的皇宫内一场盛大的舞会开始了，华尔兹的音乐响起，国王拥着王后率先起舞，众多宾客纷纷响应，翩翩起舞。而当扮演王后的芭蕾舞团首席演员 F 踮起脚尖进行第一个大跳动作时突然摔倒在地，众多宾客为之一滞，看向国王与王后，国王弯腰将王后抱起向

后台走去，宾客们继续舞会。很短的时间内，国王返回舞会，与另一女演员共舞。精彩的演出获得了观众的阵阵掌声，然而摔倒的王后却一直没有出现在舞台上。这是我到芭蕾舞团工作后观摩的第一场演出。事后，有人竟以为王后的一摔及国王另换舞伴是导演故意添加的一个情节。然而事实上，摔倒的女演员跟腱撕裂，被直接送到了医院。舞台经验丰富的演员们对场上的突发事件反应迅速，在场上的 B 角来不及更换服装，直接顶替 F 的角色出演。而顶替者的角色又被其他演员顶替，且都不留痕迹地完成。原本一场几乎无法避免的停演事故在无声无息中被平息了。

在台上演绎唯美浪漫舞蹈的芭蕾舞演员，受伤是经常性的。几乎每一位主要演员都有过大伤的经历，芭蕾舞演员面对伤痛，表现出来的不是一般的坚强。医生给 F 提出了两个手术方案。方案一，对跟腱进行正常续接，术后能够像正常人一样行走，不会有不利影响，缺点是不能再跳芭蕾舞了，因为续接后的跟腱承受不起足尖舞的压力，会再次撕裂。方案二是将跟腱超长重叠后进行续接，跟腱重叠越长强度越大，可以承受踮起脚尖的芭蕾动作，缺点是手术期长，恢复期也要长很多，过程非常痛苦。本来撕裂的跟腱会缩回去，手术不仅要将其拉回来，而且要拉回更多。很容易想象，拉得越多越痛苦。F 是一个非常优秀的演员，国内绝大多数芭蕾舞女演员在她这个年龄已经退役转岗了。从我心里来说，是会选择方案一的。但是，热爱芭蕾舞的她毅然选择了方案二。在手术后经过一年多的恢复训练，F 重返舞台。

芭蕾舞给人的印象是舞台美轮美奂，演员形象好气质高雅，但与高智商、高情商似乎没什么联系，毕竟芭蕾舞演员是从小开始进行专业学习的，文化课学习得比较少。然而，到芭蕾舞团工作后，我看到了演员的另一面，他们非常刻苦坚强，不乏聪明睿智之辈。我曾在排练教室看到一群演员挥汗如雨地训练着，其中有七八人都获得过国际芭蕾舞比赛的金牌。我不由得想起了"天才加勤奋等于成功"这句话。然而，演员 H 对我说，其实成功需要的是一分天赋九分勤奋。2018 年芭蕾舞团在北京中央党校演出时，我在侧台看见从台上下来的女演员 X 在抹眼泪，赶紧走过去问："你怎么了？"她回答说"脚疼"，但随后又上台跳了起来。这让我揪心起来，这是什么情况？于是赶紧找来演员管理部的同事问询。原来是 X 的脚上长了 4 个鸡眼。当 X 从台上下来的时候，我还是忍不住去问候。她回答说："书记，我没事，实在忍不住了，哭一下就好，不会影响演出的。最近排练、演出太忙了，一直没时间去治疗。两天后要到俄罗斯演出，等回来再治吧。"我听了有点儿抓狂，这个 20 岁出头的姑娘也太能忍了吧，于是赶紧请北京的朋友帮忙，联系能够快速治疗鸡眼的手术，唯一要求是能够在手术后快速恢复，不影响两天后的演出。在北京朋友的帮助下，最终手术非常顺利地完成了。

在练功和演出中，芭蕾舞蹈演员的脚趾会受到极大的挤压，所以他们会用新棉花包裹脚尖，然后套上硅胶套，再穿硬头足尖鞋来保护自己的脚。即使如此，长期挤压还是使很多女演员的脚趾变形。当她们脱下舞鞋时，棉花上时不时会有血渍。在演出中，足尖疼痛是很寻常的事，当我们在领略芭蕾舞的魅力时，务请关注一下演员的汗水和辛劳。

脑瘫儿童芭蕾训练营

2018 年年初的一次朋友聚会上，专攻脑瘫儿童手术的上海儿童医院神经外科肖波博士问我，是否可以请芭蕾舞团的老师一起参与脑瘫儿童的康复训练？脑瘫儿童 80% 以上伴有语言障碍症状，表现为言语呼吸不足、口部运动障碍、构音歪曲、语言发育迟缓等；脑瘫儿童因肢体运动障碍，导致活动范围小，缺少同伴，缺乏参与社会活动的机会，从而出现或加重了各种心理和行为问题，如自卑、孤僻、胆小、依赖、退缩、恐惧等。让脑瘫儿童学习跳芭蕾，听起来有点疯狂。芭蕾舞训练最注重力量与平衡，脑瘫患者因为大脑对肢体神经的控制信息通道被堵塞而无法控制四肢，表象是四肢无力的瘫痪。经外科神经手术后，神经通道被打通，大脑可以指挥四肢了，只是手术后的患者因没有使用四肢的经验，其肌肉力量和平衡感通常要差一些，需要通过康复训练来恢复。我当即对此表示了浓厚的兴趣，不仅仅是因为芭蕾舞训练对力量与平衡有很强的针对性，更是因为芭蕾舞的美感与舞者的自信是脑瘫儿童及其家庭缺乏的。另外，我的少年宫工作经历也让我敏感地意识到，团体活动中与小伙伴一起成长的环境也是脑瘫儿童所需要的。共同举办脑瘫儿童芭蕾舞训练营的想法，得到了上海芭蕾舞团班子全体成员、特别是团长辛丽丽女士的大力支持。于是，在2018年的儿童节，上海芭蕾舞团与上海残联康复中心合作，创办了国内第一个脑瘫儿童芭蕾舞训练营，公开向脑瘫儿童招生，所有训练课程免费——每周两次由上海芭蕾舞团芭蕾舞老师和上海残联康复中心的康复师共同对孩子进行训练。

现在，参加训练营的孩子已经有自己的小节目可以表演了。在一次广播电台的采访中，我提到了芭蕾训练对孩子自信、开朗的性格培养有好处。同时参加采访的一位家长立即附和说道："我女儿以前在家不喜欢照镜子，现在她经常照镜子，看自己的动作，还会让我看她的姿势好不好。在家里话也比以前多了。"老师们也普遍感受到孩子与老师的交流增加了，在班上有了自己的好朋友。通过对受训孩子语言、语句等方面的测试，结果显示他们在多方面有改善。对芭蕾训练营的受训者做的一系列的测试数据显示，他们在平衡身体核心30秒内移动、粗大动作功能、言语呼吸功能以及家长焦虑量自评等方面提升明显，尤其在最长声时和平均句长方面有了很大进步。

脑瘫儿童芭蕾舞训练项目得到了一些社会爱心人士的帮助和支持。上海芭蕾舞团将会继续与上海残联康复中心合作运作这个项目，我也将这个项目当作我退休后生活的一部分。

编者注：作者于1982年从北师大天文系毕业后，先后任中国福利会少年宫副主任、上海音乐厅党支部书记兼经理、上海民族乐团党总支书记兼副团长和上海芭蕾舞团党总支书记。

我的天文情缘

秦争 1980 级本科

我于 1980 年至 1984 年在北师大天文系读本科，现在从事的领域是卫星传版系统，这听起来很陌生，先解释一下。比如，《人民日报》每天凌晨三点排版完成签字付印后，需要把版面文件用最快的速度传到全国 52 个城市的印点去，所有印点同时接收同时印刷，然后将印刷好的报纸交给

邮局，由邮局分发给订阅者。订阅者早上一上班，当天的《人民日报》就摆在案头了。为了把《人民日报》的版面文件快速安全地传输给 52 个印点，人民日报社采用了一个卫星数据广播网——卫星传版系统。卫星传版系统在我国很普遍，其他国家却没有，这是咋回事呢？这个非常有中国特色，中国幅员辽阔、人口众多，我们的报纸是党和人民的喉舌，宣传的功能性强，全国发行的报纸版面完全一样，图文并茂、四色排版，这使得

版面文件的数据量较大。要在很短的时间内步调一致地广播和接收完所有的报纸版面文件，卫星传版是最好的方式。1994年，我去美国出差，美国虽然也幅员辽阔，可报纸版面相同的却不多，地方版面和广告版面都是各地登各地的，不用传版，加之美国从东部到西部有几个时区，西部开印的时间比东部可以晚三个小时，再加上需要传输的数据量少，时间充裕，因此用低速的电话数据传输就可以。

我国是在1990年从零开始研发卫星传版系统，那时我就参与进去了，到现在已经从事这个工作30年！最早一起研发卫星传版系统的伙伴，年纪比我大的已经退休了，因此我算得上是一直从事卫星传版系统工作为数不多的专家之一。

除了《人民日报》以外，还有《求是》杂志、《环球时报》、《经济日报》、《光明日报》、《文摘报》、《解放军报》等几十家报纸使用卫星传版系统。除了人民日报社、新华社、解放军传播中心有维护卫星传版系统的技术工程师以外，其他维护卫星传版系统的工程师全部在我们公司，研发卫星传版软件的工程师也全部在我们公司。这有点像天文研究的某个领域，领域划分很细，从事特定领域研究的人不多，因此很容易成为这个领域的大拿，我们就是卫星传版系统的大拿。和天文研究一样，在这个领域研究30年，肯定能了解领域前沿理论和技术，并成为佼佼者。

我本科学的是天体物理，现在从事的是卫星通信，其间的联系在哪儿呢？大四的时候，系里给我们开设了Basic计算机语言课程。系里有台Apple II计算机，这是周贺平老师去美国当访问学者时省吃俭用攒钱买回来的，放在系里给老师和同学们使用。我由此迷上了计算机语言，毕业后从事计算机软件的开发和应用，一直工作到现在。我本科毕业设计的课题是射电天文方面的，我的导师是范英老师。而我现在工作中成天打交道的卫星接收天线，不就是射电望远镜吗？其他朋友纳闷我学天文和卫星通信工作之间的关系，而我们天文系的系友肯定懂的。

　　大学期间有门课程使我受益终生，那就是近代物理实验课，一个实验要做一整天，写实验报告还得两个晚上，这个课程不仅让我学到很多知识，更让我学会了严谨做事的方法。

　　我在师大上学时最喜欢实习，我们参观过北京天文台沙河地面站和密云射电观测站。刘学富老师、张燕平老师带我们在北京天文台兴隆观测站实习过一周，亲手给天文望远镜装上十几美元一块的柯达感光玻璃干版的情景我至今记忆犹新。吴圣谷老师、张燕平老师带我们去南京紫金山天文台实习，住南京大学的宿舍，带我们去上海天文台实习，住外滩附近的招待所，每到一处都有老师的同学（师大的校友）接待和讲解，感觉好温暖和骄傲啊。师大校友的热情和对工作的热爱给我们树立了榜样。在上海天文台实习时，听上海天文台的老师讲我国第一颗卫星的研制过程，我不禁心潮澎湃。我记得小时候听过卫星播发的东方红乐曲，那时才知道这源于许多天文工作者的努力，莫非现在我从事卫星通信工作就是那时埋下的一颗种子？

时间铸就理想

蒋红涛　1981 级本科

　　今年是北师大天文系一甲子，又要出纪念册了，其中一个栏目是"时间都去哪儿了"。系里老师请我写篇文章，说让我作为校友，说说毕业这些年都做了些什么，有啥有趣的。我一直在想该写些什么，前天和一个朋友聊天的时候，提到现在感觉时间过得越来越快，好像在后面追赶着我们一样。确实如此！

　　根据爱因斯坦的相对论，时间是相对的，不是吗？

　　1981 年至 1985 年在北师大学习的 4 年间，我经历了许多事情。虽然岁月蒙尘，很多细节都已模糊，但只觉得彼时的时光是相对漫长的。我晚上在校园里跑步时常常会放慢脚步仰头看星星；每天把课上的笔记再细细地整理一遍；放假时接送外地同学，骑着自行车带人又带箱子地在学校和火车站之间来回跑，这些记忆鲜明而深刻。那时候没有互联网，更没有手机。远方的朋友、家人之间的联系全靠写信。不久前在网上跟同学聊天还提起，那时候如果暑假放两个月，男女朋友南北分开两地，信寄过去需要一个星期的时间，即便马上回信，寄回来又需要一个星期的时间。那种望眼欲穿、渴望、等待的美好心境今天是难以体会到了。

　　我从小的梦想就是长大后从事太空探索方面的工作，但从未想到自己会在某一天成为空间探测的领导者。自从 1985 年北师大毕业，我从未放

观
天
文

弃过我的梦想，踏实而努力地学习工作直到今日。我相信成功永远不会属于一个毫无梦想和准备的人。我认认真真一步一个脚印，如今回头再看我的人生，的确登上了一个高峰。

我的职业生涯自南京工学院物理系的教学开始，教过中级物理实验和基础天文学课程。我于1989年到加拿大多伦多，在天空与地球科学研究所的空间天体物理实验室工作，研究方向主要集中在利用国际紫外线卫星探测器(International Ultraviolet Explorer)的数据来研究超巨星和造父变星。与此同时，我在附近约克大学的物理与天文学系读研究生，师从著名天文学家南希·埃文斯和约翰·考德威尔。1991年获得天体物理学硕士学位后，我一边协助韦恩·埃文斯教授在约克大学的地球与太空科学研究中心工作，一边同约克大学的地球与空间科学系的杰克·麦康奈尔教授(已故)一起从事加拿大地球中高层大气模型(Canadian Middle Atmosphere Model)的研发工作。我在1996年获得大气物理学博士学位，之后去蒙特利尔的麦吉尔大学从事博士后研究工作，方向是气候模型及卫星数据分析和应用。同时，我穿梭于几个城市之间，在滑铁卢大学和特伦特大学均担任过天文学和理论物理学的讲师。

1999年是我人生的一个转折点。那年，加州理工学院的喷气推进实验室拿到美国宇航局地球观测系统(Earth Observing System)的重大项目，开始招聘负责该系统的几个卫星探测器的研发人员，我是幸运者之一，带着复燃的探索激情受聘来到了位于美国加利福尼亚州帕萨迪纳市的喷气推进实验室(Jet Propulsion Laboratory – JPL)。JPL位于帕萨迪纳市北面的山谷地带，是建造和运行太阳系航天飞船和地球观测卫星的重要基地。在JPL 的 20 年里，我经历了多次卫星发射，参与并领导过大大小小二十几个重要科研项目，共发表论文 187 篇，并因在科学研究方面的成就多次被授予美国宇航局的杰出贡献勋章。2015 年以来，我承担了更多的责任，成为 JPL 工程与科学部的首席科学家，并兼任卫星观测气溶胶和云层研究团队的主管，同时还是美国地球与空间科学期刊的编辑。每天工作下来，总觉得时间太少过得太快，还有好多事情等着我去做。

时间都去哪儿了？这是一个非常好的问题。爱因斯坦有一次在解释相对论的时候比喻说：当你和一个美丽的姑娘相处两个小时，你会觉得好像只过去了两分钟；但当你坐在炙热的火炉旁，哪怕只是两分钟，你也会感觉好像是煎熬了两个小时。对啊，时间是相对的。觉得时间太少，时间过得太快，是因为我们对自己所做的事非常喜爱，舍不得时间很快就过去。但事实上，时间铸就了我们的理想，铸就了我们的成就，铸就了我们的人生，时间从来没有离开过！

从 1985 年北师大毕业到现在，我的人生的变化是巨大的。如今我在事业上取得的成就，对于曾经在大学的我来说，就像是一个遥远而不可及的梦想，而梦想通过努力是可以实现的。我今天的工作是服务于全人类、造福于这个世界的，它是崇高的，同时它也赋予了我很高的荣誉。回想起来，北师大是培养我的摇篮，是北师大启发了我，并且今天仍然激励着我。

今天的北师大是一所享有盛誉的大学，在开展各个科学领域的研究方面逐渐显示出了强大的实力。北师大在提供独特的多学科计划和天体物理学科研究的相关领域，是扎扎实实的践行者和引领者。在地球学科方面，北师大拥有用于气候研究、空气质量建模和预报的高质量实验室和计算设施。所有这些事情都表明，时间并没有去哪儿，它就在我们手里，让我们有机会与伟大的科学家们一起工作。那么，就让时间帮助我们取得成功，实现我们的梦想吧！

2020 年 3 月 30 日写于美国洛杉矶

第三章 时间都去哪儿了

现
天
习
文

一生最关键的学习——学天文

郑志文 1981 级本科

小学时候的一天，我忘了是如何知道那天晚上有"天狗食月"……被好奇心驱使，我一个人爬到山顶，等待"天狗"。我的老家在海边，月光照在海面上，很深的寂静……"天狗"慢慢吞食了月亮，海面的月亮光影慢慢暗淡了……我内心产生了巨大的恐惧，躲到山头的日本炮楼里，只敢偷偷地看"天狗"。过了一段时间，等月亮慢慢出来，我竟然不害怕了，从那天起，我就再不怕黑夜、不怕在黑夜里独处了，我觉得星空和我有某种神秘的关系。我能到北师大天文系读书，和那天的那只"天狗"有很大关系。我对宇宙充满了好奇。

大学时光

毕业 30 年

天文系四年，是我人生中最关键的时期，我的身体更加健壮，知识、情感更加丰富，记忆里全是美好的画面：跨年级的同学情、各种球类比赛、跳舞、老师们很和蔼、在天文台实习……

工作进入企业，别人问我学的什么专业，当听到"天文"时，他们很诧异，不知道我能做什么。他们总问我："你学天文，有什么用？"已经从天文系毕业35年了，我现在仍然很自信地告诉别人：我一生最关键的学习，就是学习天文。这的确看起来"无用"，但在更长的时间里，正是这些"无用的知识"，不断更新着我的认知。

学习天文，潜移默化地培养我在更大的时空思考问题。我的工作和生活，常常遇到难以逾越的难题、难关……每到这个时候，我会很自然地停顿下来，到星空下散散步，聆听宇宙的寂静，设想自己站在宇宙的某个位置来看自己、看现在面临的难题、看这个世界……随着我思考的空间和时间跨度的拓展，很多难题的脉络，变得清晰可见。

学习天文，能打下很好的数学和物理基础、学习研究宇宙的方法论。我们常常吹牛："我们天文系的同学，跟着数学系学数学，跟着物理系学物理。"进入职场后，不管大学里学什么专

业，知识很快就过时了，面对新环境，需要学习新知识、应用新知识、重构知识体系……天文系留下的数理基础、方法论，这些看起来"无用"的，最后都有"大用"。

学习天文，让我们常怀谦卑之心，因为我们知道人类、地球、太阳系、银河系……在宇宙中的位置，我们知道人类理性的局限，正是这谦卑之心，常常使我们的心灵处在婴儿般的状态。

学习天文，让我们常怀感恩之心，我

现天文

们站在各个民族的天文前辈的肩膀上，不断向外探究宇宙的奥秘，回头一看，我们生活在多么奇妙的星球上啊，这个认知，让我获得了一种自由，这个自由就是我认识到，即使如乞丐一样贫穷，但我作为人，生活在这个星球上，我就是一个富足的人。从内心里涌出来的富足，使我不再生活在别人的期待里，真实地做自己，爱人、爱这个世界。

学习天文，除了让我的大脑更灵活，不知为什么，我的心灵，也因着长期仰望星空而活跃起来。学习过天文后，我好像很容易对历史、哲学、宗教产生兴趣，也很容易对人感兴趣。1999 年，我在西藏寺院生活了一年，学习佛学；2003—2004 年学习了两年基督教神学，我对精神领域的探索，也是缘起于天文学。

因为离开天文学这个领域很久，我已经是天文学的门外汉了，但是在企业界，大家都知道我是学天文的。我常常带领大家到沙漠、雪山做领导力项目，仰望星空是一个重要环节，我常常让朱进帮助我。企业家们特别愿意听星空的故事，愿意在星空下傻傻地呆着，看着流星划过天空……现在世界的变化越来越快，社会、科技、职业、学习、生活都在以超乎想象的速度变化。应对外界的变化，如果没有稳定强大的内心，就很容易在变化中迷失自己；而培养一个健全人格的、有望和谐发展的人，通识教育是必需的。早在古希腊的通识教育中，天文学就占有独特的位置。我也坚信：天文学在未来的中国，不仅仅是培养科研人员，也会在通识教育的领域发挥独特的价值。

当我老了，我会带上我的天文望远镜，成为一个"天文老爷爷"，给孩子们讲人类认识星空的故事。我坚信：每一个被星空触摸过的心灵，都会有不一样的生命！

最后分享一首仰望星空时，我喜欢朗读的诗——

The spacious firmament on high

（Joseph Addison， 1712）

The spacious firmament on high,

With all the blue ethereal sky,

And spangled heavens, a shining frame,

Their great Original proclaim.

The unwearied sun, from day to day,

Does his Creator's power display;

And publishes to every land

The work of an almighty hand.

Soon as the evening shades prevail,

The moon takes up the wondrous tale;

And nightly to the listening earth

Repeats the story of her birth:

Whilst all the stars that round her burn,

And all the planets in their turn,

Confirm the tidings, as they roll,

And spread the truth from pole to pole.

What though in solemn silence all

Move round the dark terrestrial ball?

What though no real voice nor sound

Amid their radiant orbs be found?

In Reason's ear they all rejoice,

And utter forth a glorious voice;

For ever singing as they shine,

The Hand that made us is divine.

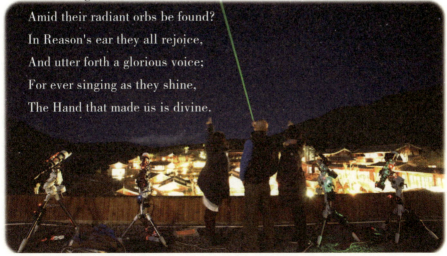

第三章　时间都去哪儿了

宿命天文

季凯帆 1984 级本科

天文系毕业的学生去搞天文，这很正常，所谓学有所用；天文系毕业的学生不搞天文，这也很正常，所谓人各有志。但像我这种搞搞天文，又搞搞别的，然后又再来搞天文的三心二意的家伙，怕是真不多见。

1984 年，我虽然几乎不知道天文是什么东西，但却考上了北师大天文系。四年之后，我被保送中国科学院北京天文台的研究生；两年后，又硕博连读到了云南天文台；博士毕业后便留在天文台工作。到 1998 年年底，31 岁的我已是天文台的研究员了。1999 年我去美国，先在里克天文台工作了一年，然后就去了罗德岛大学的电子工程系，这就离开了天文。在美国 IT 业学习工作辗转五年，回国后先去搞民办教育，在一个三本独立学院做了六年管理，2010 年又转回到昆明理工大学做计算机教授。不过，2016 年，在外面晃荡 16 年的我，又被云南天文台人才引进，回到了熟悉的凤凰山。

从北师大天文系到北京天文台、云南天文台，再到美国大学、美国公司、中国民办大学、中国公办大学，最后又回到科学院天文台；从北京北太平庄到中关村，到昆明凤凰山，到加州，到波士顿，到昆明，再回到凤凰山；从天体测量到天文技术方法，到电子工程，到软件开发，到大学管理，到大学教授，再回到天文技术。36 年间，在天文圈的时间占 60%，在圈外的时间占 40%。转来转去，住了四个城市，换了九个单位，从事了五样工作。从 17 岁进入天文系，绕山绕水，现在 50 岁又回到了天文台，终于知道了一点：天文才是我的宿命。

我离不开天文，上天文系之前，不知道天文是啥；读书以后，老师讲啥就听啥；拿到博士学位，也只是觉得有了一份职业。但当离开了天文界才发现，那些星星太阳，那些星系黑洞，已经融在我的血液里面了。

偶然回师大转转，物理楼还是那样，西北楼却已经变了，来来去去的人，都素不相识，以前教我们的老师，真的难得一见了。不过，在走廊里，我似乎还是呼吸到一种气息，它依然是那么的熟悉。

师大天文系，60 岁生日快乐！

时间带给我的感悟

卢方军 1985 级本科

　　2003 年 1 月，我在德国马普地外物理研究所短期工作，与同在那里做长期访问学者的徐达维（1988 级系友）聊天，聊到什么是成功。我说，一个人，如果为人做事能得到周围多数人的认可，他就成功了。达维调侃地说："那你就已经成功了。"

　　17 年过去，也许达维已经忘了我们的那次聊天，但当时随便说的那么一句话，我发现却可以很好地概括很多北师大天文系系友的人生态度。在大学毕业后的 30 年里，我与很多系友共事、相交，他们虽然都有很强的能力，但大多不重财富、职位和荣耀，乐于守着自己的本分，可亲可近，亦清亦净，又轻又静。耀眼的业绩和荣誉，既需要艰苦的努力，也需要一定的机缘和运气，但是只要踏踏实实做事，厚厚道道为人，就能够赢得成功的人生。于恬淡间获得人生的成功，是母校给予我们的一种精神特质。

　　每所大学都有自己的文化，而从这所大学毕业的学生，便带着很深的学校文化的印记。一方面，北师大是以培养教师为主要使命和特色的大学，注重对人心性、知识和能力的综合培养，文理交融且文科实力更强。一般而言，理科侧重于培养人的理性思维、对客观世界的认识改造能力和探究精神，而文科更侧重培养人的感性思维、对人类社会自身的认识和组织能力，以及道德与情操。在这样的环境中，学生往往能得到比较均衡的发展。另一方面，北师大虽然水平不低，但是在北京市有北大、清华这两所超级牛校排在前面，学校也好，学生也好，似乎都缺少点领袖群伦、舍我其谁的豪情。我们天文系的学生，是理科生，是非师范生，但我们更是北师大的毕业生，自然地带着北师大的气质。

也许是这个原因，北师大天文系的毕业生到了单位里，几乎都是业务骨干，但是当带头人的，或者有志于当带头人的并不多。因为能干，在单位很少遭受歧视，又因为志向不高，也少了竞争带来的一些是非，所以总的来讲，我们的毕业生在单位比较心情舒畅，也是受欢迎的合作伙伴和朋友，他们中有一些人还有着师范教育带来的发自内心的谦虚。我熟悉这么一位系友，工作做得踏踏实实、有条不紊、颇有成效，是一个特别靠谱、让人能放心"指望"的人，但其为人却安静低调，从不愿意麻烦别人。这位系友应该说是北师大天文系毕业生的优秀代表。

照照镜子，我发现自己也具有师大天文系毕业生的很多特点，人生态度一如 17 年前和徐达维聊天时所说的那样随意，没有长远目标，随遇而安。这从我拉拉杂杂的学习和工作经历就看得出来。

1986 年少年班分班，我因为不想当教师而选择去电子系，当学校说电子系成立不久、师资力量偏弱时，我就转而投奔了天文系。1987 年，在上刘学富老师的实测天体物理课时，发现她讲得好，我就决定考刘老师的研究生，跟着她做光学变星的观测研究。硕士毕业后，由李宗伟老师推荐，到高能所跟随李惕碚老师读博士，1996 年博士毕业，论文是关于直接解调成像方法的应用。毕业留所工作后不久，因为看到同事孙学军（北师大物理系

80 级校友）研究的超新星遗迹很漂亮，就开始研究超新星遗迹和脉冲星星风云，并因此去马普地外所和麻省大学访学。2002 年从美国回来，根据实验室的需要，我把主要的精力投入到硬 X 射线调制望远镜（慧眼）卫星的预研和工程研制之中，从物理组组长、项目办主任、有效载荷常务副总师到总师，不知不

天文

觉就是 15 年的时间。而就在前不久，又开始做行政管理工作了。

我在美国做博士后的导师是王青德教授，我们俩自此不断有合作并结下了很深的情谊，他于我，亦师亦友。2002 年 8 月，我从美国回来前夕，青德叮嘱我，回来后要坚持做天体物理研究，最好别投入到大的硬件项目之中，因为这种项目耗时很长而且变数很多，会导致多年没有科学产出，影响个人发展。他后来在国内曾向不同的人表达过对我没有把主要精力放在天体物理研究之上的惋惜，对此我一直心存感激。去年 5 月，青德去湘潭大学讲学，我们在一起待了两天。期间我告诉他，我是下一届所领导班子成员的后备人选，但我自己的意愿是不从事管理工作，希望去分析慧眼卫星的观测数据，回到我擅长的天体物理研究上来。我想青德肯定会支持我的想法，但出乎意料，他却鼓励我做行政管理工作。他说："你天体物理研究做得挺好，工程也管得不错，如果还能在行政管理上有所作为，那你的人生就会丰富而有趣了。"相隔 17 年（又是一个 17 年），青德对我工作的不同指点，也让我陷入了思考。

看来，对于人生的意义或者是否成功，不同人，或者同一个人在不同的年龄，可能有完全不一样的理解。在与你接触并不密切的人的眼中，成功意味着在某一方面有突出的成就，这犹如一座房子，要让远处的人看到，最关键的是高度。在周围的人看来，一个人成功与否取决于你给集体做出了多少贡献，注入了多少正能量，如果还拿房子做比方，应该是更在乎这座房子的建筑面积和外观。而关系亲密的人对你是否成功的评价，则依赖于他的人生态度，这就好比进入了一座房子，人们其实更关心它宜居与否。小时候，我们希望成为那种建造摩天大楼的人，但渐渐地，我们就会更欣赏那些建造了好用、舒适房子的建筑师。

以上是这些年的时光带给我的感悟。感谢北师大天文系，培育了我一定的工作能力和知足的生活态度，并因此拥有了良好的人际关系、角色转换时平常的心态以及自认为成功的人生。也希望各位系友不忘师大本色，善待周围的人，遵从自己内心的理想和信条，踏踏实实、心情舒畅地工作和生活，于恬淡中获得人生的成功，并在成功时继续保持一颗恬淡的心。

156

流星划过

王斗天　1986 级本科

一晃从北师大天文系毕业已近 30 年了。当年被线性代数、数理方程及四大力学折磨得头晕眼花的我选择了改行。也许是命中注定，我在深圳当了一名记者，从业已 28 年。由于职业的缘故，毕业以后与母校天文系的同学和系友有过多次交集。

蜕变

毕业的 1990 年正值建系 30 年，我和班长韩斌同学的毕业论文写的就是天文系系史，我们的导师是杜昇云老师。记得当年到冯克嘉老先生家中访谈，还采访了系主任李宗伟教授、何香涛教授等，论文成稿后杜老师不太满意，毕竟 3 个月要把 30 年写透需要相当的功力。为了优化论文，杜老师同意我去上海出趟差，到上海天文台采访几位系友。不经意间，这次上海之行改变了我的人生轨迹。我在上海见到了已经毕业的 84、85 级的黄卫红、魏晗等几位师兄师姐。系友相见，分外热情。黄卫红师姐中午吃饭的时候还拿来几个橙子与大家一起分享。

在上海，我专门与一位就读同济的高中同学参观了沪上名校复旦大学，走过学校招生办门前时，一则招生简章吸引了我们的目光，内容是该校招收新闻和国际政治两个双学位班的有关事宜。当年我们 86 级的毕业分配形势

挺严峻，研究生都是保送，名额少之又少，多数同学毕业后都回了原籍，我家里也托人给我联系了省气象学校。此次在复旦看到招生简章后，我毫不犹豫地选择新闻专业报了名。7个月后的1990年9月，我已经坐在复旦大学新闻学院的教室里上课了，人文学科的课程的确要比咱们天文系轻松很多。

这就是本人从"天文流星"向"新闻恒星"蜕变的过程，之后时常会想，若不是这次上海之旅，回老家从教也许是我这辈子的大概率事件。

交集

1991年下半年，复旦新闻学院安排双学位班的同学实习，我的实习单位是地处北京王府井的经济日报社。在实习的半年多时间里，我就住在师大，每天早出晚归，时常借88级学弟孙海的自行车，骑行于师大与王府井之间。当年我一门心思想着毕业分配留在北京或上海，尽管在校期间获得过"人民日报奖学金"，但最终与人民日报无缘，1992年被分配到了深圳电台，1994年调到深圳商报工作至今。

90年代，我的天文系同班同学朱江的父亲在物资部驻深的一家企业工作，朱江同学从国外回来都要来深探望，我们也在深圳见了好几回。朱江同学的哥哥朱进师兄，我与他毕业以后就未曾谋面，但好几次在电视上见到。他是北京天文馆的馆长，中国天文界的名人，每每有重大天文现象或事件发生，他都是记者追逐采访的对象。87年左右，班上几位同学好几次应邀去朱进、朱江家包饺子，每次都受到热情款待。87级的师弟王力军，90年代闯深圳。我把他介绍了一位做地毯等装饰材料的朋友，后来他俩在上海成了生意伙伴。力军现在是相关行业一家集团公司的老总，我们在深圳和上海见过几回。

这些年来我也有多次到北京出差的经历，多数时候来去匆匆，但也有几回专门到师大追寻"同学少年"的记忆。2014年，我随深圳市罗湖区领导来京学习考察朝阳区麦子店街道的社区治理经验，忙里偷闲与冀芳、陈勇两位同学在师大物理楼前合影留念。当时我就想，要是师大能建个天文楼就好了，今年是天文系成立60周年，这个愿望70周年能否实现？

华为

记得应该是 1992 年的八九月间，我接到单位的一个通知，时任国务院副总理的朱镕基考察深圳，要我随队采访。朱镕基在深圳考察了 3 天，去了好多个单位，其中一个是华为，还听取了市委市政府的汇报，最后讲了 15 分钟话，其中一句是"五年没来深圳，令人刮目相看"。

然而令我印象深刻的还是朱镕基在华为考察后说，华为公司需要多少贷款，我都会让银行支持。当年的华为公司偏居深圳南山区一隅，别说 5G，连 1G 都没有，华为的主打业务是程控交换机，与当时世界一流的跨国公司西门子等相比难以望其项背。朱总理在 28 年前就看准了华为，令人不得不叹服这位伟人的远见卓识。

专门写华为，其实是想引出另一位系友，89 级的师弟赵烨。他在美国 20 多年，一直是绿卡，没有入籍。2010 年 和 2013 年，赵烨两次作为海外顾问，做华为运营商和消费者经营渠道项目的总架构师，这个身份足以称得上是 IT 业的顶尖专家或大佬级人物。2013 年我们在深圳喜相逢，我带上  妻儿与赵烨在一家中西合璧的"超级牛扒"餐厅吃了顿饭，赵烨说我儿子憨态可掬。当时我的一位高中同学正担任中兴通讯的副总裁，于是专门约了个时间介绍他俩认识，两位同行相谈甚欢，他们聊的我也听不太懂，但看到他们聊得挺热乎我也很高兴。中兴和华为命运的话题至今热度不减。不久前看到赵烨在系友群里说坚信华为可以挺过来，因为任总从 2010 年开始就在强调忧患意识，华为是有准备的企业。我相信赵烨的判断，他太了解华为了。

寻迹

平劲松 1986 级本科

天体无线电科学研究团组、中国科学院国家天文台

　　1985 年从春天到夏末约有半年的光景，一个 6 厘米的折射望远镜把夜空中的哈雷彗星和对星空充满好奇的我联接起来。我顺着这条光线链接和对五四运动先驱先哲们的敬仰，迈入了位于北京的北师大，走入了天文系的学堂（京师大学堂）。依然是出于对这条光链如何从外太空天体准确地射入我视网膜的好奇，我在这个殿堂里追随了李志安、倪彩霞等老师们对天测天力的探索，聆听了郑学塘老师对限制性三体问题平动点稳定性问题的揭示，传承了裴寿镛老师光速极限和量子化的理论，也从高正民老师那里认识到无线电波比光线更容易联系地球和太阳、新星、类星体和可能存在的黑洞。一路好奇、一路探究也夹杂着些许的浑浑噩噩，与十余位同班同学、与师大武术队的兄弟姊妹们开心快乐、经风历雨，度过了天文启蒙时光。

　　马文章老师基于我国天文新技术方法未来的发展趋势，把我推荐到了上海天文台 VLBI（Very Long Baseline Interferometry，甚长基线干涉测量技术）实验室，师从钱志瀚、叶叔华先生攻读研究生，寻求心中积淀已久的疑问的答案，不料却又激发出更多的新问题。博士毕业时，马文章老师和陈黎老师再一次毫不犹豫地接纳了尚未找到答案的我，跟系里小几岁的研究生们混在一起，配合学校跟理学院的研究生们一起折腾，参与 LT（Large Telescope，大望远镜）团队、FAST（Five-hundred-meter Aperture Spherical Radio Telescope，500 米口径球面射电望远镜）项目，继续提出各种各样"古怪"的问题。

然而，年轻人问题提多了是一定要回炉锻炼的。就这样，在各地先生们的建议下，我再度离开了师大、离开了 LT、离开了 VLBI，一头扎入了日本的月女神月球探测团队。前后六七年的历练，我硬是把提出"刁钻"天文问题的本事提升了好几个段位，还不忘"适时"地把这些或大或小的学术或技术问题甩给张同杰、张文昭等天文系同仁。也是在这一期间，同好李卫东突然驾鹤西去，噩耗如海啸般冲击了我的科研生存理念，把我生生拉回柴米油盐酱醋茶的日常。

尽管如此，探究光线如何从天然天体或人造天体准确地射入望远镜接收端是我始终不懈的追求。要知道在太空范围的三维空间里，即使考虑了狭义相对论光速限制，能得到 10^{-7} 的相对精度已经是令人满意的事情。而我在过去攻读研究生的 6 年中，眼见着这个精度在天体测量领域被一次次突破。到我获得学位那年，相对精度达不到 10^{-9} 就算不得前沿研究了。所以，在构建地球大气、电离层、太阳和行星引力延迟、GNSS（Global Navigation Satellite System，全球导航卫星系统）精密定轨和时间测量的模型时，都要在后牛顿框架下的四维时空内。于是，当测绘领域的同事考虑高空间分辨率的行星和地球重力场模型时，我们便聚焦优化长波成分，当欧洲同仁用光纤传递高精度时频时，我们便提出并实现了在跨洲距离上借助嫦娥三号着陆器接力优于 10^{-13} 准确度的传输，突破了陆地光纤长距离卡壳和海岛难以搞定的尴尬局面，从而适应了高精度的需

求。目前一个更为现实的问题是：脉冲星为什么是掣肘中国时间服务的关键？如何在好于 10^{-15} 水平上解决这一个问题？我想，这些正是我辈的义务之一！当然同时也没忘"偷点懒"，把综合太阳系历表的责任传递给了文昭。

在推进 LT 项目的同时，FAST 也是我参与的项目之一，高红移 21 厘米 H 辐射线探测被列为其科学目标。直到 SKA（Square Kilometer Array，平方公里阵）立项，后来中国参与其中，到 FAST 建成，这个目标亦未改变。在月女神团队里，几位射电天文背景的研究者都加入了 LLFAST（Low-Fequency Lunar Farside Array Space Telescope，月球背面低频空间望远镜阵）团队，强力推进了月基低频射电天文探测的研究。LLFAST 团队选择了两个科学目标，一个是通过高红移 21 厘米 H 辐射线探测宇宙学黑暗时代，一个是观测太阳系大行星射电爆发辐射。我自日本回国后与太阳射电团队一道，果断增加了"太阳爆发的空间监测"的研究方向，后又参与了嫦娥四号的月球探测任务，在地月限制性三体动力学系统的拉格朗日 L2 平动点和月球背面率先设置了低频射电天文台。我们在预期观测效果的同时，认为未来月球低频射电探测的发展应该融入 SETI（Search Extro-Terrestrial Intelligence，寻找地外理性生命）和探索系外行星射电爆发的内容。就这样，在预研究阶段，我们的考虑与国际同行齐头并进。

说实话，我有许多天文问题想"甩"给北师大天文系的后辈学子。比如，无论是什么天体的探索与研究（包括黑洞、类星体、河外星系、恒星系统、超新星爆发、星际尘埃、彗星、类地行星……），如果不与天体生物学方面的科学问题相融合，恐怕再过 5 至 10 年就很难算天文探索前沿问题了。哈哈，提问题、派任务、分责任，俺可是信手拈来呐。

随笔 & APOD

陈玉琴　1990 级本科

唐歌实　1991 级研究生

　　陈老师问，这些年干啥了？我们俩仔细思量了一下，除了要写文章交差、做项目和带娃做饭以外，好像也没有啥了。系庆 60 年，写个随笔，谨以这些琐事向关心爱护我们的老师、师兄弟姐妹们报个平安吧。

玉琴——

　　回首往昔，我大多数时间是在处理分析数据、修改文章和铭记各种交差日期中度过的。早些年，我的工作任务主要是分析晚型恒星的高分辨率光谱、测量 20 多种元素的丰度、追踪银河系的化学演化。得益于导师们辛苦建立的平台和声望，我完成了 90 颗类太阳恒星的高分辨率光谱分析，追踪银河系不同星族的化学和运动学演化；首次发现锂沙漠，建立锂下跌恒星的质量与金属丰度之间的相关性，解释了锂平台和 WMAP 测量之间的冲突。这些年，面对大型光谱巡天时代的科学需求，我调整了研究领域，转向利用海量巡天数据来研究银河系的化学和运动学演化。工作要点为，利用星震学数据，首次发现了标准烛光——红团簇巨星——的绝对星等随年龄变化的关系；提出筛选红巨星的新方法，更新了内外晕的分界，并首次发现银晕的

三段式分布；利用LAMOST海量数据研究超富金属星的径向迁移距离分布和迁移效率，检验银盘径向迁移效应的物理机制。在这个转换过程中，压力、挑战和机遇并存。除了感谢我人生中的三位好导师永远无私地在帮助我成长以外，我还要感谢天文界前辈和师大天文人的大力支持。

天文界的圈子很小，尤其是我做的恒星领域，不管在哪个场合，都能碰见几个亲师兄弟姐妹。师大天文人给我最大的感触就是，善良和宽容。还记得，我有一年参加了个在北京大学天文系举行的中学生天文夏令营。我知道自己没有经验，就是个凑数的评委，正好陈黎老师也参加，我马上请求和她一组，她一口就答应了，我感觉我找着了棵大树（好乘凉啊）！这样的情形还有很多。若干年前，在欧南台偶遇卢方军老师（他现在是硬X射线卫星项目的首席科学家了，是我们天文系的骄傲啊！），早就听说他是师大少年班出身，一直崇拜得不行。他请我和他的朋友们一起去吃饭，这便见着了几位天文界的大牛，当时感觉像见着了明星一般，很是自豪。在我陷入给孩子报了太多巨人学校的课外班而孩子坚决不上的困境中时，国家天文台的张海燕师妹丝毫没有犹豫就原价接手了我那8000多元的巨人消费卡（希望她家的娃不要记恨我）。天文台的李海宁师妹从美国访问回来时，帮我背了十几本孩子看的英文原版书。可惜，孩子并不领情，他只是瞟了一眼，冷静地说："你买的书你负责看，我买的玩具我负责玩。"清华大学的王晓锋，那也是我们天文系的翘楚！他很早就上了杰青，一有机会也会帮助我。在我的师弟中，还有我现在的学生张浩鹏，是陈黎老师推荐给我的，自然也成为帮我"交差"的一分子了。日子平淡地飞逝而去，我心里愈发地明白，这些年岁月静好的背后，是无数老师、朋友、师兄弟姐妹们的无私帮助和默默支持。感谢你们！

系庆之时，祝福师大天文系蒸蒸日上，再创辉煌！疫情当下，祈愿师大天文人一生平安，健康长寿！

歌实——

值此系庆60周年之际，首先祝天文系的老师和同学们幸福安康、事业有成！由于没有好听的故事可分享，因此向大家简单介绍一下"大气密度探测及精密定轨立方星试验项目"（The Atmospheric density detection and Precise Orbit Determination cubsat project，简称 APOD 卫星项目），另一层的意思呢，也是希望感兴趣的天文系师生能够参与进来（唐歌实为本项目的提出者和首席科学家——编者注）。

热层位于中间层以上到散逸层之下，是大量航天活动的重要场所。热层大气密度的探测、变化规律研究和建模应用与航天器的轨道变化紧密关联。然而，由于热层大气的全球时变特征，利用传统的卫星开展热层大气密度探测是一项极为昂贵的科学活动，难以实现全球范围高时空分辨率的探测。微纳卫星技术是近年来发展起来的小型化、低成本的卫星研发技术。APOD 卫星项目首次将该技术应用于空间环境探测并取得了很好的成果，为我国利用微纳卫星开展空间环境组网探测提供了非常有益的借鉴。

APOD 卫星项目是以中高层大气密度探测和建模应用为科学目标，利用低成本小型化的立方星进行大气密度的原位探测和精密轨道反演作为探测手段，围绕解决我国航天工程应用需求提出的科学试验卫星项目。该卫星于 2015 年 9 月 20 日搭载我国长征六号一箭二十星首发  试验升空，运行于 450—500 千米高度附近的太阳同步轨道，至今已经稳定运行超过四年，获得了大量的中高层大气密度探测数据。该项目提出的 GNSS/SLR/VLBI 搭载方案在国际上首次实现了三种精密定轨技术并置观测，参与了国际卫星激光测距组织（ILRS）的联测，并被国际 VLBI 服务组织（IVS）的近地目标 VLBI 观测组（IVS/WG7）作为首次近地卫星 VLBI 观测对象进行试验，组织了澳大利亚 VLBI 网和欧洲 Wettzel–Onsala 的 VLBI 观测站进行试验观测。该项目设计的精密轨道反演大气密度和原位探测大气密度独立比对方案，很好地修正了原位探测大气密度的系统性偏差，从而获得了一秒一点的高时空分辨率的大气密度探测值，为研究热层大气密度的细节变化规律提供了很好的数据源。

所以，欢迎有兴趣的老师们、朋友们加入一起合作！

第三章　时间都去哪儿了

我的天文之路

李德范 1990级本科

1990 年，我进入北师大，在那里度过了难忘的五年。

我来自河南邓州的农村。在当时，上天文系对于农村人和农村学生来说，很不可思议。高考报志愿的时候，什么专业好就业、容易赚钱，那就是大家眼里的好专业，像我这样的尖子生，按理应该上一个能挣大钱的好专业。但我对那些专业一点儿兴趣都没有，看见北师大天文系，我的眼前却一亮。

我跟天文的渊源，可以追溯到很小的时候。

我在小学三年级开始上早学，每天早上五点半起床，喊上村里的小伙伴，穿过田野，走到三公里外的学校，那是非常美好的回忆。有时候刮风，有时候下雨，有时候踩着厚厚的积雪，但多数日子是晴天，天上的星星很明亮，它们看起来是非常不同的东西。有一次大家看着星星，讨论起星星、太阳、月亮哪个大，有小伙伴说星星比月亮大，我当时很惊讶。

四年级的时候，我偶尔看到一篇文章，说太阳在 50 亿年以后就要熄灭了。我很担心，就写了一篇关于太阳的作文，我记得很清楚，那篇作文是诗的形式，一句一行的，写在方格纸上，大意是对人类未来的忧虑和伤心，具体文字记不清了。

对于生命和宇宙的兴趣，从小就深深地种在我心里。后来读《论语》，知道了孔子有一句话，"朝闻道，夕死可矣"，很能理解他老人家的心情。

我在北师大的那些日子过得并不是很丰富多彩。对于天文系要学习艰深的数学物理，我并没有思想准备，而我对于文科的兴趣本来就大于理科。高二分文理科的时候，我一开始报了文科班，结果因为学习太好，被班主任做了思想工作，去了理科班。大二的时候因为父亲突然去世，我心情抑郁了很长时间，又得了心肌炎，就休学了一年。休学那一年，我也在学校住着，学校还继续给发着饭票。因为经常感觉胸闷憋气，我就常常往校医院和北医三院跑。有一次在校医院，我问医生，我这个病，影响不影响考研究生。医生撇了撇嘴说，考什么研究生啊，想得还挺多嘛。我被吓得不轻，经常怀疑自己会不会哪一天突然就离开这个世界了。

本来想着毕业以后就跟天文无缘了，因为那时候天文专业的工作太难找了。然而恰好，1995年，河南省新建了一个儿童活动单位——河南省妇女儿童活动中心，里面有一个天文馆。老主任非常尽职，说其他部门可以托关系进来，但天文馆一定要进一个专业人员。他找到北京天文馆的李恩杰老师，李恩杰老师又向北师大天文系打听，于是我就到了这个单位，一干就是20多年。

天文馆虽然很小，但里面的宇宙一样大。关键是，非常自由，想怎么干就怎么干，没有大纲，也没有指导，一切都是自己设计，自己实施。我自己写剧本，拍幻灯片，

找人配音，配乐，制作天象节目，自己宣传，组织学生参观。

因为河南搞天文的人很少，愿意出头露面的更少，于是本科毕业没几年，我就成了大家眼里的天文专家，只要一有重要天文现象，报纸、电视、广播都来找我采访。最早那几年，每年的采访报道都有百十次。

其实我是非常内向的，不愿意在公开场合讲话，很容易紧张，但是没有办法，赶鸭子上架。教哲学的邵雅丽老师是天文系很多男生的偶像，有一次课堂上，她鼓励大家发言，我内心斗争了很长时间，终于鼓起勇气站起来，结果突然间大脑一片空白，支支吾吾说不出话来，搞得邵老师很不好意思。我一直在思考，这种状况究竟是怎么造成的，因为在小学的时候，我是很外向的。四年级时候，全校演讲比赛，正常流程结束后，校长问还有没有谁愿意上台演讲？我一下就蹿了上去，来了一篇气势磅礴的《刘胡兰——生的伟大，死的光荣》，引得掌声雷动。为什么后来却越来越倒退了呢？

2001年，河南财经政法大学（那时候还叫河南财经学院）教务处的领导到天文馆找我，想让我在学校开设一门天文选修课，我当然非常高兴。全校公选课，学生是很多的，一开始就有二百多人，我每次都是战战兢兢地走上讲台。同样的，这个选修课也没有大纲，我很自由，想怎么讲就怎么讲。为了讲好课，我每学期都要认真研究，刚开始是讲生硬的天文知识，后来慢慢融会进宇宙生命的关系。讲了七八年以后，我渐渐有些轻松自如了。记得2008年的一天，选修课下课后，有同学到讲台上跟我说，我觉得你比中央台百家讲坛上那些人讲得还好。后来，天文选修课的学生越来越多，每年总人数约有两千人，可能主要是学校扩招的原因吧。

非常宝贵的是，因为从事了这个工作，我就更有时间来思考了。我对于生命与宇宙意义的追寻一直没有停止过。有很多次，我在夕阳下散步时，看着西方天空明亮的金星发起了呆，想起释迦牟尼睹明星而悟道的故事，觉得很浪漫。

2007 年的一天，我忽然领悟到，地球是一艘宇宙飞船，太阳就是它的核反应堆，这个想法让我感到快乐，从这个思路出发，可以慢慢理出宇宙与生命的一些头绪来。在此基础上，我开始了写作。2017 年，有出版社愿意出版我的作品并承诺付版税，但因为内容太过庞杂，将里面有关生命的内容全部删去了，这就是我的第一本书《旅行到时空边缘》。这样挺好，我将表述生命与宇宙关系的内容重新集结，于是就有了我的第三本书《眺望到宇宙尽头》，已交付出版社，正在出版中。对于这些稍微深刻一点儿的书，出版社其实兴趣并不是很大，他们更感兴趣的是认星星的书。《眺望到宇宙尽头》交到出版社后，编辑问我有没有认星书籍的写作计划，恰好我在 2009 年曾经写过一个初稿，就发给了编辑，编辑大喜，他要的正是这样的，于是整理出来，很快便先于《眺望到宇宙尽头》出版了，这是我的第二本书《时空胶片：星座漫游指南》。

一转眼，进入北师大天文系已经 30 年了。一路走来，虽然波折，竟然始终走在天文之路上，这是在天文系的时候都没敢想的。小时候种下的一颗种子，能够有一片土壤顽强生长，每每想来，真是感激不尽，也许冥冥之中确有一股引力在引领我前行吧，那是灿烂星光的力量。

2020 年 4 月 22 日

第三章　时间都去哪儿了

不惑之年的"天文印象"

邱红梅 1992级本科

两个月前接到了系里安排的"任务"——为系庆写点什么,让我很诧异,因为我觉得自己早已不是"天文人"了。从2001年别离校园,是自己的选择,抑或是命运的安排,我与天文渐行渐远,虽然后来偶尔也会讲点天文,时不时也会解答学生有关天文方面的问题,但这些终归只是星星点点,零零散散。能写点什么呢?不知系里老师从哪儿发现我得了北京高等教育教学名师奖,提示我写写和教学有关的事儿。盘点一下在大学工作的近20年,也许唯一满意的就是教学了。而这一切,无不带有北师大的印迹和天文系老师们的影响。

于我而言,选择天文,甚至是进入师大"实属意外"。那个年代,蜗居在偏远山区的我直到高考结束后才有机会琢磨上哪个大学,而仅有的资料就是高中老师手头的几本大学招生目录。所有同学都提交了高考志愿,而我还在老师办公室为选择哪所医科院校发愁,此时校长走进了办公室,说：“你不想去北京吗？要不试试北师大吧？”另一位老师说：“可以试试，可是只有化学和天文两个专业。”尽管班主任是化学老师，却说：“化学还是算了吧。”就这样，不知天文为何物的我就在自己的志愿表上填上了"师大天文"，也就这样歪打正着，我顺利进入了师大天文系，开启了在北京的生活。

初入校园，一切都是新鲜的，于是有了很多的人生第一次。在中北楼旁边的食堂，第一次吃馒头就腐乳，第一次吃带皮的土豆片；为了优秀宿舍的评比，第一次在宿舍墙上涂鸦；在美女娟同学的鼓励下，第一次挑战自己的穿衣风格；在范同学的演示下，第一次知道眉形是可以修的；第一次听说双簧是在物理楼顶层平台系里举行的迎新会上。也是在那次的晚会上，一位打扮漂亮的姑娘满脸自豪地跟我说："你知道我爸爸是谁吗？"于是我第一次听到了何老师的名字，现在想起来，那时的我，真是懵懂青涩又无知。何老师等老一辈科学家们的科学素养以及高屋建瓴的教学思想是我们晚辈无法企及的。学生时代就能近距离感受他们的言传身教是何等幸事！

天文系是和谐的，我庆幸自己进入了这样一个大家庭，同学间和睦友善，师生间亦师亦友亦家人。没有人因为你的出身看不起你，没有人因为你的无知而贬损你，也没有老师因为你的成绩差或不努力而忽视你。小范同学的贴心，娟同学的包容，张同学的勤劳，单同学的照顾，刘同学对班级的引领，一切都历历在目。而今步入中年的我，回首大学岁月，萦绕脑海的不再是那些专业知识，而是曾经感受到的那些来自教师们的温暖和呵护。模糊的已然模糊，而清晰的却一直清晰。

到现在我还记得曹老师在学校餐厅请我们吃的松鼠鳜鱼和三鲜锅巴，现在每隔几年我都会吃一次，但是再也吃不出曾经的那种味道。还记得毛老师给我讲如何养君子兰，虽然我到现在也没敢尝试，但毛老师家的君子兰仍然是我记忆中的一道风景。曾经我以为大学老师是高不可攀的，只能仰望，很难接近，后来发现，原来老师们除了工作，还有多彩的生活，原来师生关系可以这般融洽，我从这些老师身上感受到了尊重和爱护，看到

了善意，而这种善意让身边的人心里舒坦。如今我自己作为老师，教书育人是工作，养家糊口是生活，只要有时间我也会跟自己的学生聚聚，聊聊作为普通人的生活，让他们感受到来自老师的善意，让这种善意延续下去。

我脑海中关于课堂的记忆不多，只记得高等数学王老师那规范的板书，每次都从黑板的左上角写到右下角，行云流水，当他讲完最后一个知识点、写完右下角最后一个字符时，就到下课时间了。这份从容不迫，对课堂时间和教学内容的精准把控，后来成了我教学中追求的目标之一。老一辈老师们的教学风范犹如一座山，不可逾越，却可试着攀缘。

在师大遇到的老师很多，喜欢的也不少。大一时的英语老师，我甚至都忘了她的名字，但因为她的一句"你的阅读不错嘛"，让我在精英扎堆的圈子里找到了些许自信。物理系量子力学的裴老师，时隔 20 年竟然能叫出我的名字，毕竟我是属于少言寡语的那类学生，不善交际，也羞于表达。他们也许不会知道，多年前的一些细碎往事，会在一个学生的心里留下这么深刻的印象，并慢慢转化成一种教学习惯，融进她的职业生涯，影响着她的学生。作为老师的我，会不自觉地去留意学生在课程中所擅长的方面，去观察那些看似默默无闻甚至有意回避老师的学生，也许老师不经意的一句话或是一句问候，就会给他们送去被关爱的温暖。

老师的言传身教，留给学生的不仅仅是学者魅力，还有工作方式和处世态度，这一点我深信不疑。我现在对研究生的理解与包容大多源于研究生期间的两位导师。当我还对课题懵懵懂懂的时候，刘学富老师手把手教我如何阅读文献，如何处理数据，如何观测天体。刘老师细致平和，闲适从容，总是满含笑意。刘老师让你觉得，做任何事情，静下心来是前提，脚踏实地才有结果。虽然与刘老师相处的时间不太长，点点滴滴却印象深刻。后来博士期间，我很幸运地跟随了李宗伟老师。李老师当时已年近六旬，却没有那个年代的呆板与严肃。李老师很和蔼，在他身边，你就会觉得安心。我至今仍记得他那漂亮的钢笔字，字迹飘逸，字体匀称。李老师总是说，应该让学生们多出去与同行交流，多开辟新的研究领域。于是，他把他的学生们派出去跟各领域的优秀学者们学习。

如今，师兄师姐师弟师妹们也各有所长，有杰青，也有领导，在各自的岗位上各显其能，发挥出色。相比年轻老师，他们也许少了一份俊朗的外表，但多了一份学者的气质和为师的魅力。如今我的学生，换了一批又一批，无论 80 后还是 90 后，甚至 00 后，当我看到他们对学习或工作敷衍了事想发火的时候，我就会想起我的导师，他们从不发火，却用行动告诉你该怎么做，并且尽力帮助学生寻找最佳的出路。这种潜移默化的教育就这样潜移默化地传承着。

我一直以为自己已经远离天文界，专业知识确实忘得差不多了，以至于在学生面前鲜有提及自己曾经的本行，但冥冥中却始终有"天文印象"。记得有一次看望李老师，他给了我很多天文学的电子版资料，然后对我说："天文应该是你的教学优势。"想想也确实是，曾经在光学教学中讨论了天文望远镜和天文观测等，而后获得了一系列的教学奖项；也曾经因为在课堂上讲星系碰撞问题时侃侃而谈，以至于下课时有个学生满脸崇拜地问我："老师，您为什么知道那么多？"可她哪知道，这曾经是我的专业呢？也许人生就是如此，你以为自己已经忘却的东西，却始终在记忆中的某个角落里。这些"天文印象"随着时间的流淌，也许会被尘封在岁月的底部，但有关它的故事就像一粒石子投入水中，由它激起的波纹却在传递着。不管走到哪儿，从哪个角度都能显现。

用情感培育情感

张立燕 1995 级本科

一转眼，我已然毕业 21 年。在这 21 年里，我一直在实现自己理想的路上坚定前行。我是一个非常幸运的人，一路走来，遇到的每一位老师都让我由衷地觉得可敬可亲。于是，我想：我爱这样的人，我也要成为这样的人。

大学入学，我进入了天文系。系里的老师，和传闻中的大学老师那么不同：作为天文人宽阔的胸怀、作为教师的敬业、严谨、细致，给予我们那么多的关怀、指引和帮助无不令我怀念。是他们帮助我走过困难，获得成长，让我度过了美好的大学时光，也更加坚定了我当老师的梦想。然后，很幸福的，梦想成真！作为老师，能够成为学生成长的引领者、守护者，是很幸福的事。在这里，和大家分享两个我当老师的小故事。

第一个是关于一个学生。这个学生学习不错，在接班时就给我留下深刻的印象，是由于他的总结中有这样一句话："自私是我引以为傲的缺点。"平时，他从不参与班里的值日，在遇事时，常常表现出"我"字当先的特点和桀骜不驯的态度。但同时，他的阅读量很大，知识面很宽并有着很好的文笔。

　　一次，我发现他和另外一个同学私自调换座位，便把他叫到办公室批评了一顿，结果不仅没有解决问题，还引起了他的对立情绪，用他的话说："凡事先考虑自己的利益，我妈妈从小就是这么教我的，这是家教。"虽然事情最后以学生敷衍地认错结束，但我深知，我这次没有认真准备的批评根本没有任何教育效果，而且他的抵触情绪给我以后的工作带来了更大的困难。于是，我开始观察和了解他。

　　事后不久，他又因为体育课逃课的问题再次来到我的面前。他昂着头，以不在乎的口气说"我错了"，随后就开始讲自己的理由，他认为体育课对他没有任何意义，所以他的行为虽然违反了纪律，但对于他自己仍是正确的。他的反应是在我意料之中的。我认真地听他的每一句话，直到他说完。然后，他突然问了我一句："老师，您是不是觉得我特别玩世不恭呀？"我知道一直寻找的机会来了，从他的一句问话中，我突然感觉到他是多么希望得到老师的认可，多么希望有人真正了解他。

　　我反问："要我说真话么？"他有些紧张地点点头。我很坚定地告诉他："我不相信我看到的你是真实的你！"他突然就流出眼泪，在他认真地看着我说"谢谢您能信任我"的那一刻，我知道我的功夫没有白下。我相信他，是因为我一直在观察他，在向语文老师要的他写的文章中，看得出来，他心中其实是有很明确的是非观的。现在，仅仅因为我表达了信任，孩子就向我敞开了心扉。我了解到，孩子父母的婚姻濒临破裂，这是之前在学生材料中，甚至家访中，都没有了解到的。这是一个在家里缺乏安全感的孩子在求得关注，在保护自己。我感到我们间的距离从没有这么接近过，也只有心的认同，才能让教育真正有可能发生。

　　后来，在老师的鼓励和同学的宽容中，他逐渐敞开心扉，以真实的自我去和同学们接触，"虽然可能受到伤害，但更重要的是，只有这样才能感受到人与人间的关爱"。孩子的眼神中对老师流露出更多的温暖和信任。在以后的工作中，我加强了和他的交流，并利用各种活动去引导他。渐渐地，同学们发现了他的变化：他说话不再那么尖刻了，开始认真做值日

了，和老师的关系好转了，听得进他人的意见了，对班里的事物开始关心了。比如，他为班级写歌咏比赛的朗诵稿、向校刊投稿、为其他同学讲解习题……

我非常感谢他，是他让我深深地体会到，只有触动心灵的教育才是有实效的，而触动心灵的前提是你对学生的了解、信任和耐心，这些都源于真实的爱与责任。再后来，当我遇到由于家庭原因格外叛逆的孩子时，我都会在校园这个环境中，用情感培育情感，用老师的爱让他们的情感更加完整。成人礼时，我会请来长期在外的家长，促使没有合影的家庭合影……当我看到，我真的能守护学生的成长时，从内心感到非常的幸福。

第二个是关于一个班级。有一年，我带着孩子们进入了高三。我以前常常和学生谈，高三的生活是如何有意义，如何充实，是人生的历练和财富，值得回味云云。但静下来想想自己的高三，那些激情和记忆却模糊了。如果能帮助孩子们留下成长和奋斗的记忆，会不会是他们人生的一笔财富呢？受到同事"总结本""成长档案"的启发，我开始着手建立"高三全记录"。这样做并不仅仅是为了建立一个和孩子的联系本，而是希望像父母留下孩子的小脚印、成长照片那样，记录他们在高三的成长过程。于是，在孩子们记班级日志的同时，我来记"高三全记录"。

开始后，效果超出了我的预期。我以周记的方式记录了班级的事情，晨检、班会等，还有一周每个孩子的成绩。周末发下去，下周三周四收上来。

渐渐地，这个本子承载了更多的内容。有的孩子开始记录自己每周的感受，有的孩子写周末和谁打球去了，有的孩子会诉说自己的作业如何写不完，有的孩子提出建议和问题……从记录本里，我还知道某老师给学生判了180多分的成绩，知道了谁喜欢李健的歌，总之，五花八门。我给孩子们的记录本成了我们共有的记录本。有的孩子把它当成我们的秘密。一次我在家长会上给一些家长看了孩子们的记录本，第二天就遭到了抗议。有家长告状说回去跟孩子要，孩子不但不给看，还说这是老师给我们的"记录本"，是高三的纪念，不能给家长看，以至于有的家长等到孩子大一报到后才看到，又拿回学校来让我给补签名。当然也有孩子愿意拿出来和家长分享，于是里面又多了家长的鼓励和力量。很多时候，家长写的比我写的好得多，看完家长写的，我都不会下笔了。

记录、打印、加入活页本、贴成绩条、回复笔谈，35 个孩子，每人一本，每周坚持，很累。但一旦开始，就不能停，因为，坚持本身就是一种教育。这是我们这个班级的共有财富，最终，这个班级的孩子们以非常优秀的成绩结束了高中生活，到更广阔的舞台上去追求更好的自己。不是他们聪明，而是他们已经拥有了更明确的规划和愿景。

我一直觉得，作为老师，最大的幸福是迎来一届届的学生，然后引导他们前行，陪伴他们成长，守护着他们最美好的年华，在他们青春洋溢的身影上看到未来和希望。作为老师的幸福，就在点点滴滴中，悄悄地融入心里，不知不觉中，就已然满满的，然后突然又不知什么时候，会一下从眼中流出来。

但作为老师，也真的很辛苦。看到一位优秀班主任写的一句话"即使用尽全力，能为学生做的还是那么少"，我顿时产生了共鸣，累就源于此吧。去引领一个个年轻的生命向健康、光明的方向展望和前进，尽可能让孩子拥有善良的人性和健康的人格。这可能需要不断地思考，需要努力。不知道自己的力量有多大，但即使能做的很少，即使力量薄弱，却不能停下努力。我想这是作为老师的良心和责任。

最后，我想和学弟学妹们说，如果你也想成为一名老师，请你真正地去热爱她，才有可能不辜负那么多孩子美好的年华。祝每一位学弟学妹都能在实现理想的路上坚定地、幸福地前行！

编者注：作者自天文系毕业后，一直在北京 13 中任教，曾获"北京市优秀教师""紫禁杯优秀班主任""首届北京市教学基本功大赛一等奖"和"2019年全国中学物理教学创新展示交流 30 节高中物理创新示范课"等奖励。

第三章　时间都去哪儿了

工作偶记

张泳 1996 级本科

今年是北京师范大学天文系建立 60 周年，接到通知才惊觉已离开师大整整 20 年。考大学前我根本没想到会学天文专业，也始终都没有人生职业规划，只是随波逐流一直从事天文学领域的研究教育工作，而这条路的起始点便是 1996 年进入师大天文系。

从师大本科毕业数年后，我去了香港，跟随郭新教授做天文研究，郭教授是行星状星云领域的国际专家，与师大天文系颇有渊源，20 世纪 80 年代来过师大访问讲学，和天文系几位老一辈的教授熟识。我在此之前主要研究光致电离星云的原子光谱，而当时郭教授将工作重心转向了国际上正蓬勃发展的天体化学领域，我接手的工作是处理分析一批星周包层的毫米波谱并且从中找出影响分子成分差异的关键因素，为了快速熟悉这个研究领域，我不得不恶补射电天文、分子光谱学和化学的相关知识。由于知识积累的不足，在第一篇相关论文的准备中，我臆测了很多从化学角度来看不合理的假设，经过郭教授大段地删减后，文章还是发表了。次年，为了补充天体样本和扩大观测频段，我去了美国和日本观测，谁知刚上格雷厄姆山就下起了大雪，眼巴巴地等了一个星期，什么数据也没拿到，剩下的两次观测好巧不巧正好分别安排在圣诞节和春节，也许安排时间的西方人不知道春节、也认为中国人不会过圣诞节吧。所幸最后终于拿到了能用的数据。

随后几年，斯必泽空间望远镜的数据大量释放，我们又将研究方向转移到红外辐射，此时我有了自己的学生，做了几项关于新的行星状星云红外图像的工作，但显示度并不高。后来我在拟合红外光谱的过程中发现必须加入平台辐射成分，这促使郭教授修改了他以前的模型，提出了天文环境中存在芳香族和脂肪族混合物质的猜想，如果证实的话，说明星际空间中密布了类似煤炭和石油一类的化合物，我建议把这种物质按英文首字母简写为 MAO 或者 MAON，郭教授采纳了后者，其实我更喜欢 MAO（"毛"）。研究结果以郭教授和我为共同作者发表在《自然》杂志上，不出意外地在学术界引起了很大的争议，到目前都还不是主流观点。

论文发表后不久我到外地学术访问，收到郭教授发的一封邮件，他说他很自责，原来他多年前一直在搜寻的碳 60 红外振动谱被别人发现了，结果将会在《科学》杂志上报道，教授说他本该仔细检查斯必泽光谱。显然，沮丧的不只是郭教授一人，几乎在《科学》杂志文章发表的同时，美国和西班牙的两组天文学家报道了在其他源中探测到碳 60 的消息，文中无不显示他们早就注意到了碳 60 存在的迹象。多年后我从空间碳 60 的首位发现者口中得知，他是在睡梦中突然意识到这几条天文辐射带和碳 60 特征谱类似，立即惊醒，从床上起来写了那篇论文。我当时给教授回信，既然碳 60 在行星状星云中已经探测到了，不妨试试在更早期的原行星状星云阶段碰碰运气，在接下来的两天时间，我系统检查了原行星状星云的斯必泽光谱资料，发现其中有一个源显示了 4 条碳 60 红外辐射带中的 3 条，另外一条和其他辐射特征混合了，原行星状星云是大约一千年前从

恒星表面剥离出来的物质，碳60的存在证明如此复杂的分子能够在空间环境中高效地形成。我把结果寄给郭教授，他非常高兴，问我能不能写篇稿子，其实初稿我早已拟好，教授修改之后投出去很快就发表了，这也成为我发表过的比较重要的论文之一。碳60研究是一个很让人着迷的课题，60个碳原子组成完美对称的分子，特殊的性质使其在天体化学中可能扮演重要的角色，我目前还在围绕碳60的各种衍生物展开研究。

郭教授对美食有特别偏好，送了我一份《郭新的餐馆推荐》，其中详细罗列了他推荐的香港餐厅及其特点。几年前郭教授退休去了加拿大，而我也离开香港到广东工作。后来我邀请他来粤进行了两次学术访问，期间去了几家我这些年精选的菜馆吃中山菜、顺德菜，不出所料地，我看到了他发自肺腑的微笑。

现天文

时光的去处

刘茜 1997 级本科

　　"时间都去哪儿了？"当头有此一问，恐怕多数人难免茫然。人的长程记忆排序依赖各种"里程碑事件"，规则的日常被大脑认定是背景而予以忽略，为的是突出那些"不同"——差可定义一个人，将他或她与旁人区别

开来的，也就是这点不同。每个人的里程碑出现在各自人生不同的时间点上，如同人生的索引，标识出自己的个性与成长；而那些属于多数人共有的里程碑，则是共同体的基石。但记忆里的里程碑，标识的"里程"不是时间，而是"时间感"——主观感觉经历过的时间长度，与客观计时往往大相径庭，因而这个问题的答案，也就格外靠不住。

　　但时间总有去处。不管生活状态有没有变化，牛仔裤的尺码是不是还和 20 年前一样，事业如何，积蓄怎样，进过几回医院，头发从圆寸留到BoBo 头再到过腰长卷发，拉直之后逆序重来一遍，时间就这样过去了。

　　我从师大天文系毕业，是在 21 世纪的第一个夏天。我那时候还拿不定主意接下来要做什么，总觉得一切皆有可能，手里拿着天文学和英国

文学的学位，去考了法律的研，在网上写着小说，沾沾自喜地误以为自己什么都能干。正在我"拔剑四顾心茫然"的时候，接到了北京天文馆的电话，问我愿不愿意去面试一次。其实当时我还没投简历，但大学期间曾经作为志愿者参加过天文馆组织的科普活动，据说是在那时留下了印象，又有学长推荐。正好当时北京天文馆在为新馆储备人才，我带了简历和小说手稿去面试，先是人事科，然后是时任馆长崔石竹女士。两番对话之后，我的工作就敲定了：天文馆的科普节目编导，一直做到今天。

天文馆当时有个不成文的规矩：不管作为什么岗位履新，第一年要在一线跟观众打交道，看大门、打扫展厅、讲解展览。现在回想起来那是多么宝贵的经验，我本人做科普传播的一切技巧差不多都可以回头在那时候找到印证。但我那时候自命不凡，就觉得怀才不遇并愤愤不平。当然，过了这么多年再回头看年轻时候，如果不觉得犯蠢那只能说明自己没有成长。俗话说三年一代沟，我的经验是平均每过三年回头看自己写的东西做的事，都恨不得推翻重来。一年过后，我慢慢上手开始做节目，天文馆的科普节目自成一格，最初是传统的"天象表演"，用各种灯光和投影实时辅助人造星空，类似于传统舞台秀而非电影。后来新馆开放，老馆也升级改造，播放系统决定影像语言，"天象表演"改成了更接近电影的回放节目，只是播映在球幕上。因镜头语言与常规电影有所不同，我都要从头揣摩。

天文馆的剧场不像普通院线，一部影片上映之后不会很快下映，不过平均一两年总要更新一部片子。选题要跟着公众的兴趣点走，覆盖的内容基本不会重复，作为主创就得做大量迅速阅读的功课。我一开始读书没有什么技巧，甚至不懂得区分好坏，随便拿起一本就从头到尾扫过，又自恃记忆力过人，都是空着手读过就算，后来才慢慢养成归类做笔记的习惯，"好记性不如烂笔头"，又是一种成长。感谢这份工作，让我一直保留了智识上的好奇心，因为不断地在新的题材上创作就必须不断地广泛吸收新信息，成为习惯之后，这种阅读和思考就不再只运用于工作。阅读的奇妙之处在于能把个体的精神世界与整个世界联通，阅读时经历的时间不只是读取与理解字句所需要的客观时间，还包括整个人类心智花在书里那些内容上的历史时间：以时间作为结算标准的话，阅读实在是一件一本万利的事情。文学作品让人反复体验无数个人生，科学作品则让人迅速获得他人穷尽一生的探究与思考，这样算起来，每读完一本好书，人生并没有被消耗，反而变长了一点点。

读得多了的另一个好处是提升了文字的品位。这份工作在写剧本之余还要写一些科普文章和书籍，我那时在网上写文也有了些粉丝，以为这还不是手到擒来的事，结果写出来简直干瘪无味。记得我当时有篇小说发表在《科幻世界》上，编辑觉得不错，听说了我的工作单位，就来约一篇介绍各国航天器的文章。我也算是郑重其事地查了资料，努力把各种信息拼出一篇长文，但是自己读着都觉得无聊，交稿之后果然没了下文。写作这事的突然开窍大约是在那之后十年，读和写的字数都足够多之后。有一天，我在修改手头一个节目台本，逐字斟酌，忽然之间豁然开朗，"看山是山，看水是水"，对每一个字都心中有数，明白了利害取舍。那大概就是对我而言最重要的一个"里程碑事件"，从那之后，写东西就变成了一件精巧而自如的事，决定文章好坏的不再是技巧，而是写作者的阅历与思考。我喜欢用来考量自己文章的一个参数是"字均信息量"，在那次的"顿悟"之后，虽然写作的手速大大下降，但同样字数里能够包含的信息，却大大上升了。

那大概就是时间的主要去处。现在回头看来，经历过的时间都没有被平白抛掷。时间打磨了叙事技巧，知识储备，思路与眼界，品位和世界观。时间都去哪了？一个写作者的时间去了哪里，在文字里看得见。

天空一无所有，为何给我安慰？

王燕平 2001级本科

去年秋天，我与一位高中同学小聚，见面后她笑呵呵地说："咱可有半辈子没见啦。"我一愣，不曾想时间流走得如此匆忙，18岁那年我们各赴天南海北，转眼又过18年。

畅聊间，她问我："你们学天文的，仰望天空时，都在看些什么？"我当时做了回答，回家的路上却忍不住又想起这个话题。我深知，我们头顶的这片天空，是比大海还深的未知世界。我们在这个新世界里畅游，我们在其中学习感知时间，学习感知空间，学习感知时空之间自然的诗篇，这一学，就是十多年……

从云彩中感知时间

平时带小孩出去玩，他最常说的话之一是："妈妈，你真是很喜欢云啊！"这种时候，一定是我又在对着天空拍照了。在路上，我总会习惯性关注天空的表情，哪里有一朵好玩儿的云，哪里出了日晕或彩云，就赶紧掏出手机拍个照。

十多年来，我和我的爱人张超（我们是天文系同班同学）一起拍摄了很多云彩的照片，我们和朋友合作出版了原创云彩科普图鉴，也曾翻译国外最受欢迎的云彩科普书。于是，我们也不时会被问："云彩是你们天文

太阳光照射到卷层云上，形成日晕、幻日、环天顶弧等光学现象

学的研究对象吗？"面对这种疑问，很多天文系毕业的朋友会说，云彩是大气科学嘛，天文学不干这个。可是，当我们面对天空时，着迷于其中的各种变化和光影，就把这些神奇也纳入了对天文的喜爱。

《淮南子·天文训》说："文者象也。"天空之上发生的现象，便是天

罕见且转瞬即逝的云彩：开尔文-亥姆霍兹波

文。而天空的现象，既有日月星辰带来的星象，也有地球大气层内发生的现象，即气象。当然，如今的天文学和气象学都有着各自独立且完善的系统，云彩不再归为天文学研究对象。很多时候，对于天文观测者来说，晴朗的天空才最好。夜晚的云会遮挡住星星，白天的云会遮挡住日食之类的特殊天象。

2009 年 7 月 22 日，我国长江流域的天空之幕上，曾上演一出日全食大戏，但当时有些地区日渐增厚的云层在关键时刻遮挡住了太阳，让很多人没能欣赏到震撼人心的日全食。这真令人无奈，云彩并不受我们控制，我们无法在日食发生时驱散云彩。

那怎么办？不妨试试将云彩与天象一起拍摄下来吧。我试了，结果拍到了日食发生时的日华。彼时的太阳像个弯弯的小月牙，周围是一个明亮的蓝白色圆盘，外面环绕着一圈一圈的虹彩色。当太阳光照射到云彩上时，会变很多种光学魔法，日华，便是其中的魔法之一。看到这样的现象，我们可以推测出当时的云中小水滴非常小，太阳光照射到它们发生了衍射。

如果说夜晚是繁星的世界，那白天就是云朵的世界。仰望星空，我们能看到遥远恒星发出的光跨越漫长的岁月来到我们眼前；观察云彩，我们

会看见地表之上几千米高空中的小水滴小冰晶塑造出的形态瞬息万变。

从远古的星光到不断变化的云彩，我们感知到了时间的流逝。

从雪花中感知空间

天文学是一门观测的科学，它所观测的天象，只能等待发生时才可以进行观测，有的天象我们无法预先知道，有的天象虽然人类掌握了规律可以预报，却仍不能使它提前或者推后发生，更不能阻止其发生。天文学的研究对象，大多是无法接触、无法控制、无法借助实验方法的天体。天文学拓展了我们的视野，也开阔了我们看事物的角度，我们开始去关注司空见惯的存在，学会等待、学会观察并发现其中隐藏的惊喜。

十多年来，我和张超致力做的另一件事，便是收集雪花。每年冬天，我们都会拍摄雪花的显微照片。天文设备不是望远镜吗？怎么我们用起了显微镜？

早在四百多年前，德国天文学家开普勒发表了一篇研究雪花的论文，这是西方科学史上最早有关雪花的研究文献，开普勒也成为了地球上读懂雪花故事的第一人。如今，网络上流传最广的雪花显微照片出自美国加州理工大学的一位教授之手，而这位教授的本职工作是研究引力波。

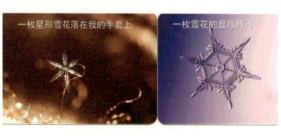

一枚星形雪花落在我的手套上　　一枚雪花的显微照片

有了前辈们的这些故事，雪花和我们天文人之间的关系，忽然有点妙不可言。天文学家习惯用望远镜去远远窥视天体，但雪花却真正来自天空，并落入我们的手中。

拍摄雪花显微照片的过程比较辛苦，却使我们收获良多。雪花在云中生成，经过数千米的旅程来到地面，我们用玻片接住它们，放到显微镜下，冬天的冰冻艺术之美就这样呈现在我们眼前。正如美国自然主义者亨利·大卫·梭罗所说："空气中真是充满了富有创造性的天才，才能产生出这么美妙的东西。"

精美的小雪花从云中飘落地面，每一片都带着独一无二的历史信息。雪花就好像来自天空的使者，为我们讲述着云之彼端的故事。我们想读懂这些故事。于是，我们开始在业余时间学习雪花相关的科学知识，并从这些年拍摄的雪花照片中精选出三百张，撰写相关文字，出版了一本原创图书。

写作之初，我们计划将这本书作为孩子的出生礼物。后来几经打磨，出版时间一再推迟。这一推，便是五年。好消息是，孩子最终拿到书的时候，已经能读懂爸爸写给他的开篇文字。看着那短短几行字，孩子眼里闪烁着柔和的亮光。

法国科学家亨利·庞加莱曾说："科学家研究大自然，不是因为它有用，而是出于喜欢，之所以喜欢，是因为它很美。"

从天文望远镜到显微镜，我们感知到了不同尺度的空间。

从天文科普中感知世界

我们喜爱白天的云彩，更喜爱夜晚这片星空；我们关注显微镜下微小的雪花，更对望远镜中浩瀚的宇宙爱得深沉。

我们，是天文人。

过去几年，每逢张超生日或中秋节之类的节日，我们都要延后团聚。孩子小时候会问："为什么爸爸生日总不在家？"现在他知道了，爸爸生日的时候恰好赶上某场著名流星雨，爸爸要带天文观测，要做天象直播。

张超拍摄的英仙座流星雨

去年夏天，他们父子俩终于一起看了一次流星，这一天来得有点晚，但孩子说："和爸爸一起看流星，感觉真幸福啊。"

孩子很小的时候，我曾带他到北京天文馆看球幕电影，那是一场内容和形式都相对简单的认星节目，介绍四个季节能够看到什么星座和亮星。一开始，我有点担心他会不会觉得片子长。可是，他一直看到最后，他在片尾字幕看到了

妈妈的名字，问我："下次咱们还来看这个节目好吗？"他真切地认识到了，妈妈是北京天文馆科普节目制作团队的一员。

毕业至今，我和张超一直在从事天文科普工作。也有人问，你们的孩子是不是很懂天文？虽然我们也开始带他通过望远镜观看并画下月球的表面，观察金星的形状，识别一些亮星和星座，但答案是：非也。前两天，我看到一篇有关作家张大春的报道，他爱好书法，记者便问他："教孩子写字是不是您和孩子们情感沟通的方式？"张大春说："我从来没有试着把他们教养成一个跟我有相同志趣，或者是有相同文化负担的人，他们的自我就像那个猫，想要冲出纱门之外。"

天文科普也是这样吧，专注且自由。如果我们的工作和专业，能让孩子看到世界充满乐趣并对其产生好奇，这可能比教会他一万个知识点更令我们开心。最近，由于疫情影响，我在家办公。有一天，孩子写完作业走过来，看我正在看从国外网站上找到的、有关太阳系演化的数值模拟影像。安安静静看完，他说："妈妈，我很喜欢你的这份工作，如果可以的话，我希望我将来也做一名科学家。"我暗自笑笑，我哪里是什么科学家，我只是在默默地做我的本职工作呀。

我们俩的合影

写以上文字的时候，我正在单位值班。下班后，太阳落山，我看到东方低空出现了一道粉红色光带。19世纪的英国观测者看到这样的现象，觉得很浪漫，给这道光带起了个浪漫的名字，叫维纳斯带，他们觉得，出现在东方天空的这道色彩好像有魔力。

在我心里，在我们心里，不只是这道粉红色的光带，整个天空都是有魔力的。马赛尔·普鲁斯特曾说："真正的发现之旅，不在于追求新的景象，而在于换一种新的眼光。"跟天文打了这么多年交道，我们一直在学习不断变换新的眼光去看天空。看天空中云卷云舒，看天空中雪花飘落，看天空中繁星点点星河灿烂……

从此，任时光飞逝，天空总有惊喜值得期许，我们心满意足。

放飞自我

袁田甜　2002 级本科

今天墨尔本阳光灿烂。这么美的阳光，最适合泡杯咖啡，坐在窗前码字。无数次打开这个文档，却不知如何下笔。语言这东西，不练习就会退步，我上一次认真写中文文章，还是在 10 年前！很久以前，我蛮喜欢写点小东西来着，但今天想表达，发现中文能力被时间无情地磨去了光泽。也许，这就是我为自己的选择付出的代价吧。

我是北师大天文本科 02 级学生，2006 年毕业。在师大的日子，回忆起来既朦胧又清晰——乌鸦、大澡堂、自习室、运动场、朋友、老师……还有烙在头脑里的天文物理数学知识。如果时间倒流可以再选择一次，我依然会毫不犹豫地选师大天文。我觉得，每一次的选择，都是在当时的环境和心态下，做出的最佳选择，一旦选了，就不后悔。自己选的路，不论路上遇到什么，都要享受着走下去，边走边唱，唱到开心了，便一路狂奔，奔到累了，便躺下看星空。

2002 年秋天到师大，是我探求人生的新起点。惭愧呵，20 岁前，我就没跨出过我的家乡山城重庆一个叫北碚的小地方。虽然宅，但不阻碍我的自由幻想。我好奇外面的世界，离我家越远，我越好奇，最好是远到空间的定义已经和时间分不开的那么那么远，那里，会是怎样的地方呢？

2006 年的夏天是我人生的转折点。一架去往夏威夷的航班，开启了我新的人生。父母现在都笑说，当时他们去机场送行，看见我一个小小的人，提

观天文

着一个大大的箱子，义无反顾地出了海关，走的时候，连头都没有回过一次。

2006年拿到夏威夷大学的全额奖学金，我觉得自己好幸运，告诉自己一定要珍惜这个来之不易的机会。小时候想当天文学家的梦，就差这一步了。所以一到夏威夷，我便用吃苦耐劳的杀手锏，没完没了地工作，硬是逼自己要做出一番事业来。博士第一年，我就做出了让同学和导师刮目相看的一个成果，但是自己怎么没有很开心呢？为什么对自己的工作并不是很满意呢？为什么对自己也总是不满意呢？我问和我住一起、很照顾我的学姐，她说你看，窗外那么蓝的天，夏威夷那么美的海，你有啥不开心的。我问人超好的导师，她说你每天都干了什么，说来听听嘛。听完我朝七晚十的工作记录，她摇摇头，说了一句让我从骨子里改变的话，她说："Tiantian，你再这样疯狂工作下去，你的天文梦，走不到最后，最棒的科学家，都是要享受生活才能开心科研的。"然后她建议："去浇灌你的爱好吧，早上9点前不要来办公室，晚餐后不要做任何和天文有关的事。"

有了导师的尚方宝剑，我开始放飞自我了。其实一直被刻苦努力的精神熏染着长大的规矩人，要放飞，是不容易的。不过打开门，看见的是夏威夷的阳光海滩，是嘻嘻哈哈的美国同学，是穿着短裤短裙随意笑着说aloha（你好）的陌生人，有什么理由不尽情地享受这段人生呢！在夏威夷的5年多，我学游泳，学开车，学尤克里里，剪短头发只为方便去大海里和海龟游个泳，清晨和马拉松部落的朋友约跑看日出，周末与同事同学一起去爬山看海，吃韩国烧烤日本料理，驾车环岛去吃虾吃冰，看鲸鱼看海狮看日落。博士毕业时，家人问我一个人在外读博士辛不辛苦，我说，不辛苦啊，你看我在太平洋的海岛吃喝玩乐晒太阳，用世界上最大的望远镜的数据，高高兴兴地写完了5篇ApJ论文，还免费周游了世界。有个好心情，做自己喜欢做的事，何等快乐！如果工作变成负担、变成工具、变成目的，你不会享受它的。我不是放飞了自我，是找到了自己。

我博士毕业后的第一份工作，是在澳大利亚国立大学做博士后。当年悉尼和墨尔本竞争首都，不相上下，最后大家商量出解决方式：那就在两个城市的中间，找一片丛林，画一个圆，建一个新的城市当首都吧！这个城市叫堪培拉。国立大学在堪培拉。这个丛林中间的首都，我2011年第一次

190

来，大大颠覆了我对澳大利亚的刻板印象：邻居是袋鼠，办公室同事是巨蟹蜘蛛，跑步半小时可以遇到野兔无数和毒蛇若干，开车半小时可以看到考拉和鸭嘴兽。在堪培拉的 4 年多，我看到的动物比人多，也领悟到一个真理：人和其他所有动物，拥有平等的权利居住在这个星球上。地球不是人类的，是所有生物的。

博士后时期的工作，最主要的是要有与人交际和合作的能力。在博士科研阶段，圈子主要是自己和导师。博士后呢，要开创自己的研究风格，建立自己的合作团体，要带学生，组织项目，开很多会，不停地申请研究基金、望远镜时间，还要平和地看待下一个工作不知道在哪里的不确定性。所以 2012 年到 2017 年间，我学到最多的是如何组织项目。与此同时，工作外的放飞自我是一定的，喜欢喝咖啡，于是就去学了个咖啡师证给自己做咖啡；想尝试新的爱好，于是就爱上了 zumba 健身舞，顺便跟健身房的教练们交个朋友；想去度个只有自己的假，便去悉尼跑个马拉松、看场歌剧。澳大利亚，我生活工作了 8 年，也是可以叫作家的地方吧。

现在我在墨尔本的斯温伯格大学工作。工作性质比较像国内的研究员，有自己的基金，做自己的项目。在澳大利亚的定期合同是聘用制，这个职位不是永久的，因此大家也说自己就是比较老的博士后吧。近几年，我在科研上越做越有感觉，也有了一些自己引以为豪的科研成果。最新的几篇论文，算是实现了小时候想去揭开那些最远、最远世界的奥秘的梦想，挺快乐的。现实世界中，科研人员的工作并不只是科研那么简单。朱宗宏老师跟我说过一句很金庸的话，他说："有人的地方就有江湖。"的确，不管大家来自哪里，西方文化，东方文化，印度文化，中东文化，还是外星人文化，大家同是江湖人，做着江湖梦。我告诉自己，如果有一天，厌倦了恩怨情仇、名利纷争的江湖，那么，可以停下来，回味着咖啡的香，夏威夷的海，师大的钟声和那个望着星空做梦的小女孩。还有，趁来得及，一定要多多孝顺两鬓斑白的父母……

天文馆科普展览二三事

赵开晖 2004级本科

2019 年河北旅游留念

小时候的我，睡在家里楼顶的竹床上看着满天繁星之时，绝对想不到，我会跟"上知天文，下晓地理"这句话有如此紧密的联系，更不会想到在大学读了 7 年天文，毕业之后更是从事了天文科普工作。

还记得那是 2004 年的夏末，青涩的我带着大包小包，作为一个基本没有出过湖南省地界的高中毕业生，第一次乘坐 25 个小时的火车，越过了长江，跨过了黄河，来到了千里之外的首都求学。2008 年，本科毕业之后，我选择在母校继续深造，师从杨志良教授搞太阳物理研究。

2011 年硕士毕业之后，我来到了离母校不远的北京天文馆工作。在这里，有很多我的师兄师姐，仿佛还在校园一样。

时间如白驹过隙，一转眼的工夫，我居然毕业已经 9 年了。回想在大学时，主要任务是学习，是汲取知识，是科学研究，面对的是教材，是辅导书，是一篇篇文献。而到了北京天文馆，主要工作转变为科学普及，是把深奥的天文知识和前沿的科学研究成果通过我们的创意、策划，变成小朋友、成年人能够听懂、看懂、喜欢的展品、展项。

2013年，我们主要的精力在申请展览项目上。上一次常设展览制作于2006年，馆里已经有好几年没有申请过类似的常设展览项目了。每年财政的政策会有差异，因此大家都是摸着石头过河。在申请的过程中，我们一次次开会讨论，撰写了一稿又一稿展览大纲，对预算和实施方案进行了一遍又一遍的审核。在大家的合作努力之下，第一期常设展览的申报通过了。我们终于获得了资助，可以将我们心中的蓝图绘制出来，让广大观众看到、体验到。

2014年，是辛苦的一年，也是收获满满的一年。为了不影响天文馆的正常开放，考虑到暑期旺季的原因，我们展览的制作只能从9月开始，到12月结束。短短4个月，我们需要把旧的展览全部拆除，还要把新的展览从无到有地制作出来。

我们和公司一起制定了严格的进度计划，一次次在展厅现场思考展项的设计。即使我们坐在办公桌前，也是在写着展览的平面文字，搜集着展览的高清图片。第一期的展览，主题是大众比较熟悉的月球、陨石和太阳系等。经过不懈的努力，在2014年年底，月球、陨石、太阳系、星座等，一个个脑海中的展项，居然纷纷变成了现实。

有了第一期的经验，我们第二次和第三次申报就顺畅了许多。2015年，我们的第二期常设展览申报通过，也进入了实施阶段。

第二期展览的展示空间是在天文馆的地下一层，光线比较暗，换句话说就是暗环境很好。我们设计了深空天体的大主题方向，一共7个展区。我负责开篇的"宇宙演化"和"引力透镜"展区。这两个展区看似都是由电脑、触摸屏来实现交互展示，其实相差很大。前者是一个宇宙大爆炸的雕塑，配合投影演示介绍宇宙的历史；后者则是实时的成像，让观众体验动态的引力透镜变形效果。

2017年起，随着三期常设展览制作完成，我们的工作重点转到了临时展览上。利用不到400平方米的展厅，我们策划和制作了不少展览，比

天文馆六一志愿讲解

如 2019 年年初完成的"荧惑不惑——火星探秘"展览。

这个展览回顾了人类了解火星的历程。我们了解到中国科学院国家天文台拥有模拟月壤和模拟火星土壤的资源，因此设计了利用多肉植物进行对比试验的展项，分别用地球上的土壤和模拟月壤种植同一种植物，通过动态的对比观察，让观众了解土壤对植物生长的影响。这个生机勃勃的展项，受到了不少观众的好评。

2020 年，新冠肺炎疫情突然来袭，全国震动。北京天文馆作为开放场馆，而且是室内场馆，受到了极大的影响，从 1 月 23 日以来，一直处于闭馆状态。

不过，随着湖北按下重启键，全国经济逐渐复苏，企业逐渐复工，相信压抑了许久的学习热情也会慢慢复苏。在即将迎来抗疫胜利之际，北京天文馆重新打开大门，迎接国内外观众的日子也不会遥远，国内外天文科研科普工作者也会忙碌起来，我相信这一天将很快到来。

2020 年 4 月

十年

葛志帅　2006 级本科

2006 年，我考入北京师范大学天文系，开启了四年的大学生活。2010年，我在天文系开始研究生的学习，度过了硕士和博士的科研生活。现在，我在与师大一街之隔的南院工作。师大似乎与我有着不解之缘，而天文系陪我度过了人生中最重要的十年。

2006 年，天文系认识了懵懂的我。初识天文，觉得她是个浪漫的看星星的学科，在进入天文系进行系统学习之后才发现，她既浪漫又严谨。天文系兼具自由开放的环境和求真严谨的治学态度，我们在大学时期参加学生活动，写征文，组织大合唱，结伴上自习，讨论课业问题，作课堂报告，参加大学生科研课题。毕业前夕，我们去浙江做了科普实习，虽然对于天文系学生来说，已经有很多次去天文台实习的经验，但毕业实习是需要我们真正参与到科普工作中。整个实习过程我们既兴奋又小心翼翼，既觉得自己所学的知识有用，别人肯定有兴趣，又切身感受到在对待科学问题上必须严谨认真。后来，天文系本科生的实习开始走出国门，我们由衷地羡慕他们，因为天文系为他们搭建了很好的平台。

大学阶段培养了我自由、向上的心态；研究生阶段的科研和学习让我认识自己，突破自己，并且得到真正的成长。

研究生第一年是承上启下的一年。它既像本科一样保持上课学习模式，又因为科研任务开启了学术模式。我们班的同学来自天南海北各个学校，然而我们却能迅速打成一片。在我印象里，不管是不是学生干部，几乎每个党员都参与了每次活动的策划，参观、科普、组队参加知识问答。除了支部活动，我们还有班级活动。当然，班级活动就是简单的、安全系数比较高，并且能改善一下大家生活水平的聚餐活动了。大型聚餐活动安排在西门杏坛路上性价比较高的小饭店；小型聚餐就是每天饭点儿群里一声吼"去哪吃"，然后奔赴各个食堂。

饭友是特别的朋友。我们天南海北地聊，说最近的烦心事，讲未来有什么打算，分享好用的软件和学习网站。总之，我们看起来挺能折腾，但是，对于课程我们还是十二分地重视。除了课程之外，各个课题组也会给新生们调研任务或者简单的课题。我们也积极跟组里的师兄师姐请教，争取早日踏进科研的大门。我们班的学霸们，还别出心裁地提出定期举行讨论学术的班级交流会。后来天文系开展了 lunch talk，学生的参与度更高了。

研究生最重要的任务是科研工作。我们从研二开始就按照工作组分座位，每个人都把精力集中在自己的专业上，有时科研累了也会小聚一下。我还记得我特别迷茫的时候，班里同学就会提醒我"多 talk"，于是我们经常三五成群地聚在一起谈心。准备出国或者联合培养的同学之间还会分享经验，互帮互助。因为交流比较多，我们班毕业分开之后感情还是联系在一起的。

毕业之后我选择了科研的道路，是天文系，是我的导师、我的老师们、我的同学同伴们，让我找到了自己的方向。每每回想起在天文系度过的学习和科研生活，我都觉得庆幸。天文系的学风和人文环境，使我在科研的道路上摆脱迷茫，坚定踏实地走下去。我们班，我的本科同学、研究生同学，偶尔碰面了会互相说说自己的研究进展，遇到的困难，互相开导。今天我们仍在努力耕耘，在科研的田野里绽放自己的花。

时光漫漫

潘海武 2007 级本科

2010 年 10 月，其时我大四，刚确定外推到国家天文台读研。天文研究之路伊始，怅惘和期待着未来那无限的不确定性，正好赶上天文系的 50 周年系庆，热闹之余，倍感荣幸。

10 年之后，天文研究之路上的我依然默默无闻，天文系已迈过一甲子的历程，与有荣焉之余，不免感慨。

时间往前稍稍回溯，2007 年高考之后，踌躇满志的我进入北师大天文系，年轻的内心，总是会对未曾了解过的专业出现怅惘和迟疑。天文系此时也显示出了其包容性，老师们的循循善诱让学生们逐步了解了这一学科的魅力，却也不会干涉学生们对未来的自由选择。也是在这种环境的熏陶之下，我选择了在天文这条道路上继续前行。

天文系对我的意义不仅止于学习，还让我像在大家庭里一样得到守护。

犹记得刚开学时辅导员给我们定下的目标就是小而团结，能够结识不同年级的师兄师弟或师姐师妹也算是一个优势。

曾经我也是个热血而莽撞的少年，在校内的 BBS 上面实名 diss 过某个校团委的老师，风浪颇大，引起系里相关老师的注意。记得被约谈之前，我内心颇是紧张。然而约谈之时，老师甚是友善，没有批评，只有劝慰。之后此事也没有波澜，一场风波，倏忽悄无声息。之后系主任也和我提起过这件事，也只当是一时玩笑。后来也听闻过别人的一些风波，再回首此事，年轻的我大概算是在系里的包容下任性了一回。

慢慢追忆，大一时随着天文系游走于北京附近各天文台站，大二时赶上日全食、暑假奔走于长江流域，大三去往云台实习得遇后来的研究生导师，大四毕业旅行时骑马、烤全羊……四年时光，终有一生铭刻的回忆，或许普通，可堪玩味。也希望后来的学弟学妹们，在天文系也拥有自己美好的人生和回忆；亦祝福师大天文系能继续陪伴优秀学子们成长！

收拾过往，面向未来

薛梦瑶　2008 级本科

时光匆匆，倏忽一下，12 载岁月就这么过去了。

12 年前的秋天，被专业调剂到天文系的我，怀着忐忑和对天文的一无所知，踏入了师大天文系。那时并不知道，自己将会在这里度过整整 7 个春秋的学习生活，在这个温馨得如同家一般的地方，收获那么多人的关心和帮助，体味那么多的苦辣酸甜，会对这里产生如此深厚的情感、羁绊和归属感。2019 年，我获得了国际射电天文学研究中心（The International Centre for Radio Astronomy Research，ICRAR）的肯和朱莉迈克尔奖（KEN AND JULIE MICHAEL PRIZE），让我更加感恩那些年对我产生了莫大影响的人和天文系。

首先是系里的学术科研氛围特别好，对本科科研很支持。记得我是大二时开始参加姜碧沩老师的组会，一开始听师兄师姐们谈自己的工作进展或者最近读的文献，真的是听得云山雾罩，基本上什么

都不懂，往往处于天人交战的状态，只能强迫自己尽力抵挡阵阵袭来的睡意。不过被熏陶得久了慢慢也就开始有所领悟，而且姜老师有个习惯，我个人感觉对促进学生的成长和提高非常有益处，那就是要求所有人听完主讲人所讲的内容之后都要至少提一个问题，就算只是问非常基本的定义或者图注也可以，否则的话等待你的就是："没有问题？这说明完全听懂了嘛，既如此那就要回答下面我给你提的问题了。"这敦促着我每次听的时候都带着一种积极"找问题"的态度，这不仅对积累知识有所帮助，也训练了自己的思辨能力。系里很支持学生去参加各类学术会议。至今我仍记得大四第一次参加天文年会时的兴奋心情。为了多听几个自己感兴趣的报告，我拿着会议日程在各个会场之间跑来跑去，觉得可以见到这么多同行前辈师兄师姐们，听他们讲自己的工作，特别有意思。对于现在的自己来说，"去开会"已经成为了再普通不过的学术交流，不再会有那种异常的紧张与兴奋，但每每回想第一次开会的种种，都觉得能早早有这样的经历是相当幸运的。在那两天半收获的信息，对那时的我真的是十分宝贵的启蒙与激励。

系小人少是天文系的一大特色，所以，只要你想，上上下下男女老幼可以很容易就熟悉起来。同班同学及任课老师自不必说，即便没有给自己上过课的老师们和系里其他年级的学生（包括本科生和研究生）也有不少接触交流的机会。就我自己而言，从本科入学报道时系里迎新的学长带着我办各种手续流程开始，在师大天文系的这些年里，得到了师兄师姐们太多的帮助、鼓舞与鼓励。因此，当自己后来有所成长之后，也无比希望能够尽自己所能，为天文系，为自己的师弟师妹们做些力所能及的事情，将这种凝聚与团结传承下去。上大学之前的自己，是相当怯懦内向的一个小姑娘，缺乏自信又容易紧张，一旦要面对众人说话，声音就会不由自主地打起颤来。其实自己也一直想要有所改变，而天文系恰恰给我提供了无数锻炼自己、找到自信的机会。参加系学生会应该说是大学时相当重要的经历。记得系学代会那天，本来完全没想要去参加竞选的自己，抱着吃瓜群众围观投票的心态跟着宿舍里的众位姐妹去了电子楼模拟法庭教室。然而听着大家的竞选演讲不知怎的就很受感染，也想要为天文系这个温暖的小家做点什么，看着自己手里一册虽薄却贴心的天文系学生会编辑部出品的《新生指南》，被突如其来的勇气所驱使，就那么走上讲台去参选系会编辑部了。系里学生少，一有什么"大"活动，往往都少不得要倾巢而出，赶鸭子上架，以一当十。辩论赛、一二·九大合唱，大一下学期2009国际天文年的天文科普文化节……经历了那些日夜一起奋斗，生命不息、折腾不止的日子，自己不仅脸皮和胆量如愿渐长，也收获了许许多多珍贵而坚固的友谊，对天文系越来越有家一般的归属感和责任感。那时的蛋蛋网天文系版也相当热闹，有大家日常生活中的酸甜苦辣，有对未来的迷惘与憧憬，有对学术和技术的讨论，也有各种活动的新闻和战报，凭着几位战斗力爆表的"水车"同志们的版聊灌水以及偶尔彼此针锋相对的激烈争论，也曾有过生生"水"出院系第一大版的壮举（当然，干货也是很多的）。记得那时远在海外比我们高了七八届的师兄师姐们也常常在系版上关注各种活动情况，结果现在已毕业数年的自己也成了会默默地关注系会微信公众号、学社微博号的老人家，但求能多看看现在小系友们的风采。网络发展变迁，论坛慢慢让位给微信微博，然而不论形式怎样变化，不变的是永恒的牵挂。

　　另一个让我获益良多的方面就是，天文系在计算机网络领域的历史积累丰厚，软硬件资源都相当丰富，师生们也都既重视这方面，又有自发的兴趣。刚踏入大学的自己对于之前未曾接触过的"科技"很好奇，在学校的网页上逛着逛着就逛到信息网络服务里的 ftp Union 那儿了，又听信科给我们上计算机基础的老师提起天文系的 ftp 很强大，尽管自己当时完全不懂 ftp 为何物，但心中颇有一番奇妙的自豪感和求知欲。后来，我慢慢了解到一些辉煌历史，譬如天文系师生在90年代初期就为师大搭建了最早的校园网，并通过科学院高能所的线路接入国际互联网，一直运行维护到1997年学校网络中心成立。这些历史在天文系50年系庆的《追星逐月》里，很多前辈系友都提到过。其实想想看，外推到更大范围，天文对信息技术的发展，还真是有不少贡献的，包括 WiFi 技术，也是最早由澳

现
天文
习

大利亚的射电天文学家所发明的。师大天文系在计算机方面为学生提供的资源，在我本科的那个时代，感觉真的是相当优越了。为数众多的 ftp 里包含的资源从电子书到各种电影和纪录片，学生们也可以上传自己想分享或者备份的东西，所以有耐心有闲情逸致的话能翻出不少有趣的资料和历史。记得那时如果是在物理楼 401 机房的上机课，或者系学生会在 401 开会，我都试图借了钥匙在机房多赖一段时间。到了寒暑假放假前，我们更是常常会去找张文昭老师软磨硬泡求借 401 的钥匙，假期不回家的几位就天天泡在机房，配合上在教学区不限国内流量的公用网关，足够一通折腾了。现在回想起来，自己关于 Linux、bash、ssh、VNC 等必备技能最基础的了解，都是来源于那些泡在 401 的日子（由衷感谢高健老师）！当然，网络和计算机方面的发展变化真的是太快了，现代天文对海量数据的处理与存储要求越来越高，同时，人工智能机器学习、GPU 加速等方面的发展，也为天文数据处理分析提供了新的可能。在此也衷心祝愿我们的师大天文系能够继往开来，在软硬件各个方面都能和最前沿的技术保持同步。

最后，借用一句某同学在入学没多久的 2008 年年底时立的 Flag，"我希望咱们 08 级及整个天文系是个温暖的大家，等到若干年后，不管是不是从北师大天文系毕业的，我们回忆往事的时候，都会感激这段时光，思念大家在一起的日子。"

当我为了写这篇文章回看到这句 12 年前的文字时，有千言万语浮上心头，数不清的回忆与怀恋，道不完的感激与感动，能付诸文字的，不过沧海一粟。只言片语中，那些对于过去的收集与回忆朝向前方的未来。

一片星辉照亮未来

郁静娴 2010 级本科

很幸运，我刚踏入师大天文系的那年，正好赶上 50 周年系庆，当时我们几个女生初来乍到，被系里喊去担任礼仪。系庆那天，我们身着统一的服装，在英东楼前兴奋合影的情形还历历在目。那是我入系后参加的第一次集体活动，印象格外深刻，如今算起来，竟不知不觉有 10 年了。

"世界上有两样东西能够深深地震撼人们的心灵，一样是我们心中崇高的道德准则，另一样是我们头顶上灿烂的星空。"我在天文系课堂上听到的第一句话，至今仍记忆犹新。入学第二年，系里组织我们全班赴韩国天文与空间科学研究所（KASI）研修，夜宿普贤山天文台站的那一晚，山顶的风呼呼地吹着，周遭好似被无边的浓墨泼染，站在广袤的星空底下，个人的得失、生活的琐碎，一瞬间

变得渺小了。

许多独特的体验，怕是只有天文人才能体悟。譬如在中秋节，钻进教九楼的圆顶，将望远镜调整好焦距，用手机在目镜前拍摄一轮又大又圆的明月。又如吃过晚饭后，三三两两在某座教学楼的楼顶上等待夜幕降临，用仪器捕捉指定星等的天体，天空的宁静和天台的喧嚣融为一体。更多的时候，晴朗的晚上，一个人自习归来，我会不自觉地抬头，待寻到月亮边上那几颗熟悉的亮星，就仿佛夜路有了陪伴。

天文学是一门与热闹二字无缘的学科，但师大天文人却并不"高冷"。四年虽匆匆，却足以让我遇见一群良师益友。

与我们打成一片的班主任陈黎老师，课上能演算一黑板的数学物理公式，课下能化身知心的"陈黎阿姨"；平日里低调沉默的陈阳老师，讲解起量子物理时却是那么神采飞扬；我的导师姜碧沩老师，一面教给我科学的研究方法，一面支持我在学业的转折点上从容做出抉择。

慧珍、思琦、小衍、寒寒、阿纯……最好的年华里，总有那么几个值得珍惜的挚友。4年的同窗情把我们牵系在一起，毕业后各奔东西，却依然同频共振，不论是低谷期的陪伴，还是"高光时刻"的祝福，彼此从未缺席。10年的友情，也渐渐沉淀了岁月的醇香。

天文系如同一个小小的宇宙，包容和见证着每个人的成长。而时间，则是宇宙间最奇妙的维度。毕业6年，兜兜转转，我找到了自己喜欢的职业，生活悄悄地发生着各种变化。进入报社后，我以一名记者的视角观察人间百态，用脚印和笔杆丈量山川河流，对人生也有了更多感悟。尽管没能成为一名仰望星空的人，但这一段本科生涯附赠的那种淡泊坚定、不浮不躁的人生底色，始终是我的力量来源。

因为工作的关系，我时不时会去贫困地区采访。破碎的地块、摇摇欲坠的土屋，茫然的眼神里，是我从未见过的赤贫。那样的地方，通常都在偏僻的山区，从县城往返一次，常常要花上一天的时间。与此同时，贫穷的地方，又往往有着独特的山水资源，在那里可以看到最清澈的夜空，可以发现美丽与贫困奇迹般的并存。有时看多了也会"疲惫"，但一次次的采访经历让我更懂得"仰望星空，脚踏实地"的涵义——只有实实在在地沉下去，去感知、记录和思考，才能笔下有星辉，照见过去，也照亮未来。

毕业后，同系里联系难免少了，但每每听闻系里的动态，依然会心中一动——在引力波、暗物质等一系列重要研究中看到熟悉的名字时；FAST项目的突破性进展在全网刷屏时；同事看到有意思的天文科普同我交流时……很自豪，为自己曾是一名师大天文人。

几年前看到新闻，新视野号飞掠冥王星前往柯伊伯带，如今想必是离我们更远了。所幸，我们在师大天文系的小宇宙里从来不是孤立的旅行者，10年里，我们在各自的轨道上，以不同的姿态，守望着共同的中心。衷心地祝福天文系，在下一个10年的旅程遇见更多精彩。

注：郁静娴，北京师范大学天文系2010级本科生，现为人民日报社经济社会部记者。

现天文

我曾经的星辰与大海

周叶艳 2011 级本科

接到系庆的邀请时，内心满是期待和雀跃，离开天文这个领域也有将近两年的时间了，现在听到天文这个词，更多的是来自旁人的好奇与发问："你是学天文的啊，那一定很浪漫吧？为什么转行了呢？"虽然已经回答得有些麻木了，但是每每提及这个词，还是止不住地会心一笑。回想与天文接轨的 7 年，大概是我短暂又漫长的人生里最浪漫的时间了吧。

作为一个南方姑娘，我从小就很向往北方，所以在填写高考志愿的时候，我毫不犹豫地选择了北师大。2011 年，我懵懂且带着些许小心地加入了北师大天文系，当时天文对我来说还是一个完全陌生的领域，我用了在师大的 4 年时间和后来在上海天文台的 3 年时间来解读它。回想起大学期间印象最深刻的经历，应该就是那些将理论付诸实际的实习经历了。还记得大二时在班主任余恒老师的带领下，全班同学一起奔赴西澳大学交流实习，我在那里第一次看到了银河、天蝎座，也第一次以小组的形式实验并且最后呈现了自己的汇报，第一次因为从事天文相关的实践得到认可，为自己有机会成为一名天文人而高兴。还记得大三的寒假，我们在吴江华和张燕平老师的带领下去往兴隆观测基地实习。我经常与人描述起那个夜晚，基地里面几乎没有灯光，大家关闭了自己的手机和手电筒，踩着漫山的星光，去往各个观测室进行观测，那晚的星空出奇晴朗，我永远会记得我在圆顶周围的走道上和老师同学们谈论着宇宙，以及与计算机和天空一起度过漫漫长夜的场景。在那里，我看到天文工作者们把浩瀚的宇宙缩小到眼前的电脑屏幕上，转变为冗杂的数据文件，继而又从密密麻麻的数据之中挖掘出更多的宇宙奥秘。

我们的大学生活也因为天文系而变得如此独特，因为在当时天文还是一个大家相对陌生的学科，每一届的学生人数都较少，我们这届 10 个人为一年级，这在整个学校里都是极为罕见的，我们经常开玩笑说，我们独享"精英小班制"的教育，班级里的每个同学必须练就十八般武艺，"服饰大赛""合唱比赛""足球赛"等不一而足。也因为独特，所以深刻。

如果现在再向外人介绍起这门学科，我会很骄傲地说，我们会同时学习数学、物理、计算机、天文等学科的课程，班级里的同学"文武双全"，他们现在正在世界各地从事着相关的科学研究工作。而我，就负责为大家处理地球上的事务吧。

我很庆幸，在追逐和徘徊的那段时间里，拥有一群尊重和支持我的朋友和家人。人的一生在不断地做选择，并且需要在做完选择后很长的未来里去为那个选择负责。我花了漫长的时间，下了很大的决心，才有勇气决定放弃天文，选择其他的道路。但我从来无悔这段宝贵的经历，于我而言，学习天文的意义绝不仅仅是完成了科研课题和论文、学习了那么多的专业课程那样简单。即便往后的日子，我不再从事天文的工作，不再能为探索宇宙而付出自己的力量，但每一次抬头的时候，我都会记得，我曾经也是仰望过星空的人。而后，我会带着所有的包容和善意，去拥抱和追求我的另一片星辰大海。

真诚地祝愿承载我曾经的星辰大海的——北京师范大学天文系未来发展得越来越好，这里有一群纯粹、可爱的人们，每一次回忆过往的时候，你们，还有天文系，都是我强大的精神支柱和力量源泉。

科研生活的那些事儿

王舒 2011级研究生

今年年初的疫情，改变了大家的生活。记得网络上有这样一则关于工作的感叹，大意是宅家久了才体会到，不是工作需要你，而是你需要工作。然而，对我而言，科研没有上班和下班的时间限制，抱起电脑随时随地都能上班，生活中跟丈夫聊天，也能联想到科研内容，很有可能继而开始一场关于某工作的讨论或辩论，科研早已渗透进了生活。

4月的某天晚上，我陪着4岁的女儿看动画片，内容是老师带领幼儿园的小朋友去科学中心，与不同领域的科学家对话，了解不同学科的工作内容。我顺势问她："妈妈是做什么的？"女儿很兴奋地说："我知道，我知道，妈妈是研究星际介质的科学家，就是一堆气体啊、尘埃什么的，还能堆在一起组成小马、小花、小星星呢。"我猝不及防地被她感动了。因为对天文的喜爱，我2011年跨专业考研到北师大天文系，开启了天文之旅。在天文系温暖大家庭中的5年学习生活，让我一步步了解天文，并开始了对天文的探索。目前我仍在继续恒星与星际介质相关的研究工作，主

陈孝钿、王舒 2019 年 10 月摄于美国新墨西哥州

要包括近场宇宙学的消光规律与尘埃理论和宇宙距离尺度方向。我的主要合作者是我的丈夫陈孝钿（北师大天文系 2007 级本科生），他主要从事宇宙距离尺度的测量和优化工作。现在，我们都在国家天文台工作。我们是生活的伴侣，也是科研的伙伴，生活上同舟共济，相互扶持，相濡以沫；科研中相互学习，齐心协力，勇攀高峰。我们发挥各自所长，将消光工作与距离尺度工作结合，提高造父变星测距精度，并利用造父变星研究银河系的消光和结构。值得一提的是，我们共同完成了关于银河系结构的工作。

2019 年的除夕夜，对我们来说也是个特殊的日子。随着春节联欢晚会达到高潮，新年倒计时结束，国际科学期刊《自然·天文》在线发布了我们和其他合作者共同完成的一项重要工作——利用造父变星揭示银河系恒星盘呈"翘曲"结构。意料之外的，是该工作引起的社会轰动。上千家国外新闻媒体，在大约 90 个国家以 32 种语言进行转载报道。随后同行的认可，既是对我们工作的肯定也是激励。我们将继续持之以恒、不断耕耘，努力做出新的成果。

从天文到人文

刘晗 2012 级本科

遇见陈黎老师是我在北师大求学路上的幸事。

2012 年，初入北师，碧草蓝天，木铎映日。在青砖黛瓦的教十楼下，我第一次见到陈老师。她正与学生交谈，眉目慈祥，笑声爽朗。鬼使神差地，我跟在她后面上了楼，在办公室门口酝酿许久，终于敲开门表明心迹："我想请您做导师。"得到老师首肯后，我仿佛立刻成了有家的孩子，和别人说起"我们陈老师"时也是一脸自豪。接下来便是每周 40 课时的洗礼，加之堆积成山的作业，让我明白了什么叫"一入天文深似海，从此闲暇是路人"。虽然从天文爱好者晋升成了天文学徒，但我仍觉得不够圆满，直到第二年听说开放修读双学位资格考试的消息。

我自幼喜爱中古英语诗歌的韵律和情感，颇有语言天赋，入学英语分班顺利考进 A1 班。出于热爱，我决定修读英语语言文学的双学位。向陈老师征求意见时，我内心实为忐忑，毕竟刚入学一年，我竟想要"跳槽"。意料之外，老师对我的选择无比支持，甚至当即为我致电英语系办公室咨询报考事宜，让我感动得热泪盈眶。有了目标，生活一下子变得井井有条。我按照自己的规划通过考试，打开选课界面的一刹那，激动之情难以言表。做自己喜欢的事，再辛苦也不觉累。一学期 30 学分的天文课和 20 学分的英文课凑在一起，竟让我觉得比第一学期还要轻松。

最艰难的莫过于大四上学期，我决定跨专业考取本校外文学院的研究生，攻读翻译学，真正实现从天文到人文的转型。备考4个月，每周有35学分的课程，同时还要撰写主修和双学位的两篇毕业论文。陈老师特意为我选定了适合我的论文主题——翻译一本讲解天文数据处理的英文习题集，补充订正答案里的程序。这既可以作为授课教程，又为双学位论文提供了素材，一举两得。就这样，我每天迎太

阳、送月亮，穿梭于自习室和课堂。那一年，我收到了研究生的录取通知书，也成为全校179名坚持修完双学士学位的毕业生之一。

读研后，我的大本营搬到后主楼，一街之隔的天文系成了我的"娘家"。我时常跑回去和陈老师谈心，取得成绩了去，受了委屈也去，做重大选择更要去。我记得自己发表第一篇C刊、出版第一部译作、得了第一次国家奖学金时，老师喜笑颜开地说我是她的骄傲；也记得我遇到麻烦、满心惆怅地向老师求助，老师悉心地帮我分析解答。在外文学院的两年，我如鱼得水，硕果累累。带着北京市优秀毕业生、北师大优秀毕业生等荣誉离校时，我知道，这其中凝结了我本硕两位导师的培育和指点、支持和鼓励，缺一不可。

幸运眷顾，我硕士毕业后便拜入国内一流学者、讲席教授王克非先生门下读博深造。虽然学校从北师大换到了北外，我相继有了硕导、博导的照拂，但一日为师，终生为师，陈黎老师作为我开蒙导师、良师益友的地位永远不会改变。是她鼓励我追求梦想，勇敢跨出天文的领域，走进人文的世界。

天文，天之理也；人文，人之道也。观乎天文，以察时变；观乎人文，以化成天下。自古以来天文与人文便是一体。这场师徒情谊，那通改变一生的电话，或许也是冥冥之中自有天意吧。

弹指十年

潘之辰 中国科学院国家天文台

10年前，我正在天文学的大门外鬼打墙。当时，我这个北师大天文系的编外学生，幸运地向北师大天文系建系50周年纪念册《追星逐月》奉献了末篇稿件。而后发生的，有一点点努力，很大的侥幸，更多的是风雨同路的北师大天文系各位老师以及耳濡目染的"学为人师、行为世范"的精神，伴随着我走到今天。

10年，可以完成精确的脉冲星计时观测，可以让一个巨大望远镜的设想从图纸变成现实，可以让新一代天文人从稚嫩到成熟。10载的春花秋月，10载的春华秋实。

春·初春的复试

22岁生日那天，我做出了考研的决定，却并没有设想过考研的复习和初试会有多少磨难。初试四场，自认为英语已经考砸。陈黎老师半开玩笑半正经地教诲："你觉得坚持不住的时候也是别人快坚持不住的时候，无论如何，考完再说。"这对于我仿佛一剂强心针，让我坚持完成了考试。

复试的成绩是2011年3月5日揭晓。就像某种仪式般，前一天夜里我从零配件开始组装了一台电脑，在零点的钟声敲响后，用这台电脑查询了初试的成绩。我的分数远超预期，以至于我斗胆在深夜打电话叫醒了陈老师。

复试在北京。陈老师帮忙安排好住宿，开车接我到住宿的地方，还给我准备了草莓；等我复试完带我转了天文台、鸟巢和水立方；我走时还送我到火车站。我一直内疚于我是一个天文的浪子，高考没能如愿，就一直流浪。如果没有陈老师告知我 FAST 贵阳射电天文暑期学校，10 年后的今天，我很可能过着另一种生活，而天文只会永远是我内心深处的一个梦想，直至遗忘。

复试结束后有一个白天的空闲。2011 年 4 月 1 日，如朝圣般地，我跑到北师大转悠了一下午。我在长椅上坐着吃饼干，一只喜鹊落下，绕着我转，不断看我，于是我递了一片过去。这鸟不怕我，直接叼住就吃，吃了一半，饱了，便挖个小洞，把饼干放里面，盖上块石头，然后飞走了。当时的我萌生了一种被接纳的感觉——或许国家天文台新研究生中有我一个？我感觉到了大学包容万千的氛围，感受到了我的未来将发生改变的力量。

翌日，在返回的 K101 次列车经过济南后，我接到了国家天文台的通知，硕士研究生录取。我和天文再次相逢。

2011 年 4 月 1 日的北师大天文系　　接了我的饼干的喜鹊

夏·毕业

5 年后的 2016 年初夏，我要博士答辩了。我把论文送到了北师大，最终姜碧沩老师参加了我的答辩。

答辩结束后有一顿简单的午饭。期间，我有哭有笑地讲述了对各位答

辩评委的记忆。面对姜老师，我告知她，FAST暑期学校的天文课是我正正规规上的第一门天文课程，她是我的天文专业入门老师，她翻译的《射电天文工具》一书，指导着我完成了一架小射电望远镜的组装并以此作为我的本科毕业设计。而这么说的后果就是，那天被灌了三杯啤酒，在醉醺醺的时候，我依稀记得自己

2016年5月31日毕业答辩合影。左起：姜碧沤老师，李柯伽老师，田文武老师，我，李菂老师，黄茂海老师，王均智老师

说，要是高考能再来，我依然会选择报北师大天文系！

秋·FAST收获伊始

2016年，我参与了500米口径球面射电望远镜的调试和数据处理工作。当时，FAST尚不能实现跟踪。我们估算，即使将FAST指向天空中一个固定的位置不动，利用地球自转来实现观测，也能实现数十米口径望远镜在同等频段上跟踪观测数小时的灵敏度。这样观测得到的数据需要预处理，且为了搜索其中可能的脉冲星，数据处理流程需要并行化、自动化。

作为研究生工作的一部分，在2016年春我有了初步的数据处理流程，

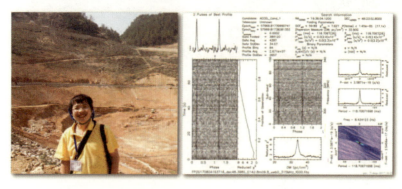

左：2011年11月1日参观FAST现场，我的导师李菂研究员拍的我和FAST现场
右：FAST发现第一颗脉冲星时的信号图像

并在 2016 年 7 月第一次完整顺利地处理了测试观测的数据。经过 13 个月的守候，我们迎来了发现。

2017 年 8 月 6 日夜，我们将 FAST 指向了赤纬约 48 度的位置并观测了一整个晚上。观测数据在 7 日完成了处理，我和师兄钱磊一起，在其中发现了新脉冲星信号。这个信号在 8 月 8 日和 15 日的同一观测位置再次被观测到。这是 FAST 发现的第一颗脉冲星，虽然由于认证的困难使得它没有成为 FAST 确认并对外公布的第一颗脉冲星，但毫无疑问的是，由此，我们大家共同迎来了 FAST 脉冲星发现的时代。

冬·瑞雪兆丰年

2019 年年底开始的冬季，对于全国、全世界最大的影响，是疫情。我一边居家，一边盼望着耕耘的收获。

话从 2019 年的 5 月份说起。我遇到了两个学生，她们俩的名字在输入法里都是现成的词组——余秋雨和夏季风。余秋雨是贵州师范大学的硕士研究生。我协助她的导师，贵师大刘志杰老师，指导她完成关于脉冲星搜索算法的工作。协助指导学生，让我深感学为人师的严谨不苟，也意识

夏季风（左）和余秋雨（右）

到了行为世范的责任担当。历时 8 个月反复修改，余秋雨的文章终于在 2019 年的倒数第三天被 RAA 接收。

夏季风是北师大天文系的本科生，毕业时在我导师团组做毕业设计，她的毕业论文是我修改的。她毕业后心心念念要考天文研究生，考了三次，终于被贵师大录取。在她备考的两年里，我常联系她，询问复习的情况及是否需要帮助——北师大的老师这么多年以来也这样关心挂念着我，我也要这样对学生们。

2019 年 6 月，我到贵阳出差，让已经成为校友的余秋雨和夏季风见了个面。她们的此时此刻，恰如多年前的我。愿她们能历尽艰辛，获得

丰收!

2019 年 8 月 22 日,距我第一次去贵阳 FAST 暑期学校整整 10 年后,我从杭州出发,坐着卧铺,一样的时刻,再走一样的路。一路,我一直自问,过去的 10 年,我做了什么?如果第一年考研没能如愿,我还会继续吗?立于星空之下,我还有和 10 年前一样的愿望和梦想吗?

2020 年 2 月,我利用 FAST 在球状星团 M92 中找到了一颗具有掩食现象的毫秒脉冲双星,这篇文章被 ApJ Letters 接收了,同时被 AAS NOVA 评为 4 月 17 日的研究亮点!算作我对北师大天文系老师们的一次成绩汇报吧。

我初三的时候,悄悄给自己定下了 100 个异想天开的愿望。其中有离奇的,如"开过压路机""开过火车";有已经不能实现的,如"看北京 2008 年奥运会开幕式"。但我也惊奇地发现,诸如"发现彗星或小行星""在天文台工作",甚至"参加国家大型工程的建设和运行"等愿望,在这 10 年内都一一实现了!在这个愿望清单上,还有很多尚未实现的愿望。日常的生活,如同音乐卡农一样,在不变的旋律中加入和音而逐渐变得丰富多彩;看似一成不变的生活慢慢地有了新加入的人、新发生的事。我有幸在过去的时光里与北师大天文系结缘,愿在今后的日子里,时刻感恩,不时回报。

2020 年 4 月 30 日凌晨

星夜寄情

第四章

马建民副校长心系天文系

李宗伟 教师

一、创建天文系

北京师范大学重视天文学教育是有传统的，从建校开始就有天文学的教学，早在 1912 年的《高等师范学校规程》中就规定本科数学物理部和物理化学部必须修习天文学课程；1933 年北京师范大学制定的《学则》中，物理学系的选修课程中也列有天文学和天体力学；1952 年院校调整后，辅仁大学并入北师大，原辅仁大学从事天文学教学工作的刘世楷教授来到师大，大大加强了天文学的教学力量，祁开智、冯钟泰和刘世楷三位教授都开设过天文课程；1956 年刘世楷教授编写了《天文学》，并翻译了苏联的《普通实用天文学》；天文学是北京师范大学的传统学科，与后来在北师大建立天文系有着历史的必然联系。

1952 年院系调整后，中山大学的天文系和齐鲁大学的天算系合并，成立了南京大学数学天文学系。后成立了天文学系，成为当时全国唯一的天文学系。面对国内天文事业的发展，天文专业人才奇缺的情况，在 1954 年召开的第一届全国人民代表大会上，老一辈天文学家张钰哲（紫金山天文台台长）和程茂兰（从法国留学回国的著名天体物理学家，后任北京天文台台长）从中国天文事业长远发展的角度出发，呼吁在中国北方创办一个天文学系。

1958年中国科学院正式成立了北京天文台筹备处，同时也提出了人才培养问题，在中国北方另建一个天文系的事宜再次提上了日程。1959年年底，北京师范大学副校长刘墉如，党委副书记、副校长马健民，物理系主任金永龄联合向教育部申请在北京师范大学建

2019年冬摄于北师大校园

立天文学系。经过激烈的竞争，1960年2月，教育部批准在北京师范大学设立天文学系。同年6月24日教育部党组报呈国务院文教办和中宣部的《关于北京师范大学今后发展方向和方针任务的请示报告》中明确将天文学系"天体物理专业"和"天文光学专业"列入北师大的专业设置方案。马校长利用他的人脉花费了相当多的心血，在北师大创建了天文系，从此使北京师范大学成为数、理、化、天、地和生六大基础学科齐全的大学。

二、关心专业建设和师资培养

北师大天文系创建是在"大跃进"和"反右倾"之后，那时全国都运行在非正常的轨道上，再加上自然灾害，办系困难重重。在此期间，马校长身为代理书记和副校长，认真执行"高教六十条"，明确了教学为主的原则，停止了违背教育规律的"教育大改革"，强调了学校工作要以教学为主，同时提出要认真执行"劳逸结合的原则"。

新形势下，马校长指示天文系冷静审视、仔细分析自身存在的问题，衡量自己的实力，确定系的发展方向，明确系的专业建设和师资培养。1961年7月暑假，系主任冯克嘉派协助他负责教学的教师赴南京大学天文系具体了解专业设置情况、培养计划和教学安排。在系统地比较了两个系各方面的条件后，考虑到北师大天文系的具体条件，决定天文系设置天体物理和天体力学两个专门组，重新拟定了天文系的教学方案，规定"天

文学系的基本任务是培养为社会主义建设事业所需要的天文师资和天文科学工作者",修业年限仍为五年。课程设置和时间分配：专业课时占70%。

师资力量是一个系成长和强大的首要条件。马校长始终关心天文系师资的培养,他要求天文系领导积极提高天文系教师的学术水平和政治素养。为此系里采取了两个措施：一是教师人人认真读书,刻苦钻研;二是要求教师积极自修并派到南京大学天文系和国内天文单位进修。

三、直接关怀毕业生分配

"文化大革命"后期（1974年春）,学校复课闹革命,天文系招生。当时的重要问题是学生培养目标和毕业分配出路。由于那时北师大天文系是北师大唯一的非师范专业,培养目标不能是单一地从事教育工作,所以当务之急是与科学院联系学生毕业后的工作分配。系里向当时为北师大革委会副主任的马健民汇报,他说："我陪你们去科学院找他们的秘书长秦力生同志,他是我的老战友。"于是,我们到学校开了介绍信,马校长还事先与秦秘书长进行了沟通。记得那时马校长身体不太好,如约赴科学院那天早上,我们到马校长家（城里北师大北校后面）时,他还没用早餐,见到我们后,马校长马上站起来说"走"。这次与科学院领导会面后,对方承诺"科学院今后接收北师大天文系毕业生",自那以后,中国科学院恢复接收北师大天文系毕业生,这解决了天文系学生的培养目标和分配问题。

后来马校长调离北师大到历史研究所工作,那时他身体欠佳,在北师大校庆时,他来到学校见到我们,首先十分关切地询问天文系教学、科学研究和毕业生的分配情况,我们回答后,他非常高兴,鼓励我们再接再厉,把北师大天文系办出特色。回想当年按计划分配遇到困难时,马校长亲自帮助解决天文系学生的就业问题,真是功不可没。

2020年4月修订

金婚记

郑学塘 教师

2018 年 12 月是我们结婚 50 周年即金婚纪念。1968 年 12 月，在社会动荡、风雨飘摇的日子里，我和夫人郁丽忠结婚了。我们的相识可说是一种奇遇。1963 年夏，她从上海考入北京师范大学天文系读本科，1964 年夏，我从南京大学天文系毕业后分配到北师大天文系任教。当时我们俩虽然在同一个系里，但相互并不认识。1965 年暑假，我回南方探亲，她回上海度假，巧的是我们同乘一次车，又坐在同一节车厢。那时从北京到上海的火车需要行驶 20 多个小时，我们从下午一直聊到深夜。孩提时代，我住在上海山西北路安庆路，她住在四川北路海山路，仅相距几条马路。熟悉的生活环境，共同的专业和理想，使我们有许多共同的话题。暑假结束时，我从南京浦口乘车返回北京，巧的是上车后又遇到她从上海回京，而且又在同一节车厢，我们一起回到师大。这或许就是冥冥之中，命运安排我们俩要厮守终生。

1987

1967

2008

　　1966年的春夏是不平静的季节。正当我们专心致志地教书、学习时，史无前例的"文化大革命"开始了。学校党委被砸烂，老干部和老教授被打倒，教师被迫离开讲台，学生被剥夺学习的机会，天下之大竟容不下一张小小的书桌。许多天真无邪的学生被卷入这场政治风暴中。我深知政治运动的风险，为了保护这些学生，我告诫他们远离这些是非之地。我们俩除了参加一些必要的活动外，就埋头复习数理基础、学习新的数理知识和外语等。在这场运动中，我们目睹了一些教职工被迫害致死的情形，基于优良的传统教育，我们也默默地尽可能帮助一些人，这一晃就是两年。

　　1968年是63级学生毕业（五年制）的一年，由于"文革"，这届学生延迟到接近年底才毕业。在"到农村去接受贫下中农再教育"的指示下，那届大学毕业生也卷进了"知青潮"。北京的大学生大多被分到边疆、农村基层，从事与自己专业风马牛不相及的工作。天文系68届毕业生仅20多人，都被分到了条件最艰苦的地方。当时学生怀着一种被利用而又遭遗弃的心情，相互间来不及告别，甚至连毕业照都没有留下，就匆匆忙忙离开母校。由于当年分得极分散，一别就是47年，直到2015年第一次聚会，几经努力才聚到10多位同学，有些同学下落不明或已经作古。"文革"期间毕业的学生（66—70届）都没有毕业合影，许多学生是带着一种悲凉的心情离开北京奔赴各地的。

　　她被分配到当时江苏省最穷困的地区——苏北宿迁，元旦前报到。我们从1966年结识到1968年年末她毕业，从相遇、相识到相知已有三年多。在即将分开之际，我们决定结婚，相伴终生。由于处在非常时期，我们决定婚事从简，不发布任何信息以免引起不必要的麻烦。但还是有人向学校工宣队领导通风报信，他们以"师生不能结婚"为由不同意。我反驳道"她已毕业，不是师大学生，你们无权干预"，在我的据理力争下，事情峰回路转。我们要结婚的消息不胫而走。我们结婚那天系里的同事几乎都来参加婚礼了，并向我们表示祝贺，在京的大学同学也都来了，并带来了各种礼物。那个年代，教师不准教书、学生不能上课，每天政治学习长达10个小时。蜜月期间，我照常"上班"，早出夜归。她就守在"筒子

楼"里，等我深夜回来时她常常已经睡眼惺忪，就这样默默地度过了我们的"蜜月"。临近年底，她也要离京去苏北"接受再教育"了。北京岁末常常下雪，在一个大雪纷飞的日子里，我送她登上南下的火车，我们依依惜别。

那时全国各地常常发生武斗，次日她到徐州站转车要取行李时，车站行李房大门紧闭，工作人员也不知去向。从徐州到宿迁的长途汽车停开，去连云港方向的火车票也停售。这批来自各地的毕业生只好拿着随身行李，冒着大雪，从窗口扒上去连云港的火车到离宿迁最近的新沂站下来，再转汽车，几经周折总算到了宿迁县。他们从县招待所借来薄被，勉强度日。元旦后，她被分到一个生产小队"劳动锻炼"。1969年的元旦，北京仍下着鹅毛大雪。当人们喜迎新年时，我一日三次去学校传达室查看是否有她报平安的信件，结果都是失望而归。直到十几天以后，我才收到她的来信，信件在途中几经周折，走走停停。春节时农村放假，大家纷纷回家过年，她也长途跋涉，千辛万苦回到了北京。当我晚上回到宿舍看到她蜷缩着蹲在房门口，不禁又高兴又心酸。这年的春节是在北京度过的。

快乐的日子总是短暂的。春节后不久，在"一号通令"下，北京的知识分子被迫纷纷离京，前往各处"五七干校"。科学院去湖北，北大、清华去江西，北师大去山西临汾。1969年3月18日我们乘车离京，不久她也回宿迁了。我们干校在吕梁山脚下，初到干校时住的是到处透风的大通房，睡的是伴有百余只臭虫的上下铺，吃的常常是发霉的窝窝头，干的是最原始的劳动——用人拉犁耕地。我常常独自走在杳无人烟的吕梁山里，面对层层的山峰，想到有书不能教、有家不能回的困境，不由自主会悲愤地唱起影片《宋景诗》里的插曲："高高的吕梁山重山，咆哮的黄河水连天，山高水险难飞渡……"。转眼就到了年末，大家纷纷回京过元旦和春节，我也回南方与她一起回到故里，度过了1970年的元旦和除夕。正月初二，当人们还沉醉在节日之中，我已踏上回干校之路。像《林冲风雪山神庙》中那样，我独自挑着行李、顶着风雪走在一片白雪皑皑的田野里。干校生活有苦也有乐，我们在吕梁山下一直劳动到秋后。

1970 年 10 月，我们的女儿出生了，由于当时我们分居两地，又居无定所，只好将孩子寄养在南京姐姐家里。在人们迎接新年之际，她和我先后返回宿迁和北京，全家三口天南地北分居三处。1971 年春节后，她被安排到离县城 20 公里之遥的大兴中学教书，5 月我们决定将小女接到大兴由她照料。江南 5 月多雨，那天正赶上瓢泼大雨。在汽车站好不容易找到一位拉平板车的，她与仅 7 个月的小女用塑料布蒙盖着坐在板车上，我徒步跟在后面。20 多公里，冒着风雨走了 4 个小时，我浑身都湿透了。安顿好她们后，我便回京上课，留下她们母女俩相依为命。1972 年的春节，我们是在大兴中学过的。寒假期间，学校里的教职工和学生都回家了，校内冷冷清清，偌大的校园仅剩我们几个。冰天雪地，房门常常被大雪封住，我们用的是井水，烧的是烟囱上刮下的煤屑，做顿饭往往要用两个多小时。生活虽然十分艰苦，但全家团聚也其乐融融。我们就靠一个火炉度过了这年严冬。1973 到 1975 年，小女时而在宿迁、时而在北京。小女在京时，因户口随母，不能进学校幼儿园。白天我上班时，年仅三四岁的小女常常在校园里到处流浪、独自玩耍。晚上父女俩相依为命，我备课、她自己玩。当我上课时，小女就默不作声地坐在最后一排乖乖看书。幸好当年还算安全，又蒙邻居何母时时照料才平安地度过那段艰难岁月。这样南来北往、劳燕分飞的日子持续了 6 年多才结束。

1976 年秋，中国政坛发生变化，终于迎来了改革开放。通过民主选举，我和她分别以全票当选为各自学校的教研室主任和教研组主任，大家专心致志埋头工作，在各自工作岗位上都做出了显著的成绩。1985 年，经选拔，由世界银行资助我去美国得克萨斯大学天文系访问和合作研究。一年后回国，我继续从事本科生、研究生教学和科研工作。另外，我还接待了美、苏等国的来系讲学学者，应邀参加法国、德国等国的会议，主持和承担国家自然科学基金、中国科学院基金、江苏省自然科学基金等科研项目。1993 年，我还因"为发展我国科学技术事业做出突出贡献"获得了国务院颁发的政府特殊津贴。工作之余，我们也常常外出观赏祖国（包括港澳台）大好河山，从哈尔滨到三亚，从天山天池到东海普陀山……我们一

直忙碌而愉快地工作着，直到先后退休为止。退休后我还继续从事一些科研项目和基金、稿件、博士论文评审工作，她则去"老年大学"学习电脑和摄影，圆圆儿时想做摄影家的梦。

我们还有一个共同爱好——旅游。我们的前半生是在教学和科研中度过的，后半生就可做些以前想做但没有时间和条件做的事情。随着改革开放，走出国门看世界渐成现实。从 1999 年至今 20 年间，我们的足迹遍布五大洲，先后去过 80 余个国家和地区，观赏世界各国的自然美景和人文景观，了解各地的风俗习惯。我们乘坐游艇畅游过世界四大河流，领略过世界上最大的两个瀑布，瞻仰过埃及的金字塔、狮身人面像，欣赏过印度的泰姬陵和隐藏在柬埔寨热带雨林中的吴哥窟，观赏过阿根廷史前的大冰川和尼泊尔境内喜马拉雅山诸高峰日出时的壮观景象，还登上过世界第一高楼——迪拜的哈利法塔。我们深入到撒哈拉大沙漠腹地，造访沙漠部落和古遗迹，也在沙漠中欣赏满天繁星，度过荒芜的沙漠之夜。我们到过非洲最南端的好望角，还驱车数百公里，在野生动物保护区追逐野牛、斑马和角鹿。我们在夏威夷乘潜水艇深入到太平洋底欣赏真正的海底世界，也乘邮轮到当年海盗盛行的加勒比海，登上荒无人烟的海岛，追寻人们传说中海盗埋藏宝藏的踪迹。

"百岁光阴、七十者稀"，弹指一挥间，我们早已过了古稀之年，往事如同过眼云烟。从相识到相知，从喜结连理到长相厮守，不知不觉竟过了50 年。在这 50 年风风雨雨中，我们共同经历过苦难的岁月，也一起度过许多快乐的时光。漫漫人生路，我们将继续相互搀扶着一步一步走完这人生最后的一段路。此篇权作金婚记。

最美不过夕阳红

堵锦生　教师

我是天文系已退休的一名老教师、一个普通的共产党员。在天文系建系 60 周年来临之时，我想向大家汇报一下自己退休后的生活，如果改用诗人李商隐的诗来概括就是：夕阳无限好，尽管近黄昏。

1998 年，我退休了。当年，学校党委青年部举办了第 19 期、20 期本科生共训班，我被聘为共训班的辅导员。接着，从 2002—2011 年，我又被校党委组织部聘为组织员，做天文系、历史学院的本科生和研究生的组织员，协助基层党组织做党员发展的工作。2006 年 7 月，因成绩显著，我被评为校级"优秀共产党员"。我看到学生们通过共训班的学习，逐步树立了共产主义理想。他们以党员标准要求自己，在实际行动中踏实肯干。

2006 年学校党委组织部组织员团队

学生们的进步激励着我，让我始终保持追求上进的信心和热情，思想也年轻化了。2007 年 7 月，经校离退休处推荐，我获得了北京市教育系统关心下一代工作委员会颁发的"关心下一代优秀党建工作者"的荣誉证书。

2001—2018 年，我参与了学校教务处本科生教学督导的工作。在督导团里，我有幸先后遇到了两位优秀的督导团团长——化学学院的田荷珍教授和尹冬冬教授。她们对我的督导工作给予了无私的支持和帮助。她俩都是共产党员，学识渊博，工作认真负责，领导来自全校各院系的 20 多个文理科督导员。她们对督导任务严格要求，待人和蔼可亲。我在这样的团队中，工作愉快，心情舒畅。2010 年之前，我重点听天文系和物理系的有关课程以及大学数学基础课。2010 年之后，我听课的范围有所扩大，包括化学学院、信息学院、地遥学院、资源学院、环境学院的课程都会听。听了一些老教授的课后，我为北师大理科院系拥有众多教学经验丰富的名师而感到高兴，其中不少教授是国家精品课的主讲者，如物理系的黄祖洽教授、天文系的何香涛教授、数学学院的赵桢教授。我每次听他们讲课，都如沐春风。我的任务是把老师们好的教育思想、方法告诉青年教师，让青年教师明确一堂"好课"的标准是什么。听青年教师讲课，我充分肯定他们好的方面，同时也指出不足的地方。对优秀者、好苗子，我及时向有关院系的教学负责同志反映，呼吁支持这些年轻人。例如，我第一次听地遥学院一位青年副教授讲授的"地理经济学"基础课，便感到他所讲的内容紧密结合现代国内外经济大事件，而且采用了"启发式"教学方法，通过问题讨论，师生互动，课堂气氛非常活跃。课后，我与他交换意见，得知他还有一次以学生为主的汇报讨论课。我再次听了他主持的学生汇报讨论课，课上学生 3—4 人分为一组，自选了老师预先拟定的题目进行认真准备。课堂汇报时，一人做主要发言，组内其他人补充。教师认真听学生的发言，在学生充分讨论的基础上，点评发言者的优缺点，并且点评非常到位。这是一次质量很高的研讨课。我在课后写的评估报告中，建议地遥学院对这样的青年教师给予支持和鼓励，并提议他在教学中开

设经济学的研讨课。期末时，教务处将我的意见反馈给地遥学院，该青年老师受到了表彰。2012 年，本科生教学督导团党支部（临时）被学校党委评为优秀党支部，获"七一"表彰。作为这个党支部的一个成员，我感到无比高兴，同时我也意识到自己肩负的责任和重担。

2013 年，本科生教学督导团在尹冬冬团长的领导下，完成了《我国高等院校本科生教学三方面问题的调查与研究》的论文。论文共分三个子课题，我负责其中一个子课题——北京师范大学本科生教学与创新能力的问题与建议——的报告撰写。经过调研和讨论，我比较圆满地完成了任务。可以说，它是我 13 年督导工作对"本科生教学与创新能力"的现状、发展和未来改进问题的总结。

2016 年，全党开展"两学一做"学习教育活动。我认真学习了习总书记系列讲话读本，对照自己的思想和行动，坚定理想信念，找出差距，兢业勤勉，继续在督导员的岗位上贡献自己的力量。2016 年 7 月，我被校党委评为"老有所为标兵"。2017 年 11 月评选北师大教育教学成果奖时，我被教务处评为教学一等奖获得者。

我出生在旧社会，但庆幸在新中国成长，特别是在自己 50 岁知天命之时加入了中国共产党。通过学习和各种工作岗位的历练（如：学生班主任、学生支部书记、党委组织员、教学督导员、天文系离退休党支部书记等），我的思想觉悟和工作能力得到升华和提高。在每个节点上，我都得到北师大党组织的肯定和奖励，使我干劲十足。跟随国家改革开放的步伐，我觉得退休生活过得充实而有意义，常常忘记自己是一个 82 岁的耄耋老人，总感到有学不完的新东西待我去探索。2018 年 7 月，我被学校党委评为"优秀教职工党支部书记"。在新长征的路上，做一个合格的共产党员，是我"夕阳无限好"的新意境。

进入 80 岁后，我的高血压、慢性肾功能疾病等问题突显出来，双手时有颤抖。为了不影响工作，我辞去了督导员工作。目前，我需要学会与疾病共处，在新长征路上，以一个普通共产党员的身份，继续老有所为，永不掉队，牢记使命，做自己力所能及的事！

第四章　星夜寄情

说说我家的娃

陈黎 教师

在我的名下共有 7 个博士生，四男三女，依入学的年份排，是贾淑梅、杨雪娟、李兆升、王德华、卜庆翠、张亮和杨佚沿，研究方向均为高能天体物理。曾有同仁说我很会选学生，因为他们无论是科研工作还是待人接物都十分出色。其实我觉得是自己很幸运，就像那些从来不用担心孩子学习成绩的家长。他们个个自觉、勤奋，更重要的是，他们得到了一批良师的指导（陈勇、卢方军、屈进禄、张承民和李茵等）。

接触过贾淑梅的人无不夸她是个淑女，不仅因为她长相秀气，更是因为她恬静、仔细的性格和沉稳、有条理的做派。淑梅几乎食素，记性却出奇的好，而且超有责任感，交给她的工作尽可放心。淑梅寡言，除了作报告朗朗有声外，绝少和别人八卦闲谈。她淡泊名利，与世无争，似乎对一切都安之若素，但这并不意味着她神经大条。记得多年前，我看到她的一个笔记本扉页上，娟秀地誊写着红楼梦的诗句，暴露了她细腻的内心。

HXMT 地面应用系统测试

2005 年博士毕业后，淑梅到中科院高能所粒子天体物理中心工作，期间去德国访问过一年，回国后接手慧眼 HXMT 卫星科学运行中心的建设，并负责卫星发射后的在轨运行工作。当时我们已经投入了不短的时间做先期研究，但她上手很快，不久就成为HXMT科学应用系统科学运行分系统的项目负责人。她现在担任爱因斯坦探针EP卫星科学应用系统副总师，负责EP-FXT科学数据中心建设。这5年她主持项目的经费超过了千万。

杨雪娟是个瑶族的湘妹子，灵动美丽、兰心蕙质。她不仅成绩好，而且歌唱得好、球打得好、字写得好、饭还做得好！就她鲜活的本性而言，应该是个贪玩儿的姑娘。本科的时候，她因为爱说爱笑，加之头发挑染了几缕紫色，生是被党组织考验了许久，才予以接纳。也许是家里老大的缘故，她很能设身处地地为他人着想，在任何地方，她都能迅速融入并且得到大家的喜爱。去日本没几天，一个日本男孩就穷追不舍，无奈名花早有主。的确，谁要娶到这样的女孩子，上辈子一定是积了德了！

雪娟2008年博士毕业后回到了家乡的湘潭大学。当时学校只有一位从事天文研究的教师，自然也没有天文专业的课程。于是她尝试在全校首开本科生通识课天文学基础。她以"探索宇宙是人类与生俱来的永恒欲望"为开篇，声情并茂地为学生展示出天文的魅力，每个学期选课人数都爆满，10年来选修过这门课程的学生已超过5000人！在科研方面，她更是只争朝夕。从美国访学回国后，她先后获得两项国家自然科学基金和两项省科研基金的支持。她在实验室建设和人才建设方面下大力气，使学院的天体物理团队从最初的1人发展到如今的近10人。经过10年的历练，雪娟已经成长为湘潭大学教授和湖南省普通高校青年骨干教师，担任湖南省高等学校重点实验室"恒星与星际物质"主任和湘潭大学物理与光电工程学院物理系主任、副院长等职务。不仅如此，这个瑶族湘妹子还光荣地当选为中共湘潭市第十届党代表和湖南省第十一次代表大会的代表。

李兆升是宗宏主任为我招收的第一个男孩子，被后面的学生们尊为

观
天
文

"大师兄"。他毕业于大连理工，数理基础很好，理解力和行动力都很强，布置给他的科研或事务性的工作，都会极快地得到反馈。他不善言辞，但思维活跃，善于发现问题，所以他的研究很主动，成果喜人。博士毕业后，他跟北大的徐仁新教授做了两年的博士后，颇得老师的赞赏。尔后也去了雪娟师姐所在的湘潭大学。湘潭大学为他们提供了宽松的发展环境。才去一年，他就在瑞士政府的卓越奖学金资助下赴瑞士伯尔尼国际空间科学研究所交流访问了一年。兆升不愧能者多劳，先后在湘潭大学承担了数值计算、天文学基础、固体发光原理、数据结构与算法、算

法与数据结构和理论力学等多门课程的教学。在科研方面，他这些年连续得到中国博士后科学基金、湖南省自然科学基金、国家自然科学基金青年项目、湖南省教育厅优秀青年项目和国家自然科学基金联合项目的资助，短短3年就评上了副教授。记得我曾笑他拿到博士还没有谈上女朋友，哪知人家陈仓暗度，把同做高能研究的女博士后潘元月娶回了家，成为同校同事，还生了个和他一样卷毛、大眼睛的儿子！

初见华仔（王德华），我很为他担心，他太瘦了。华仔本科是地质大学环境工程专业的，专业跨度较大。但他非常刻苦，作业一丝不苟，笔记工整详实。去泰国清迈参加IAU大会时，他几乎不去游山玩水，而是不放过任何他认为重要的报告。回国后，他选择到国台联合培养，在张承民研究员的指导下做脉冲星方面的理论研究，成绩显著，获得了一等专业奖学金。毕业时，他选择到贵州师范大学工作，因支持西部科技发展，被评为优秀毕业生。在贵州师大，他主讲电磁场与电磁波和射电天文学课程，主持了两项国家自然科学基金项目和三项省级科研基金项目，发表了多篇文章。作为

副教授，他已经带出两届硕士。在他承办的"脉冲星与黑洞极端物理研讨会"上，我看到他还是那么瘦。后来听说他姐姐英年早逝，这个当初交了罚款"超生"的孩子成为父母晚年唯一的寄托。华仔性格柔弱、细腻，甚至有时有那么丁点儿絮叨，常被卜玲师妹"诟病"。但他非常孝顺，好希望他长胖些。

　　卜玲（卜庆翠）和亮亮（张亮）都是毕少兰教授为我推荐的，也是她云南大学的师妹、师弟。卜玲第一次亮相颇为惊艳，红色的裤子，金色的头发，大大咧咧，典型的山东大姐。听说当年在云大，张力教授要求甚严，几乎骂哭过所有"徒弟"，唯独卜玲生性开朗，让张教授哭笑不得。卜玲爱追美剧，

左一为卜玲

英语相当好，因此经常帮他人润色英文稿。她古道热肠，乐善好施，赢得了大伙的喜爱，就连平时性格内向孤僻的同学都愿与她为伍。她主持我们组会时，言语畅快淋漓，以至于她出国后，组会少了许多乐趣。更有意思的是，在意大利访学期间，导师每次跟她学术讨论的结局都沦为导师对自身琐事的碎碎念，可见卜玲有种宽容和让人信赖的"王者风范"，这一点在北师大出身的学生中很罕见。博士毕业后，卜玲先是师从张双南在高能所做博士后，后又申请到德国图宾根大学天文系的博士后项目，继续做慧眼和德国 X 射线太空望远镜（eROSITA）对 X 射线暴的能谱和时变的研究。不过这次新冠疫情让独自在德国的她备受煎熬。幸好国内的小伙伴在口罩资源紧缺的情况下，给她邮去了 100 个口罩，解决了她和朋友们的燃眉之急。现在，她早上常常都被国内的各种问候短信叫醒，原本焦灼的心情安定了下来。

　　亮亮是个阳光帅气的小伙子，读博期间获得国家奖学金一次，校级研究生一等奖学金两次，博士论文被评为北京师范大学优秀博士学位论文。他爱音乐，爱足球，参加学校研究生足球联赛获得过"优秀射手"的称号。博三时，母亲因病去世，他没有让系里知道。后来主管学生工作的张琳老师从我这儿得到消息后，为他申请了专项抚慰金。想着他还未步入社会就失去母亲，我格外难受，不过他的情绪一直很稳定。后来，在他与相识多

年的中学同学李咏洁结婚时，我作为证婚人给他们送上了视频祝福，证婚词中有首藏名小诗："凤凰舒张亮双翅，连李咏洁梧桐枝；朝夕相伴形与影，终成正果恰当时。"

2019年，亮亮获得英国皇家学会牛顿国际奖学金，并在南安普顿大学物理与天文系开始博士后研究工作，主要研究领域为X射线双星的能谱和时变性质、黑洞和中子星物理，吸积物理与吸积盘结构、准周期振荡现象等。目前他已在同行评审的科学杂志上发表文章十多篇。

杨佚沿是我的"关门弟子"，和其他学生不同，小杨是贵州师院的教师，属于在职读博，入校时已经有了儿子。当年欧阳自远院士亲自为他写了读博的推荐信，欧阳院士对于家乡的天文人才培养一直满腔热忱。而我仅是为他的深造搭建了一个平台，他的科研工作延续了硕士期间在国家天文台脉冲星理论方面的研究。小杨性格比较内敛，但他的优势是已经有了一定的科研训练，能够自主地选择研究课题，而且他还很善于把课堂知识应用于科研工作。在北师大就读期间，他勤奋努力，三次获得一等奖学金，发表学术论文8篇，参与出版1部学术专著。2019年，在李菂研究员的帮助下，他到澳大利亚科学与工业研究组织（CSIRO）的射电天文研究中心学习射电望远镜的使用方法和脉冲星数据处理。

小杨很有紧迫感，他仅用两年半的时间就完成了博士学业，毕业后就职于贵州师范学院，内聘为副教授，讲授数学物理方法课程和素质拓展课天文学基础知识。他目前主持贵州省科技厅、教育厅和校级项目共3项。他和华仔同在贵州，有许多专业上的合作，加上FAST的地缘优势，为他们搭建了更大的舞台。

如今娃们毕业了，我也退休了。念及这些远去的孩子，我的视角更像个山里的农妇，关注他们的安康幸福甚于关注他们的功名。

教的书

姜碧沩 教师

又是一个草长莺飞花红柳绿的季节，然而，新冠病毒肆虐，学校不上课，北京的人更多地选择宅在家里，让那鼎盛时期的春花寂寞绽放。这不由得让人想起 2003 年的春天，也是这样的季节，也是冠状病毒流行，北京的各种聚集活动都取消了，学校的课程停止，只剩下操场上的健美操活动。

那年活动停止的 3 个月（4—6 月），我踏踏实实地猫在办公室，认真翻译《射电天文工具》。2002 年秋季，我回到母校，入职师大天文系，接手的第一门课程就是"射电天文学"，因为博士期间在日本的工作是用野边山 45 米望远镜进行的一氧化硅脉泽搜索工作，算是有些射电天文的基础，而"射电天文学"在天文系是一门有历史的课，我们 85 级的天文课里面就有此课程，当时是高正民老师讲授，她自己编辑的讲义。高老师的讲义偏技术多一些，我是不懂技术的，也认为这个课程应该多包含一些天体物理，我查看了国内的中文射电天文书，发现都是 20 世纪七八十年代的，不能反映这些年射电天文的快速发展，自己是没有写书的能力和时间的，所以，选择翻译了全面、现

代的《射电天文工具》。

从翻译到出版，付出的劳动和时间是远超预期的。虽然 2003 年夏天主要内容就已经翻译完成，但正式出版已经是 2008 年秋季了。没想到的是，这书居然印刷三次了，考虑到做射电天文的人也就那么多，算上去差不多人均一本都多了，估计有不少是友情收藏，主要是赶上了国内射电天文的快速发展，如上海的天马望远镜、贵州的 FAST 望远镜的建设。事实上，不时会遇到做射电天文的同行和学生跟我提起这本书。最让我惊喜的是，一个从事 SKA（Square Kilometer Array，平方公里阵，建造中的世界最大综合孔径射电望远镜）管理工作的官员第一次见到我时告诉我，他读过这本译著。

说起教材，孙锦老师与李守中合写的《分子天体物理学基础》广受欢迎，现在某东上的二手书已经卖到五六百一本了。因为我自己的书的缘故，有几次碰到同行朝我索要孙老师的这本教材。我到师大的时候，孙老师的这本书还没有出版（2003 年 5 月出版），孙老师就把电子版的文档给我了，给了我教学上的方便，我也几次讲授过"分子天文学"课程。上大学的时候，孙老师是我的老师，当年大学毕业去北京天文台（国家天文台前身）胡景耀老师门下学习，就是孙老师推荐的。孙老师是做老师的榜样，一门心思都在教学和科研上，尤其在恒星形成区的红外和射电观测方面颇有成果。今年年初见到孙老师，她一点都没有 80 多岁的老态，依然是清清爽爽的学者风范。

影响能与《射电天文工具》相提并论的，大概也就是我录制的视频课程"高等天文学"。从研究所到高校，最大的挑战不是科研，而是教学。科研报告一般也就准备 20—30 分钟的 PPT，一门课程却要准备几十个小时，配备的内容是科研报告的两个量级，好处是掌握了自己研究课题之外的更广的知识。刚开始的时候，我为了上课很焦虑，因为对某个问题不确定会半夜醒来看教材，往往是费了九牛二虎之力还没有好的效果，有个明智的朋友跟我讲：到一个新的地方需要三五年的时间适应。确实如此，三五次的授课之后，明显觉得讲课轻松了，学生们也开始喜欢了。

2010 年，超星学术视频找到我，希望录制我在国科大讲授的"高等天文学"课程（与师大天文系的"天体物理导论"同款），我欣然应允，因为学校的天文课程受众很小，一般只有二三十个人，而且，录制视频可以重复播放，肉嗓子能够持续的时间有限，视频在某种意义上是没有时间限制的。8 年后，自认为随着白头发的增长教学也更进一步之后，又将 2018 年在国科大讲授的这个课程上传到 B 站了（后来还在 B 站上传了"恒星物理"课程）。视频课程带给我的惊喜也是一波又一波的，有教天文课的老师以视频课程为主要参考的；有在电梯里碰到的素不相识的人说看过视频，所以一眼就能认出来的；有在楼道里碰到的素不相识的学生说看着我的视频课程复习考研的；还有因为看视频报考我的研究生的。从视频的数万次播放来看，受众显然比教室里的规模大了几个量级，让我恍惚有做明星的感觉。

我在教学上的收获远远超出来天文系之前的预期，不仅有自身天文

知识的长进，更有对天文知识的传承和传播。由此想起天文系 60 年来，老师们一天又一天地站在三尺讲台上，培养天文人才，将桃李撒满天文界，将天文知识传播给每一颗热爱天文的心，功德也，亦是快乐。

北师大天文系——我永远的精神家园

王术军 教师

1990 年是我个人的重要年份，这一年我和天文系意外结缘。

我因勤工俭学参与一个公司对物理楼的电路改造得知天文系还有一个光学专业，才有 1990 年 8 月，我从北师大物理系保送到天文系攻读硕士，师从郝允祥教授。1993 年 8 月毕业后，我留系工作，直至 2009 年 2 月离开天文系。19 年时光，无数美好经历星星般闪烁在记忆里，温暖心灵，照亮来路。

1992 年秋夜，作为系团总支组织委员，我牵头和学生会主席赵娟一起组织同学们到卢沟桥赏月。我用光仪厂的小三轮车拉着木柴，同学们骑自行车，我们的队伍浩浩荡荡。我们当晚在桥下点起篝火，大家载歌载舞，明亮的月光下那情景让我感动。由于大家玩得太 High，91 级瞿渊同学的眼镜不小心被打破，脸被划伤，血流不止。卢沟桥医院来了救护车，把伤者送到 301 医院，我用三轮车把 3 人的自行车拉回来。在同学们的互相陪伴和关心下，凌晨三点多全员顺利回到学校。路上大家相互关心，让我心暖。第二天上午，我怀着忐忑的心情向系领导汇报，系主任李宗伟老师和团总支书记刘宝田老师没有一句责备话，有的只是满满的关心，这份信任和支持让我感动。

那时候，天文学社和团总支、学生会每年都联合搞天文科普周，系领导大力支持，不但出主意、想办法帮助组织，还乐于受邀参加科普周开幕式、各场科普讲座。1993 至 1994 年国内掀起流星雨观测热潮，在系里的大力支持下，作为团总支书记的我带领天文学社组织了两次观测活动，每次都租两辆大巴载着全校天文爱好者到远郊——通州漷县小学广场观测流星雨。虽然没有看到"雨"，但是不时闪现的流星还是给参与者留下了难忘的记忆。

正是有系党政领导的支持和团总支、学生会、天文学社的密切配合，校内天文活动才丰富多彩，使得北师大天文系在校内外产生很大影响，天文学社也多次被评为优秀社团。

那是有诗的时代。

1994 年，团总支办的系刊《星座》复刊，系里提供场地和经费，何香涛教授撰写刊名，同学们积极参与投稿，编委会同学认真编辑。我印象最深的是 92 级范海婴、93 级宁晓玉和王玉春等几位同学，都非常有才，

由于当时没有计算机可用，她们每期都投入许多时间手写和手绘。

我们是最先用上 Email 的系。1994 年互联网刚刚兴起，天文系数据中心以其技术实力为依托，担当起学校的网络中心。机房的张燕平和周正峰老师主要负责网络协议和上网流程等方面的制定，我和一起留校的胡俊辉带着工具包免费上门给学校各部门和老师家里拉线安装基于电话的互联网，并耐心指导他们如何使用。天文系为北师大互联网发展做出了重要贡献，使北师大老师第一批用上 Email 和文献网上检索。

天文系的传统是和为贵，教师之间、师生之间相互关心，亲如一家。那时，每年学生献血后，系里都在光仪厂熬鸡汤给献血的同学补养；每年到元旦系里都组织团拜会，离退休职工和在职职工聚在一起其乐融融。外

地来京工作的人，最大的苦恼是住房。我1993年毕业留校工作，系里把物理楼125放望远镜的房间暂借给我，让我刚工作就有了温暖的家。每天在40厘米望远镜下睡觉，一般人可没有这样的体验。2002年，系里把离职老师的房子转给了我，让我在校内有了稳定的安乐窝。

在天文系，我除了承担科研教学工作之外，还先后担任过机房实验员、团总支书记、工会委员和党总支副书记等职务。这期间，我在职读博，并到美国做了一年访问学者，后来又受学校委派到北京奥组委工作了一年半，回校后便去了校产业办。细想起来，我读博、联系出国做访问学者、到奥组委工作以及去学校产业办工作这些事情，事先都没有和系里打招呼，但系领导和光仪厂领导不仅没有阻拦和苛责我，反而给予了我很大的支持和鼓励。

离开天文系后，我先后担任过北师大资产经营公司副总经理、分党委委员、办公室主任、工会主席和北师大师慧信息科技公司董事长总经理、江苏南通海门挂职副市长、南通中央创新区副主任。2019年5月，我被调到北师大珠海校区工作。

正是天文系的培养和和为贵理念的熏陶，使我后期在北京奥组委、在学校资产公司、在江苏南通挂职工作时，都能积极团结同事，乐观向上，努力为单位取得更好成绩。我曾获得北京奥组委先进个人、江苏省优秀科技镇长团团长等多项荣誉，但在我的履历里，最精彩的一笔是：我是天文系的一分子。

无论我走到哪里，天文系都是我的家。这里教会我仰望星空，这里让我脚踏实地，这里友爱、包容以及相互支持配合的系文化，一直支配着我的工作、生活和人生，让我终身受益。

2020年4月4日

感恩十年，情寄校园

张阳 教师

今年，是北京师范大学天文系成立 60 周年，恰逢我来天文系工作的第十年，我思绪万千，能够成为天文系的一员，并在优秀的团队中工作和学习是我职业经历中最大的幸福与满足。

记得十年前的 6 月，我第一次来到物理楼的天文系办公室，办公楼有些陈旧，但古色古香，别有韵味。与系里的老师们接触后，大家热情纯朴、不乏幽默、鞠躬尽瘁、严肃活泼的工作作风给我留下了深刻的印象。这十年，教师队伍发生了很大变化，有人退休了，有人调出了，有老师发生不幸永远离开了我们，也有新鲜的血液加入我们的队伍当中，天文系的教师队伍飞速壮大着。

作为一名平凡的行政老师，经过十年朝朝暮暮的忙碌，在老师与学生身边来来回回穿梭，各种琐事纷繁复杂，经常毫无头绪、无从下手，我努力锻炼自己，求真务实，提高效率，力求"把小事做细，把细事做透"。在这些日子里，我有完成毕业生答辩会的喜悦，有做招生工作时的忐忑，有第一次站在讲台上给新生介绍天文系情况的紧张与镇定，有第一次被学生理解信任的感动和骄傲，也有被误解后的委屈和眼泪，而对我来说更多的则是日益积累的成长与成熟。

时间是匆促的，如果真要它退回到某年某月，那一定会有好多事让你回味无穷，必会流连忘返。50 年系庆的筹备、诺贝尔奖获得者座谈活动、几届天文夏令营的顺利举办、全系外出考察学习、各种形式的年终总结、"舌尖上的天文"创新活动、历年的运动会开幕式、ABA 师生羽毛球赛、

"天仙姐妹"们的女生节、全校服饰大赛等，这样丰富多彩的活动太多太多，点点滴滴已经填满了我的大脑，每次活动都留下了喜悦和难忘的瞬间。在经过了整整一个甲子的岁月后，我们终于有了自己的"天文小院"，办公室迎来了乔迁之喜。物理楼见证了天文系过去 60 年的风雨历程；以后，我们将在"天文小院"携手并进，共创辉煌。

作者与航天员刘旺合影

工作之余我参加了多个教职工协会，充分享受着各项活动的乐趣，丰富了我的校园生活。我有幸代表学校参加了北京市高校教职工羽毛球赛、教育系统马拉松等。我时刻以快乐的心态，带着爱、带着欣赏去关注身边的一人一物、一花一木。保持这样的生活态度，必然会在生活中体会到许许多多未曾发现的美妙和人生领悟。

领导们常说：一个院系的办公室就是窗口，充分展现了这个院系的精神面貌。我用心领会着，在工作中尽心尽力地做师生的服务者，做好教学运行的后勤保障者，深刻体会到在老师同学面前的一句话、一个眼神、一个微笑的深刻含义。在我们心中，始终都激扬着一种自豪，这是每一个融入这个团结奋进集体中的人，油然而生的一种使命感和荣誉感。

六十年花开花谢，我们感悟积极进取的精神；

六十年春华秋实，我们践行全力奋斗的激情。

一路高歌踏上新的征程，愿我们的天文系，承载梦想与信念，乘风破浪，续写新的辉煌篇章；愿我们的老师，心情愉悦，桃李满天下；愿我们的校友，积极进取，不懈努力，为天文系增添芬芳！

太阳在上

高爽　教师

昨夜（2016 年 10 月 30 日——编者注）惊闻杨志良老师突然离开我们，一时还以为是搞错了。可是越来越多的消息证实，杨老师不在了。那一时间，我好像整个人都向下坠了一坠，不知所措。

我来天文系工作的时间不长，却在这里读过 7 年书。杨老师的课，我上过三门，现在又一起在学生工作小组里当班主任，一起讨论学生评奖学金的事和学生的安全，虽不是每天见面，但总能得到杨老师的消息。

我刚当班主任的时候，有一个学生托福成绩很好，按学校规定可以申请免修英语课。可是学生的申请被研究生院驳回了，理由是提交的不是托福成绩原件。我担心学生本人解释不清楚，就出面去研究生院理论。可是面对的人让我觉得态度很不友好，我反复解释托福原件数量有限，是自动寄给国外申请的院校的，本人手里确实没有了，能否由天文系提供一个证明来说明情况呢？可是对方语气逼人，对我说："天文系的章还不是随便盖的嘛！没用。"这句话把我激怒了，我觉得这是在欺负学生、欺负天文系。后来我在学生工作小组里发牢骚，没想到杨老师说："我要拦你一句，不要生气，还不至于，会好的。"杨老师之前一直少言寡语，为了我的牢骚竟然破天荒说了这样一些话，我当时火气盛，只觉得让杨老师分心惦记，有点愧疚。时过境迁，工作中、生活中越来越多的事让我明白，杨老师给我留下的那句话，有太大的价值了。好像那句话有魔力，每次遭遇不完美的结果，这句话就会自动冒出来，伴随着杨老师的声音，和一如既往的微微的笑。

在我读本科和研究生的时候，杨老师给我们上太阳物理、IDL 与 Latex、辐射机制几门课。这几门课都不容易，我不是最刻苦的学生，学起来不是很轻松，成绩也只是一般，但杨老师上课的神态却是忘不掉的。IDL 与 Latex 期末考试的时候，我们在纸上写程序，杨老师站在我们中间微微地笑着，看一看我，看一看别的同学，再看一看我。在我的印象里，他只要进了教室，面对学生，永远展现着他一如既往的微微的笑。他从来不咧开嘴哈哈大笑，也从来没有对学生板起面孔。微微的笑，定格在他的脸上，烙印在我们的心上。

"我们是太阳组的"，这是杨老师的研究生们常说的话。这是一个不大的组，我在读书的时候似乎和所有太阳组的同学关系都特别融洽。他们总是干干净净、漂漂亮亮的，他们总是说话不多，但和杨老师一样喜欢微微地笑。杨老师自告奋勇做 15 级本科生的班主任，这件事特别出乎我的意料。班主任，似乎是新入职的年轻老师的义务，而教授们过了特别劳心劳力的时期，工作压力大，事情多，不容易分心学生的生活。当我知道那年的新生班主任是杨志良教授的时候，似乎在意料之外，又在情理之中。昨天的噩耗传来，这个班的学生们纷纷留言，句句让我泪花打转。他们是真的爱着杨老师。他们不关心自己的老师是不是出名、有权势，他们关心的是杨老师是不是受了苦。

读本科的时候，天文系有新生晚会的传统，杨老师唱刘德华的《忘情水》是活动的高潮。在物理楼顶上，幕天席地，星火通明，杨老师的歌声不激动、不沉闷，是最简单最单纯的情绪的流淌。有同学说这比刘德华本人更像刘德华，杨老师听了，只是继续保持着微微的笑。杨老师好像不太在意学生背地里叫他刘德华，是不是在他的心里，唱歌、教书、观测太阳、抽烟、打球这一切，其实都是一样的事，都是开心的、爽朗的事？

10 月的最后一天，北京的天空是蓝色的，早上出门，我看着太阳，"杨老师，早上好啊！"

2016 年 10 月 31 日

我眼中的天文学，我心中的天文系

高鹤 教师

观

为天文系的荣誉拼搏，我的脚步从未停歇

2020 年注定是不平凡的一年，新冠病毒的阴霾悄悄改变着人们的人生观、世界观乃至生死观。提到新冠，人们常常想起 17 年前的非典，而我也正是那一年考入了北师大天文系。2003 年的高考记忆是混乱而富有戏剧性的，因为非典没办法集中学习，高考第一次提前到 6 月份进行，由于试题泄漏而启用备用考卷，第一次采取高考后估分报志愿的形式，等等。在这样的背景下，我稀里糊涂地被北师大录取，并且被调剂分配到了天文系。当接到录取电话时，我整个人是蒙掉的。我对调剂没有什么意见，因为当时我也不知道该学什么，第一志愿也是胡乱填的。但听说录取我的是天文系，我的第一反应是，这是理科专业吗？为啥带个文字？

我就这样带着一个先入为主的观念开始了天文学的学习。天文学本身就是一门观测现象驱动的科学，最初的学习基本都是以概念介绍为主，其中不乏天文学史的介绍，以及对历史遗留下来的各种天文现象的命名规则与分类规则的介绍，这些都一步步加强了我的认识，天文就是文科！缺少人文素养的我，对文科一向是比较抵触的，这一情绪曾一度影响了我，甚至差点使我彻底放弃了对天文专业知识的学习。随着学习的不断深入，我朦朦胧胧地意识到，天文学研究还是需要物理基础的，不过总感觉其中的很多理论非常玄幻，经常建立在对几个数据点的分析之上，总是感觉不太靠谱。这种认识一直持续到我读博士阶段才得到彻底的改变。或许是因为一线科研经验的积累，我突然明白了天文是地地道道的理科！天文学研究的初心，是利用人类已知的基本物理理论，通过严谨的数学推理，去理解浩瀚无垠的宇宙，以及宇宙中所有的组成部分。天文学是人类最具野心的科学，其数据点的不足与理论的不确定，或许只是反映了人类技术能力的孱弱，反映了人类文明历史的局限，反映了人类基础物理知识的浅薄，但同时也反映了人类以渺小之躯挑战宇宙奥秘的倔强。能为这丝倔强添上些许绵薄之力，每一个天文学研究者都应为自己从事的伟大事业而感到自豪。这就是我目前对天文学的认识。如今有幸站上讲台，我很希望能把我对天文学的认识讲给刚刚入门的学生听，希望他们能更早地对天文学产生更深刻的理解与热爱。

　　不同于天文学，我对天文系的印象是始终如一的。从我入学开始，我心中的天文系就像一个大家庭，家里人口不多，但是特别温馨，长辈亲和，兄弟团结。或许就是因为人口少吧，所有的活动，从运动会到大合唱都需要全体学生参与，老师也经常要参与其中，大大增进了彼此间的了解与感情。做学生时，当我们全系学生站上合唱的舞台，人数还不及人家一个年级学生的一半时，不免会感到有点尴尬和自卑。不过现在看来，人少或许正是天文系能保持团结友爱的原因吧。从天文系毕业后，我只身到美国读博士，身处异域他乡，文化不通，使得我非常怀念天文系的日常，怀念那个温馨的大家庭。博士毕业后，我在宾夕法尼亚州立大学做博士后，心里也暗暗盘算着多攒点成果和资历，争取能申请个人才项目啥的回到天文系工作。然而博士后研究刚刚开始不到一年，家里突然发生了一些变故，需要我尽快回国。我永远不会忘记，当我战战兢兢地向系里提出申请，昔日的恩师们还是印象中那样慈祥，"回来吧"，淡淡的三个字就像父母在召唤远行的游子回家。回到家里，面对熟悉的环境、熟悉的人，一切都推进得那么顺畅，我申请到了自己的科研基金，有了自己的研究生，也登上讲台开设了自己的课程。我也正努力地转变成天文系家庭里的一名长者，努力学会如何慈祥却不失威严。回家工作的几年，天文系家庭里有几位亲人离开了，我很难过。我不会忘记当年在新生晚会上为我们唱歌、篮球比赛为我们加油助威的杨志良老师；我不会忘记看似弱不禁风，站上讲台却永远充满激情的孙艳春老师。他们教会了我很多很多，我希望能将这些东西教给家里新来的成员，教给他们对学术的品味、对学生的关爱、对讲台的敬畏！这或许就是天文系的传承吧。

　　以上就是我这个30几岁的家庭成员加入天文系大家庭17年间，对天文学与天文系的感悟，虽文笔拙劣，字句却发乎于心，希望可以作为献给天文系成立60周年的贺礼！祝愿天文系蓬勃发展，在未来书写更辉煌的篇章！

　　作者简介：高鹤，2003—2010年获北京师范大学天文系本科及硕士学位，2014年获美国内华达大学拉斯维加斯分校天体物理博士学位。毕业后在宾夕法尼亚州立大学做博士后研究，2015年回到北京师范大学天文系任教至今。现任教授，博士生导师。主要研

究领域为高能天体物理，主要研究对象包括伽玛射线暴、引力波电磁对应体以及快速射电暴等高能暂现源，在相关研究领域取得了系列研究成果：（1）提出引力波电磁对应体新模型，并利用双中子星并合多信使信号成功限制中子星状态方程；（2）提出强引力透镜化的快速射电暴系统可以成为精确测量哈勃常数 H0 的宇宙学探针，利用伽玛射线暴与快速射电暴及引力波多信使信号高精度检验物理学基本原理；（3）在伽玛射线暴研究中取得重要原创性成果，例如拓展和完善余辉理论、确定喷流成分以磁能为主导等。自2010年以来，在ApJL、ApJ、MNRAS等天文与天体物理主流期刊以及Nature Astronomy、Nature Communications、PRL等国际著名学术期刊共发表 SCI 论文 72 篇（责任作者40篇）。2017年获得国家自然科学基金委优秀青年基金资助。

仰望者的家园

高爽 教师

2001级本科生毕业10周年聚会，作者为C位男生

系里向我约稿的时候，我正在翻译新版本费曼传记中的大学生活这一章。一个人的大学经历，无论到什么时候都值得回忆。回想自己，考上北师大天文系，读完本科和研究生，公派留学毕业后做了一期博士后，又回到北师大天文系教书，现在离开大学做自由职业者。北师大是我的母校和工作单位，天文系有我的同学和师长，他们后来成了我的同事。现在，我告别了教学科研工作，独自从事天文学的传播。我在北师大天文系生活的11年，对我来说意味着什么呢？

一、某种诗意

最先跳进我的脑海的，不是科学素养、科学方法、科学知识这些东西。要问我北师大给了我什么，我的脑回路最先搭建起来的那一瞬间的电流恰恰和科学离得比较远。是诗意，某种程度上的诗意，是在北师大对我来说头等重要的收获。为什么这么说呢？2014年我在中科院国家天文台做完博士后出站，我选择回到北师大工作，而不是留在天文台。要论学术科研环境，坦白讲，在某些天文学研究方向上天文台略胜一筹。但是，我告别天文台，回

到母校，有一个很重要的原因是，北师大不仅有天文学。如果你去过天文台，可能会有这样的感受：楼是灰色的，楼道里的全部墙壁和地面也是灰色的，你见到的大部分人在大部分时间里的穿着也是灰色的。他们把几乎全部的色彩都留给了 paper 中的分析图和恒星光谱，paper 之外难得一见。这是专注、专业和专心的意思，对科学研究来说，是一条好路。但是，我内心受到吸引的是北师大的另一种气氛。"百年师大，中文当先"，这是师大的旗帜。历史学和教育学等学科，国内居首，国际知名，这是师大的坐标。天文系坐落其中，必然在科研的道路上沾染了不少的诗意气质。也就是说，综合性的大学，综合性的环境，面对综合环境下的学生和具体的复杂问题，对我颇有吸引力。事实证明，这些具体问题挺有挑战性。我要在自己新开设的通识课上"照顾"其他专业学生的需求，要面对天文学以外的整套行政管理者……简单说吧，就是要用现代大学的身份来塑造自己。具体的、活生生的学生，具体的、活生生的社会环境，就在北师大天文系的周边铺展开来。我年少无知啊，面对教学、科研、科普、家庭等压力，努力之余，也需要一些诗意。在北师大天文系学习和工作，不可能不诗意。

我还记得读本科的时候，有一次暑假前和同学们一起在物理楼打扫卫生。我们发现四楼的库房里堆满了 20 世纪 70 年代以来的外文原版旧书。我们爱不释手，私下里拿出来传阅了几次。那个小房间被我们戏称为藏经阁，我们这些打扫过藏经阁的扫地僧心里保留的记忆，也是我们自己的藏经阁。工作之后，参加国外的学术会议，会遇见很多学生作报告，我发现一个现象值得思考。中国学生普遍不重视自己的外在形象，经常有人穿着篮球背心、短裤上台演讲。这种现象，在北师大天文系反而少了很多。被诗意的院系和诗意的女生们包围的天文系"宅男"们，免不了受到一些积极的影响。

二、几位良师

诗意不是从天上掉下来砸到我头上的，诗意是靠有诗意的人传播的。给我影响最大的几位良师至今还在师大天文系工作。

陈黎老师是我最佩服的老师。我总是无知又天真地觉得，我和陈老师在某些问题上特别容易沟通和相互理解。学习的问题，工作的困难，我习惯于去麻烦陈老师。她和我母亲同岁，我和她儿子同岁。我读本科和研究生期间，陈老师是系主任。陈老师的课充满了数学、算法、逻辑，学起来不算轻松，但陈老师的课堂是我最放松的地方。我记得研究生的课程学期末的时候要轮流读文献，再给大家讲其中的算法内容。我被分配的是关于白矮星质量估计的几篇文献。按照时间线索排列之后我发现，这就是两拨人吵架。你说一句，我反驳一句，你再反驳我的反驳，你来我往，七八篇 paper 出来了。我在黑板上讲完科学内容之后，一边往座位上走一边咕哝："这些人一直在吵架，现在也不知道哪个是对的……"陈老师说："科学就是这样的，对着呢，不吵一吵哪行呢？"我回头看陈老师，她站在物理楼 216 教室的窗口，夏天午后的阳光从她的侧脸划过，陈老师眉开眼笑，随意说的这一句，定格下来，让我记了 10 年。工作之后，新教师要去观摩老教师的课程。每次听陈老师的课于我而言都是享受。那么难的数学问题，陈老师抓住一条线索，一步一步推演下去，没有废话，没有跑题，只是沿着逻辑本身展现逻辑。就好像陈老师的一双大手，在旷野中建造了一条牢固的砖瓦通道，你走上去，一下子屏蔽了周围的风雨，只能看见眼前的下一步。整堂课听下来，就和看了一本侦探小说一样过瘾。小时候看爱因斯坦的传记，爱因斯坦说数学有时候就像端着猎枪在密林深处寻找野猪，刺激、有逻辑、悬念迭起又直指唯一，陈老师的课让我第一次理解了爱因斯坦的意思。

我最佩服陈老师的还不是她教学科研的成就，而是她为人的通透。给我这样的后生晚辈的感觉就是，好像这世界上已经不可能有难倒陈老师的麻烦，也不可能有让陈老师纠结的处境。这一定和陈老师过去的经历有关。但是张琳老师透露的一件小事，让我发现陈老师也有过和我一样的纠结和麻烦。有本科生找我做毕业论文，选题的时候信誓旦旦，表达了自己的兴趣和努力，可之后就再也找不到人了，好不容易约了一次讨论，上次交代的任务完全没有着落。临近毕业，光从论文的工作和态度上看，通过答辩考核有点悬。张琳老师没有直接回答我怎么办，而是说好几年前陈老师也遇到过同样的情况，就在答辩的前夕，陈老师含泪修改学生的论文。我明白陈老师痛苦的原因。也正是因为有这样的痛苦，而同时又继续着这样的工作，才显得尤为难得。陈老师的通透不是"啥也不知道"的透明，而是了解生活和工作本身的真相，依然通透如常。

姜碧沩老师是我的研究生导师，我在学习和工作期间，一直跟着姜老师做科研。从我20岁的时候见到刚来系里的姜老师开始，十多年的时间，姜老师成了我心里的天文学家的象征。一项科研工作有没有意义？我会想如果是姜老师会怎么想。这一步的工作是不是可靠？我会想如果是姜老师会怎么看。这一页报告的PPT好不好？我会自觉用台下姜老师的眼光来修改。姜老师对我来说，已经不仅仅是一位指导工作的老师，而是严肃科学的方向。我在博士后出站的时候，有一种巨大的失落感和恐惧感。因为似乎从今以后，我就要更多地开展个人的独立工作，没有办法依赖老师给我指引下一步。这个时候，我发现能被姜老师指导是科研工作上的幸福。姜老师的新想法，远远超过我的努力程度。往往是姜老师的上一个想法我还没来得及实现，她的下一个想法就已喷薄而出。日复一日，我这里积累了"未完事项"好几条，姜老师那里往天文学的前沿问题走了好几步。孙悟空告别老师的时候，老师说，我只求你将来惹出祸来，别把为师的名字说出去就好。每次想到这里，我都觉得自己的功力太浅，对不起姜老师的指导，也实在没有自信和姜老师汇报自己的成果。虽不能矣，心向往之吧。

三、仰望者

我最新翻译的科普书叫《给仰望者的天文朝圣之旅》。这个书名和英文原著的名字有很大区别，我选择这个书名，是因为我特别喜欢"仰望者"这个意向，而天文系就是一群仰望者的家园。如果趴在地上呻吟，眼前的小土包也是巨大的屏障。站起身来行走，土包就不再算个事儿，这个时候房子成了障碍，你就必须再次转换视角。所以你看，看得越高、越远，就有可能挑战更大的障碍。这并不是说过去的困难自动消失，而是说，在仰望者看来，疙疙瘩瘩的起起伏伏，换个坐标也可以很光滑。仰望者的本质就是坐标转换，就是永远通透，就是盯住一件事做下去，就是一身诗意千寻瀑，观天习文又一天。我觍着脸写了这么多模模糊糊的记忆，是因为我自豪于和这样一大群仰望者在一起学习和工作过，我自豪于和他们分享一个名字。

献给北师大天文系 60 华诞

赵泰安　1961 级本科

一

1960,
　平凡的一年。
不，那时
　国家有难，
举国上下，
　共克时艰。

1960,
　平凡的一年。
不，那时

师大高瞻，
物理分科，
　天文创办。

没有欢庆的锣鼓，
　没有丰盛的晚宴，
没有名人的剪彩，
　只有重任的承担。

国家要振兴，
　科技要发展。

现
天文

古老的天文啊，
　要有新贡献！

二

1961，
　使我们梦圆；
1961，
　是我们的起跑线。

三十名学子，
　来自地北天南。
读书报国，
　是我们的心愿。

仰望北斗，
　师长告诉我们
　　宇宙的深远；
翻开书本，
　师长告诉我们
　　知识的浩瀚。

教室，操场，图书馆，
　读书，实验，参观，
处处有恩师的身影，
　时时有恩师的指点。

在知识的海洋里，
　良师帮助我们

扬起航船的风帆；
在探索的征程上，
　良师鼓励我们
　　攀登科学的峰巅！

校运动队，
　有我们的参与；
校文工团，
　有我们的骨干；
作文考试，
　我们成绩优秀；
篮球比赛，
　我们全校夺冠。

三

1968，
　我们离开了校园；
1968，
　我们新生活的起点。

苦闷，彷徨，悲观，
　停学，停工，停产。
母校抚育的我们，
　没有为国家添乱。

三尺讲台，
　传授知识，
　　信念未改；

气象台站，
　服务社会，
　　红心未变。

改革春风，
　在向我们召唤；
回归天文，
　不负恩师期盼！

中年的我们，
　还是新兵；
立足本职，
　刻苦钻研。

或当领导，
　或搞科研，
干就要干好，
　不能再留遗憾！

我们或许知道，
　今生成不了
　　中国的哥白尼；
我们一定知道，
　祖国的航天大厦，
　　有我们的一瓦一砖！

回首往事，
　我们交出了
　　合格的答卷；
展望未来，
　我们满怀激情，
　　融入科技的春天。

木铎声声，
　催人奋进；
学为人师，
　行为世范！

第四章　星夜寄情

现
天文

韶华六十年（诗二首）

王毅强　1976 级本科

七绝

韶华岁月六十年，
勇立潮头为竞先。
砥砺笃行结硕果，
初心不忘续新篇。

采桑子

一轮甲子天文系，
岁月蹁跹。
桃李情缘，
齐聚京师庆诞年。
时光荏苒归来日，
两鬓如烟。
笑语欢颜，
一曲轻歌唱九天。

2020 年 4 月 15 日

最右侧为本文作者

金色秋天

吴树龄 1976 级本科

金秋十月，金风送爽。在北京最美的秋季，我们迎来了师大天文系建系 60 周年。在这喜庆的日子，师大天文系向她的学子们发出了亲切的"回家看看"的呼唤。

听到了母校的呼唤，我们这些发如霜染的"学生们"带着感恩的心情、带着对师长的敬仰，心儿已经飞回到"梦绕魂牵"的天文系。

44 年前，我们班的 22 位热血青年，怀着追求和梦想，从祖国的大江南北投入了师大天文系的怀抱。从此，在老师的指导下，一头扎进书籍的海洋。

傍晚的图书馆里，清晨的林荫道旁，到处都有天文系同学读书的身

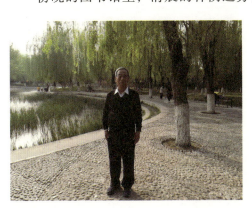

影。夜深了，只有天文系的教室还亮着灯光。教我们数学的蒋老师和洪老师，恨不得把他们的数学知识悉数教给我们。严谨的推理，不厌其烦的解答，为我们播下了逻辑思维的种子。阎老师是极富教学经验的物理老师，课讲

得诙谐幽默，通俗易懂，给我们留下深刻的印象。教英语的林老师，每次上课都提着一台沉重的录音机，放一些他精选出的原文磁带给我们听。最难忘的一次听力课，是林老师带着我们观看原声电影《音乐之声》。老师不时地进行翻译，使同学们在那个"冰河初开"的时代，既上了听力课又开阔了眼界。

作为天文系的学生，我们忘不了白天利用太阳塔观测太阳，晚上在物理楼上对星星进行测量；我们更忘不了为了理论联系实际，刘学富老师带着我们到北京天文台兴隆观测站上实习课的日日夜夜……

岁月如歌。转眼间，我们已经离开校园41个春秋。今天的我们虽然已经毛发渐衰，两鬓如霜，但我们依旧精神矍铄。天文系是我们人生转折的驿站，也是我们的梦开始的地方。经过40多年的栉风沐雨，不少同学取得了令人瞩目的成绩。请看我们班的杰出代表：她努力执着，成长为董事长、女企业家、政协委员；他独辟蹊径，开办了自己的陨石博物馆；他老当益壮，是为社会贡献力量的公司总经理；他退而不休，还在为天文科普做奉献……可谓是"惟书有色，艳于西子。惟文有华，秀于百卉"。

虽然，我们已年近七旬，但一回到母校，我们仿佛又变成了学生。我们感谢老师，是老师们教给了我们知识，教给了我们做人的道理，教给了我们热爱生活的信念，也为我们的人生旅途奠定了坚实的基础。最后，我愿以一首小诗感谢老师，感恩天文系：

寒暑数载沐春光，
黉舍桃李解迷茫。
欲报师恩嫌识短，
惟有勤学报情长。

贺岁联四幅

胡玲妹 赵斌 毛爱珍 陈幼芬 张建卫 1974 级本科

金秋十月，丹桂飘香，喜迎北师大天文系建系一甲子。值此系庆之际，表达我们深深的祝福和心愿：祝愿北师大天文系薪火相传，砥砺奋进，再续辉煌！

六十年岁月如歌，一甲子积淀辉煌。

学为人师，行为世范。流芳百世，万代传扬。

斗转星移，宇宙浩瀚。饮水思源，感恩学堂

赵斌

2020 年 2 月 24 日

陈幼芬 胡玲妹 毛爱珍

辛勤园丁挥洒汗水，点播智慧，栽培满园硕果累累；
莘莘学子孜孜不倦，奋发图强，开枝散叶桃李花香。

观天习文

七律二首

王春明 1978级本科

师生情

群星璀璨天文系，
众志成城育桃李。
呕心沥血拨疑云，
传道授业解星际。
银河射电探黑洞，
天体测量攻寰宇。
星移斗转难忘怀，
师恩浩荡永铭记。

当年

同窗情

阔别天涯聚系庆，
难忘夜观天文景。
乐见登月北斗梦，
笑谈牵牛织女星。
携游云海观风雨，
齐登书山阅古今。
人生苦短共珍惜，
天长地久同窗情。

今天

临江仙·群星会聚

赵世荣 1979 级本科

盛日京师芳何处，
天文甲子春秋。
群星会聚宇寰游。
问天寻大道，
悟理索鸿猷。

曾经青少生华发，
金声木铎存留。
心归落雁梦中游。
人杰出秀虎，
果硕誉神州。

庚子年二月廿九于北京城锦苑

注：今年是母校北京师范大学天文系建系 60 周年，系里征集诗词。今适逢好友思维兄上午发来新作《临江仙·大都四季夏》，激发诗性，为贺系庆，特填《临江仙》词一首，亦可视为与思维老哥作和。

附：田思维《临江仙·大都四季夏》

大都夏临谁做主，绿风轻过花荫。
健德桥下稻香村。点心存旧梦，多少故乡人。
昨夜雨急忽吹散，碧空隐隐雷音。
眼中抛泪落痕新。远山红尽处，曾是少年心。

镜头里的天文系

于琪林　1978 级本科

　　1978 年，我与来自全国各地的 20 名新生一起走进北师大校园，成为天文系恢复高考以后的第一批大学生。那一年我已经 31 岁，班里同学封我为"老大"，他们直到现在还是这样称呼我。可能是因为 1966 年高中毕业后经历了太多的磨砺，我格外珍惜这次梦寐以求的学习机会，也特别希望留住人生中这一段最美好的时光。

　　入学那年，我节衣缩食买了一台海鸥 205 照相机。在此后 4 年时间里，我在课余时间用了 20 多卷胶卷，一共拍摄了 700 多张照片。这些照片真真切切地记录了我们的校园生活，见证了那个特殊时代，同学之间、师生之间特有的真挚情感。我拍摄的部分照片曾多次被报刊杂志采用，有一些曾在 1980 年举办的首届全国大学生影展中展出，有的还在摄影比赛中获了奖。

　　2018 年金秋十月，为纪念 78 级入学 40 周年，我们班部分同学千里迢迢专程赶回学校参加纪念活动。师生相聚，同窗牵手，每个人都是感慨万千。我用新购置的数码相机又拍了一组照片，在这里我挑选了几张与大家分享。

第四章　星夜寄情

从黑白到彩色，由胶片到数码，转眼已过去 40 年。

这 40 年，当年意气风发的恩师们已白发苍苍，但宝刀不老；

这 40 年，20 名莘莘学子大多年近古稀，但还在全球各地的不同领域为人类做贡献；

这 40 年，我们的母校早已跻身一流名校前列；

这 40 年，我们的祖国傲然屹立东方，中国人为自己的强国梦还在努力奋斗。

作为一个改革开放后入学的大学生，能有机会用自己的镜头记录下改革大潮中的点滴影像，我觉得此生足矣。

青玉案·静夜

李爱珍 1980 级本科

梦中犹记新街口，
往北去、墙头柳。
物理楼前呼唤友。
芙蓉花下，
天文课后，
笑靥仍如旧。

芝城夜静春雪瘦，
凝目轻嘘向宇宙。
遥望处偏西北斗。
四十年过，
一湖波皱，
唯愿人长久。

2020 年 3 月 27 日

琐忆我的天文缘

袁啟荣 1986 级本科

星移斗转，岁月变迁。不经意间，北师大天文系迈过了一甲子。作为天文系的一名"资深"学子，我那长达 10 年的求学之路上都烙满了"北师大天文系"的印记：从 1986 年入学本科，到 1990 年保送硕士，再到 1994 年重返校园续读博士。在离开母校后的 20 多年的日子里，无论是身处三尺讲台口若悬河，还是深夜合卷伏案时思索品味，有关母校和恩师的记忆片段时常会跳入我的脑海。被唤醒的记忆犹如一股股香醇的佳酿，漫过起伏的思绪，在唇齿间留香。

提笔时刻正处新冠肺炎疫情防控的关键时期，周围紧张的氛围时而会激起内心莫名的不安和焦躁。偶然间，我翻开了 30 年前的一本本相册，母校记忆扑面而来，心中的涟漪顿时被木铎金声荡平。我知道，与北师大天文系之间的那段缘分早已内化为我的"基因"，俨然是"从来不需要想起，永远也不会忘记"的存在了。逆着时间流动的方向，我不禁追溯起与母校的"天文缘"来。

子承父业？

2019 年 12 月，本人作为南京师范大学天体物理研究团队的代表赴珠海市参加中山大学复办天文系典礼。典礼结束后在老同学王术军的陪同下，我第一次走入风景如画的北京师范大学珠海校区。术军和我同是 1986 年迈入北京师范大学的，他本科念的是物理学，物理和天文本就是一家，我们一起上物理理论课，那个时候就是很熟的朋友。1990 年我俩和李卫东又同时被免试推荐在本校天文系读硕士。30 多年过来，我们一直保持着较频繁的联系，不仅仅是因为我们拥有同一位博士生导师——何香涛先生，主要是因为我俩"臭味相投"——都拥有一份对北师大"血浓于水"的感情。基于同样的情愫，我俩相继在 2014 年和 2015 年分别将自己的孩子送入了我们心目中的学子圣地——北京师范大学天文学系。

我儿子名叫袁浩然。记得他在念幼儿园大班的时候，忽然莫名其妙地开始对"太阳""火星""黑洞"等天文学知识感兴趣，睡前总是缠着我讲上一段。记得一天他很疑惑地问："爸爸，你是怎么知道这些的？"终于，我满脸自豪地说："你老爸就是正宗的天文学家呀。"不出所料地，我看到了他眼里的兴奋和惊讶，"真的？！"于是我狠狠地点了点头。我知道，我在儿子心目中的地位肯定提高了许多。

我夫人毕业于中央财经大学（当时叫"中央财政金融学院"）西方会计专业，比我低一届，毕业后在中国人民银行南京分行工作。虽然她在家里掌握"经济大权"，"位高权重"，但在儿子的教育方面我应该还是"权威"一些。每当浩然在奥数和信息学（计算机编程）方面表现出一点点"天分"的时候，我就会趁热打铁地叮嘱一句，"你像爸爸，肯定是当科学家的料。一定要认真学习，可别浪费了你的智商哟！"我后来才意识到，夫人多次察觉到我内心的"阴险"动机，她那一刻的心理阴影面积肯定是小不了。

浩然有一次问我："老爸，你过去一个'乡巴佬'，怎么就选择了这么高大上的天文学专业呢？"这个问题顿时让我一阵无语。我来自江西省革命老区——井冈山附近的一个小县城。从小学到高中我一直是班长，而且

第四章 星夜寄情

数学成绩特别好。当时流行一句话，"学好数理化，走遍天下都不怕！"因此我从小立志要当科学家。高中三年，班主任刘淼泉老师一直教我数学，所以我一直是他的骄傲。在高考填报志愿的时候，刘老师直接替我拿主意，"数理化天地生，你选一个专业吧！"我顿时犹豫起来。当时，我是家里唯一"可能"考上大学的人，家里人都不发表意见，让我自己琢磨。憋了一天，我对刘老师说："数学、物理、化学、地理、生物我都已经学过了，就剩下天文了，就选它吧！"北京是任何一个有"革命理想"的老区孩子向往的圣地，而在北京的所有高校中只有北京师范大学有天文系，而且当年恰好在江西招两名学生。所以，北师大天文系就是我的唯一选择。

北师大兰蕙餐厅聚会（摄于2017年9月18日）。上排（站立）左起：王术军、袁启荣（作者，宿舍排行老四）、卢红（老二）、屈进禄（老大）、屈进禄夫人、王术军夫人、卢红夫人；下排（坐着）左起：谭满清（老三）、袁浩然（袁启荣之子）、王思雨（王术军之女）

2014年9月，当我看着浩然怀揣"天文梦"走进我无数次魂牵梦绕的教十楼（即"物理楼"）教室的时候，我有一种"时空穿越"的感觉，仿佛回到了28年前，我依然是那个怀揣一团火、不会说普通话、脸上稚气、内心骄傲的追风学子。我知道，这应该是一种注定的缘分，或者说是某种"轮回"。我想，这种美妙的感觉可能只有王术军和我才能真正体会到吧！

天文学的"逃兵"

在随后的几年，每当从浩然嘴里不断获悉我的恩师、师兄、师姐、师弟、师妹的讯息，听他滔滔不绝地谈论各种校园趣事的时候，仿佛他从未离开我的身边。从浩然身上感受到的每一份自信、收获和成长，虽然缺少一些惊喜，但令我万分踏实。同时，随着浩然的心智逐步成熟，从他的身上我开始感受到一种想挣脱束缚，独立开创自己未来之路的冲动。在大学从教多年，我没有固执地劝他坚持"天文梦"，而是督促他进一步拓展知识结构，珍惜时间，提高自己的学识和才干。我们做父母的只能静静地等待着他自己的选择。

不得不承认，我们正处在一个充满诱惑和机遇的互联网时代，这个时代为青年成才提供了各种可能性。记得陆埈先生曾经对我说，高智商是一把双刃剑，聪明的孩子犹如一架灵敏度很高的精密仪器，测量的精度高，但也很容易受到外界的干扰。通过学习国内外的各类 MOOC 课程，浩然开始对金融领域的大数据应用感兴趣，他选择报考南京大学金融专业的研究生。说句实话，面对他的这个选择，我除了嘴上鼓励之外，心里还是有些苦涩的，毕竟他选择了做天文学的"逃兵"。记得去年在珠海校区见到师兄朱宗宏的时候，他的一句调侃——"你儿子浪费了我多少吐沫星子"，的确让我有些心生愧意。

面对浩然的选择，我发觉我夫人似乎开始弥散一种兴奋之情，可能是她认为儿子开始走向她的"阵营"中了吧。两年前，浩然如愿以偿地考入了南京大学，于是我在家的"江湖地位"江河日下。我只能告诫自己，天文学家必须要有强大而平静的内心，必须耐得住寂寞，守得住清贫。值得欣慰的是，浩然虽然终止了自己的"天文梦"，但他的女朋友居然是学天文的，希望他们俩能有一个美好的未来吧。

师恩难忘

不好意思，自己的家事扯得太多了，该说说天文系的恩师和兄弟们了。2018 年 6 月底，浩然顺利毕业。我决定带着他外公从南京赶赴北师大参加他的毕业典礼。当然，此行还有一个重要的目的——当面感谢所有为浩然的成才而倾注过热血的恩师和师兄弟们。从南京出发之前，我提前给导师何香涛先生去电话，请他来决定请客的饭店和酒菜规格。作为一名资深的美食家，何先生欣然应允。

　　我们 6 月 25 日来到北师大，在与李庆康书记共进晚餐后，在他的安排和陪同下去邱季端体育馆观看了 2018 届毕业晚会。看着舞台上师生们的精彩演出，感受着北师大渊源深厚的积淀和底蕴，昔日恩师们的谆谆教诲犹在耳际，曾经伴我一同成长的师兄弟们也一一浮现眼前。

　　第二天（6 月 26 日）我安排了答谢晚宴。何先生早就预定好了金狮麟酒店，我也一一向各位老师和师兄弟们进行了电话邀请。遗憾的是，不少老师（如陈黎、朱宗宏、姜碧沩、吴江华、孙艳春等）因招生宣传或者学术交流在外出差，还有些老师（如李宗伟先生、张燕平老师等）退休后住在校外，没能赶来参加我的答谢宴，只好以后再找机会补上了。提前了至少 20 多分钟，何先生精神矍铄地从家里步行到了金狮麟酒店，并亲自点了一桌颇具河南特色的佳肴。

　　看着何先生安定慈祥的面庞，我的思绪不禁回到了 1990 年 4 月。当时我和李卫东获悉得到了免试推荐念研究生的资格后，一度还想去国家天文台（当时叫"北京天文台"）读研究生，没想到立即被系里老师规劝继续留校读书，说要留几个"好学生"在天文系。我当时鼓起勇气向系里提出来想跟着何香涛老师念研究生，于是何先生专门面试了一下我这个未来的弟子。如今的我早已记不得他问了我什么学业方面的问题，只记得他最后问了我一句——"除了读书，你还喜欢什么体育运动啊？"我立即回答喜欢打乒乓球、武术和围棋（其实我的围棋下得很烂，知道何老师是大名鼎鼎的围棋高手，所以有点儿故意投其所好）。显然，何老师对我的回答很满意，说了一句鼓励的话——"你很好，不会玩的学生肯定不是聪明的学生。"这句话令我印象深刻。在读硕士期间，何先生从各方面关心指导我，除了在学问上的指点，更是把我当作家人一样信任，甚至把他女儿高考前的数学辅导任务也交给了我。幸亏他女儿高考发挥不错，我也算是不辱使命吧。

　　1992 年春季，何先生和李宗伟先生都争取到了博士生招生指标，这是天文系改革开放以来招收的第一批博士研究生。我至今记得，何先生兴致盎然地问我是否愿意直接转成他的博士研究生。当时出于生活的压力和对象牙塔外世界的向往，我没有答应直博，坦言说想毕业后直接参加工作。何先生对我这个选择颇感意外，我也充满了内疚之情。人生之路总是在人们的一个个选择中逐渐铺开的。现在想想，如果我当年和老五兄弟（李卫东）一样选择直博，何先生的第一个博士生肯定是我，而我恐怕也会与杨志良师兄失之交臂了。1994年，在我硕士毕业后在紫金山天文台工作了一年之后，我突然决定重返北师大报考何先生的博士。通过长途电话，我问何先生是否愿意再度收留我读博，电话那头立刻传来了他兴奋而爽朗的回复——"太好了！……"

　　记忆重新定格在2018年6月26日的答谢宴上。那天一起欢聚的有天文系的李庆康书记和仲佳勇主任，还有付建宁、张同杰、高健等好兄弟。毕业后这么多年，那天可能还是我头一次郑重其事地举杯当众表达对恩师和众位师兄弟们的感激之情，20年后又找到了"回家"的感觉。感激和感慨之下，我们推杯换盏，我第一次在何先生面前喝"飘"了。

金狮麟酒店答谢宴（摄于2018年6月26日）。前排就座：何香涛先生；后排站立左起：张同杰、付建宁、袁启荣、仲佳勇、袁浩然、李庆康、高健

　　岁月匆匆，往事如昨。60年一甲子，又是一个新的起点。北师大天文系迎来了一批批的年轻学者和莘莘学子，正焕发着勃勃生机。对我这个"资深"学子而言，那些刻骨铭心的母校情怀和同窗情谊，将在未来的岁月中一遍遍地冲刷和浸润着我的心田。

　　北师大天文系，一路有你，此生足矣！

清西陵之旅

崔士举 1991 级本科

　　记得大一下学期五一前夕，就是写稿的这个季节，有一天我和室友在寝室里侃大山，不知怎么的就提到了五一要去哪儿玩的事。这时候 90 级管健进来了，跟我们聊起了天文系的自行车远程旅行传统，说道 87 级艾

力等同学曾经骑了 30 多天到达新疆。飞鸽自行车厂赞助了他们三辆自行车，他们为此还锻炼了几个月的身体。后来 89 级和 90 级师兄骑车去了秦皇岛，中间用睡袋露宿野外，我们听后顿时很是神往，几个同学都跃跃欲试，研究半天决定去清西陵。先凑自行车，我借

了赵烜的，瞿渊和管健也都弄来了，马增志去跟堵锦生老师借（后来堵老师说一看马增志来借车就知道我们要去远处玩，但是没说破），再就是 5 月 2 日的电磁课拜托小龙交作业（课上点名了，为此我们回来挨了顿批，现在每当我给学生上电磁课的时候就想起这事）。

　　一切就绪，我们 5 月 1 日早上出发，一路南下，在北京市区还能一路

说说笑笑，出了北京进入河北地界后就分散了，有时候 4 个人彼此前后都看不见，所以我们约定最前面的骑一小时就等等后面的，等齐 4 个人后继续出发，这样省得掉队。马增志负责管账，管健负责线路，瞿渊开路我殿后。在路上，我们亲身感受到了河北人民的民风朴实，对问路的回答都很耐心，路边小吃也很便宜实惠。过了涿州到了涞水，我们遇到点麻烦，由于那时没有百度地图所以有点迷路，比计划的时间晚了几个小时，原定天黑前赶到易县的计划泡汤。因为前不着村后不着店，我们没办法只好继续向前骑行，到了 10 点多的时候实在是骑不动了，恰好路过一个农场，就进去跟看门的小伙子商量了一下，请他留我们一宿。我记得我们好像是把人家的门板卸下来铺在地上睡的。第二天起个大早，我们半天就骑到了易县，找了地方安顿以后直奔清西陵而去，当然中间少不了去易水感慨一番。我们到清西陵后逛了逛，见惯了北京的红墙青瓦也没有多流连就奔附近的山上去了。（可能清朝的皇帝觉得我们不敬，3 个月后就又把我们请回来了，大一结束后狠狠地在清西陵军训了 21 天……）在山上我们待了一会儿，还想着去狼牙山逛逛，但是实在是骑不动了，决定在易县住一宿后返程。

3 日我们早早出发，天黑之前又赶到农场住了一宿。5 月 4 日早上继续返程，按计划王术军老师在卢沟桥组织了团日活动，正好赶去会合，晚上在卢沟桥下我们架起了篝火，跳起了欢快的舞蹈，本来一切都很完美，但是出了一点点小意外，在玩老鹰捉小鸡的游戏中管健不小心打碎了瞿渊的眼镜片，当时鲜血就从瞿渊的眼睛附近流了出来，还好没有打到眼睛，找到一个小诊所缝了几针，随后卢沟桥医院的救护车把他送到了 301 医院，瞿渊也因此留了个伤疤。

这一次清西陵—卢沟桥骑行之旅，团队合作与磨合，期间的各种突发情况，路上的种种见闻，以及古人的遗迹和传说让我感触颇多，短短几天的感触比之前几年还多，一生都不能忘记。

同学情真

袁强 2001 级本科

今年是北师大天文系成立 60 周年，而我也从学校毕业 15 年了。今年又遇上一件特别的事情，新冠病毒肆虐，让我们放了一个长长的寒假，至今还未恢复正常的工作和生活，而我也经历了自女儿 3 年前出生以来和她最长时间的分别。夏天即将到来，希望疫情能够尽快过去，我们也可以重回正轨。

新冠疫情让人不得不想起 2003 年的非典疫情，那时我正在北师大念书，所以也是亲历者。不过 2003 年的体验却似没有体验，我记得当时心态好像非常放松，丝毫没有觉得这是发生在身边的让人闻之色变的瘟疫，连每天测量体温上报都被当成一件"有意思"的事来对待。那个时候学校停了一个多月的课，可能是网络、电脑、手机等还不够普及，也没有在线课堂一说。学校的操场不限时开放，而且不允许校外人士进来，对于喜欢踢足球的我来说，那种感觉真是难以形容的美妙，要知道平时我们大概率只能在操场的跑道上"占领"一块地盘玩玩。所以我大概是放肆地踢了一个月的球。这是我对"非典"最深的记忆。新冠疫情给我的感觉却大有不同。一开始我也只是看看新闻报道，一度还觉得有点小题大做了，但后来情况越来越严重，也不免有些担忧害怕，出门也会戴上口罩，去超市成了最大的负担，既是心理负担也是身体负担。心理负担是害怕人员聚集，身体负担则是为了减少去的次数而每次都买很多东西。好在我本来也是比较能"宅"得住的人,也就响应号召尽量居家不外出。疫情之下,我们看到了各种乱象,也看到了乱象下人们勇敢而卓越的努力。有感动、有愤慨、有牵挂大概是我的心态写照。

疫情虽然还未完全平息,但工作还得开展下去。远程会议成了工作中的必需环节。各种各样的软件工具,将身处各方的几人、几十人甚至上百人联系起来,大家"热烈"地进行着各种实际上低效率的讨论。我现在基本上一周五天都有视频会,也不太清楚为什么需要这么多的讨论,然而实际工作效率却并未提高,反而耽误了时间。所以,我感觉大家还是需要面对面地一起交流、一起吃饭、一起画黑板讨论,这可能才是工作该有的样子。受影响最大的可能是正在读研究生的同学了,他们被要求在家,不准返校。在家做事条件受限,比如必须通过远程连接服务器,也容易受各种杂事影响。最关键的是,他们遇到问题不容易找到解决方案,跟导师和有经验的团队成员的空间距离严重地影响着他们的工作进度,如果有的同学不够自律完全"放飞自我",那其工作进度可想而知。技术的进步让我们有了新的生活方式,但或许大家的心里还存在惯性,一时之间还不能适应这样的变化。

今年是我们大学毕业15周年,原本大家打算一起聚聚的,但目前疫情形式还不明朗。2015年毕业10周年的时候我们在母校聚会,那次是人到得比较多的一次,有几位同学特意从外地来到北京。我们的班长很用心,做了一本非常精美的相册,将从入学第一天至毕业后的一些重要时刻的照片汇集成册,编织成整个大学期间的故事,每次翻看相册我心中都满是温馨的对青春的回忆。我虽然目前在南京工作,但工作原因也时常会到北京,定居在北京的同学平时也难得聚会,因此我的到来常给大家提供聚会的机会。通常是简单的一餐饭,大家聊聊近况。这种方式让人觉得很舒服。有时候到外地某个城市出差,如果恰巧有同学在这个城市工作,我也会尽可能约上一约。虽然同学们从事的职业多种多样,但大家都在各自的行业里努力拼搏着,并且取得了不凡的成绩。现在,我越来越频繁地收到同学们的礼物,是他们在各自感兴趣的领域里的作品,并附上"请某某同学指正"字样,真是为他们的成就感到由衷地高兴。我们娃的科学启蒙可能会被同学们承包了。

　　班级微信群也是一个让人觉得很舒适的群，既不冷清，也不嘈杂，有时候会有同学在群里发一张老照片，然后大家会一起回忆一下往事；有时候会讨论一下学校的变化，某个食堂消失了或者某某学科进步了，等等；有时候会评论一下热点时事，偶尔也会争论几句；有时候会交流一些育儿心得体会；也有时候会讨论一下天文学专业问题。还有少数几位同学不在群里，可能是不习惯使用微信，或者从我们这个"圈子"淡出太久。希望他们能早日回归"组织"。时过境迁，但同学真情不变。

　　很怀念我们的师长。毕业后和各位老师见面的机会就少了，除了和个别老师因为学科方向相近在某些会议上还能碰面，多数老师均是多年未见。在此向当年倾尽爱心、耐心、责任心培养我们的老师道一声感谢：老师，您辛苦了！近几年，我先后听到两位老师英年早逝的消息，心中甚是

悲痛。这张照片是 2015 年 5 月我们毕业十周年聚会的时候在物理楼前遇到杨志良老师和何香涛老师时留下的合影，那是我最后一次见到杨老师，次年就听到杨老师因病去世的消息。孙艳春老师则是 2018 年在昆明天文

学年会上见过一面，2019 年孙老师因病去世。杨老师和孙老师待人非常和蔼，教学认真负责，科研成果丰硕，是为人师表的楷模，是我们可亲可敬的老师。永远地怀念二位老师！也祝愿所有的老师身体健康、快乐满满！

2020 年 5 月 5 日于南京

　　注：作者 2010 年博士毕业于中国科学院高能物理研究所，先后在高能物理研究所、University of Massachusetts 从事高能天体物理研究，2016年起任中国科学院紫金山天文台研究员，研究兴趣为暗物质粒子间接探测、高能天体物理现象、宇宙线物理等。曾获优青称号，现在从事的工作之一是我国暗物质粒子探测卫星的数据分析和相关科学研究。

太多太多……

张聪慧　2006 级本科

　　从 2006 年 9 月本科入学，到研究生毕业，我在天文系度过了 7 年的春夏秋冬，认识了来自四面八方的同学和天文系的老师们。尽管 2014 年研究生毕业到现在快 6 个年头了，但他们的音容笑貌在我的脑海里依旧清晰如初。甚至，在天文系学习期间的书、笔记、电子版的课件等我都精心保留着，还有我们从入学到毕业、从青涩到成熟的照片，它们无不见证着我美好大学时光的点点滴滴。

　　在天文系发生了太多太多的事情！就说读研这 3 年吧，一切仿佛发生在昨日。一

入学，系里即为我们在科技楼分配好了办公位，我们一起大扫除，把办公室收拾得窗明几净。科技楼的办公室是我们3年的阵地，经常到晚上11点还有同学在做科研。后来学校审批了生活指导室，在张琳老师带领下，大家精心设计、悉心布置，如同我们共同的家。我们在这里举办各种活动，看足球赛、下五子棋、榨豆浆、办咨询会，偶尔还能蹭看其他年级同学的表演。记得研一时付建宁老师的实测天文学课，组织我们到兴隆观测站实习，为此我们还预定了班服，约定出发当天拍合影。遗憾的是，这么重要的事情居然还有人因为起床晚了没赶上！到了研二，专业课少了，因为大家分布在不同的组，一起上课的时间也少了，但是每周一约定的打羽毛球无人缺席，由于我们技术太烂，被朱宗宏老师组的高手"惨虐"（哈哈）。天文系人少，每年学校的篮球比赛，我们大伙都会在郑建川主席的组织下去当观众为本系的球员加油助威。

　　3年的时光过得太快了，转眼大家有的出国、有的读博、有的工作，各奔东西。借这个机会祝天文系的老师们身体健康、工作顺利，祝天文系的同学们学业有成、天天快乐，祝我的同学们事业有成、家庭幸福，祝天文系越来越好。最后，深切怀念我大学时的班主任、研究生时的导师孙艳春老师，她给予了我们太多太多的温暖……

从东单到天安门，是一首祝酒歌的距离

翟萌　2008 级本科

　　2009 年暑假前，我们收到通知，为了迎接国庆 60 周年，学校要组织一部分同学，作为"教育发展方阵"的成员，参加 10 月 1 日的阅兵和群众游行活动，我和天文系 08 级的其他几名同学有幸参加。

　　正式的训练从暑假后半段开始。七八月的北京正是最热的时候，所以训练时间集中在早晨和傍晚，训练的内容简单而枯燥：走路。但是要让几百个人排成几十人一行的队列，以相同的步幅和频率走路，还要跟着音乐的节拍挥舞鲜花，并不容易。好在我们这群大一的学生刚经历军训不久，又都是朝气蓬勃、劲头十足的年纪，很快就做好了"上阵"的准备。而在剩下来的训练时间里，我们也逐渐可以与周围其他院系和院校的同学谈天说地，挥斥方遒。在最美好的花季、最热烈的时节，与最心仪的伙伴们一起为着给祖国庆生这样美好的目标而努力，大家内心都充满了幸福感。

天文

　　最激动人心的时候是在国庆节当天，准确地说是从 9 月 30 日深夜开始。我们在凌晨时分到达东单公园附近待命，准备第二天上午走过天安门。9 月底的凌晨，天气已经很冷，但是大家几乎全都处于一种亢奋的状态。10 月 1 日上午，阅兵开始。我们早已经在东长安街就位，随后伴着那首早已听过、练习过无数遍的《祝酒歌》向天安门方向行进。到达天安门东附近的时候，背景音乐由《祝酒歌》变为《红旗飘飘》，这是我们即将经过天安门的信号。几乎是在一瞬间，方阵里的所有人，都突然集中了注意力，开始调整步伐，并以整齐划一的节奏挥舞鲜花和旗帜，经过天安门。这种万众一心的感觉，我直到现在也没有再次体验过。

　　对我来讲，这次经历中获得的爱国主义教育要远超之前的十几年。但同样重要的，是我们的青春曾以这样一种令人热血沸腾的方式与天文系、与北师大、与我们的祖国联系在一起。直到十几年后的今天，当我从东单经过天安门的时候，还会回忆起那无比熟悉的《祝酒歌》和《红旗飘飘》的旋律，以及那段最美好的日子。

2020 年 4 月 5 日

杂忆杨志良老师

薛梦瑶 2008 级本科

看到 2012 年我们毕业时班主任杨志良老师给我们写的寄语："眼看着你们成长与成熟，心里有一些喜悦，同时也有一些遗憾。未来之路自己走好，无论在何环境，都保持身心健康。祝各位同学取得成功。"

这"遗憾"究竟为何？确切的答案现在再也无从得知了。

得知杨老师过世的消息时，我真的是非常震惊和意外，一时间很多思绪涌上心头。想想也很奇怪，本科四年，自己大多时候还是中规中矩的，少有的几次叛逆——缺席集体活动，竟都被他逮了个正着。这听起来似乎就更奇怪了，毕竟他是那样一位几乎对所有事情都云淡风轻的人。记得那时有很多关于杨老师神奇事迹的传说，譬如忘记去上课，忘记去监考，人去了考场结果没带考卷，终于记得带考卷了结果带的数量还不够……其中像忘记上课这种，我们亲身经历过的至少也有三四次。我们的班长翟萌说，有一次在物理楼楼道偶遇，身为班主任的杨老师问她

"诶，对了，你们大几来着？"所以当我极其偶然地因为一两件事情，被杨老师以"过于自由散漫"为由找去谈话的时候，是既委屈又不忿的。当时谈话的内容大部分我已经不记得了，唯有一句话我印象很深，大意是感觉城市的孩子，尤其你又是北京的孩子，对很多事情都是满不在意的，感觉不到需要为了什么而奋斗，不知道自己想要追求什么，没有足够的动力去努力，这是最可怕的。当时自己听到这一番评价多少是有些不服气的，一方面觉得我的问题并没有严重到这种程度，另一方面觉得要从以身作则的角度来讲的话，他这批评可不能算有说服力。但这句话后来却成为一柄达摩克利斯之剑，时常出现在我脑海之中，警醒着我。

其实我们班有的同学是得到过杨老师很多关心和帮助的，不过我因为心里这个小小的疙瘩，一直都没有主动去向他寻求过什么帮助。

对于杨老师产生改观的机缘是研一时的辐射机制课。说实话当时看到辐射机制这门课是杨老师教的时候，我并没有抱太大希望，以为这门课又得全靠自学了。结果出乎意料，从第一堂辐射机制课开始，他不仅次次都准时出现，而且把这门我望之弥艰的专业课讲得条理相当清楚，只能用高屋建瓴来形容，让我由衷叹服而且收获很大。万万没想到自己有朝一日也能学明白辐射机制。

现在回想起来，早年那些不以为然，那些年少轻狂，那些犯过的"中二"，我自己都已经只余一些模糊印象，以他的性格，想来更是早就不记得了，也就无所谓原谅。在师大天文系 7 年，不管是性格方面还是专业知识方面，我都多有成长，这其中，或直接或间接，也都有着他的影响。一个人对他人的影响、改变与帮助可能有很多种形式，我从杨老师那里得到的大概是最晦涩沉重而迂回曲折的一种，但我珍而重之并由衷感念。

和孙老师在一起的日子

宋秋宾　2009 级本科

我在天文系的时间，不多不少，正好 7 年，算是把人生最好的一段时光都留在了那里，留在了教十楼（物理楼）。那时的自己和所有同龄人一样，从一个懵懂的学生向社会人过渡着，学着独立，学着与人相处，学着长大。值得庆幸的是，这些年里，我遇到了博学的老师、友善的同学。人数不多的天文系，给了我足够的包容和温暖，以至于现在想起来都是满满的快乐。

其实当初在查询高考录取志愿时，我是有些忐忑的。因为仅凭对星空充满好奇，难以完成这个专业的学习，我必须努力地和物理、数学、计算机等课程打交道。所幸的是，有亲爱的孙艳春老师陪我一路走来。

孙老师既是我们本科班大三到大四时期的班主任，又是我的硕士导师。大二时，孙老师教我们天文学导论，那是我们接触到的第一门专业课。孙老师讲课时，声音温柔，思路清晰，特别有条理，听起来一点儿也不累，课堂的气氛十分轻松活泼。虽然有时候她也会小小地跑题，但是不一会儿话题又会被"兜回来"。孙老师爱说爱笑、性格开朗，一些下意识的动作和神情会让人觉得她像个小孩儿一般，班里同学都很喜欢她，背地里都叫她"孙姐姐"。正是因为喜欢听孙老师的课，我愿意把更多的时间投入到专业上，对天文的热情也与日俱增。也是因为喜欢孙老师，我选择做她的研究生。

孙老师身体一直不好，她瘦弱的小身板总是让人心疼，可她偏偏偶尔还会有点儿小任性，不能吃太甜的东西却偏爱喝咖啡，身体不好血压血糖忽上忽下却时常熬夜。不过，身体的状况似乎从未影响过她的心情和对工作的认真。每堂课之前她总是认真准备，一准备就是几个小时；每周一次的组会绝少延后，对组内报告总是逐一点评、提出建议。孙老师做过两次大手术，可术后不久就接下了英文科普图书的翻译工作，很忙很累也从不抱怨。

也许习惯了孙老师这样的状态，以为她会用这种方式陪在一届又一届学生身边，可是去年教师节前夕，我竟收到了孙老师因病去世的消息。震惊！难过！后悔自己毕业之后没去再多看看她，心里万般想念，却又无能为力，似乎人生来就是要面对各种离别，猝不及防，唯有面对。

毕业后，我也像孙老师一样成为一名教师，虽然我教的是物理，但并没把天文丢下，而是在带领天文社团，开设天文选修课。工作这几年，我对中学天文科普教育有了一些思考。都说一门学科兴趣的培养要从孩童时代抓起，因为他们有精力，有兴趣，肯投入。这些十几岁的孩子听课时总能提出有趣的问题，下了课还主动找科普书阅读，望远镜成为他们发现灿烂星空的利器。在这种互动中，我从他们的眼神里看到了他们对科学的激情。天文看似遥远飘渺，但也最能培养青少年的想象力、实践力和宇宙观。那么浩瀚神秘的星空需要天文学家的努力探索，而这些天文学家中有很多也是从小就对星空抱有热情的，如果我能成为一个摆渡者，早点儿推着这些孩子把兴趣变成理想，把理想变成现实，那应该也是一件很值得坚持的事儿。我在想，如果孙老师知道这些应该也会开心吧。

人生如逆旅，十年似白驹

赵赫 2010 级本科

人们对"十年"这个时间跨度很是偏爱，苏轼写"十年生死两茫茫"，李安写"十年一觉电影梦"，古代的剑客也要"十年磨一剑"，就连陈奕迅都要唱"十年"。然而在宇宙中，十年还不够木星围绕太阳旋转一周，真如过隙白驹，倏忽即逝。从踏入大学校园到现在，也已经过了十个年头。我们

同班 F4，左一为作者

那届正好赶上了天文系 50 周年系庆，10 级本科班所有人的名字也被列在了《追星逐月》中历届本科生名单的最后。今年天文系迎来了它 60 岁的生日，我们之中有的已经转行，有的仍在这个古老的学科中奋斗着。

1 月份我就收到了系庆征文的通知，但迟迟不知如何下笔。历久弥新之事少，折戟沉沙之事多。岁月悠悠，很多事情都会随风飘散，变得模糊起来。"写一件难忘的小事"，也不再像中小学写命题作文那么容易了。回忆本科的生活，很多人很多事都会冒出来，但也都是碎片化的，甚至拼不出一个完整的故事。第一次班会，我们有些拘谨，也有些紧张，合影的时候每个人的脸上都有着傻傻的笑容。我们第一次见到了陈黎阿姨，一位与众不同的班

主任。朱头当时为了鼓励我们，还讲了自己坐几天几夜的火车到北京求学的故事。不久之后我们还组织了一次全员参与的K歌，思琦当时感慨大家刚入学就可以组织这么整整齐齐的活动。班级里很多人唱歌都非常好听，但不包括我。我说我唱歌跑调，大家以为是谦虚，一首《童年》之后他们终于信了。有一次在KTV，孟飞通宵教我唱《童年》，当时感觉有进步，回去睡了一觉之后就又原形毕露了。那年的正月十五我们在教十楼顶，一边吃着小衍买的哈根达斯月饼，一边轮流用望远镜看月亮和木星。后来天文社每年都会组织中秋赏月活动，参与的人非常多，我再也没有在中秋的时候使用望远镜看过月亮。我总觉得，K歌和吃月饼是一天的事，但又好像不是。

很多小事之所以难忘，不是因为吃了饭唱了歌，而是因为故事里的人。我很幸运，在一个非常棒的班级中，本科时的室友和研究生时的室友也都非常照顾我。我本科的时候除了学习和参加社团活动，和男生们聚在一起打游戏也是我的快乐源泉。那时候Dota还只是War3上的一张地图，我们会在Imba模式下发现各种欢乐的组合；现在的War3已经成了一款古董游戏，但Moon、Infi这些童年大神们仍然活跃在职业赛场上。很多事情变了，又好像没变。去年暑假跟研究生时的室友们在欧洲旅行，我们站在宽阔的草地上，望着远处的新天鹅堡谈笑风生，然后下一秒就被淋成了落汤鸡。珍珍与思琦是10级本科班"唯二"的仍在攻读天体物理博士的女生，她们以后一定会成为优秀的女性天文学家。陈黎阿姨用她的朴实与风趣包容着我们，关爱着我们，保护着我们。姜老师带领我走上了科研的道路，她的学识与人品在我心中是一座高峰。付老师讲课的时候不苟言笑，吴老师爱讲冷笑话，李庆康老师会关心我们的终身大事，陈阳老师笑起来很萌。师大天文系有着一群可爱的老师。我们再也听不到孙老师的叮嘱与杨老师的歌声了，他们应该也正在另一个世界里做科研吧。

人生如逆旅，十年似白驹。天文系60岁了，我们也都在奔三的路上了。"求田问舍，怕应羞见，刘郎才气"，希望我们都能够继续在科研的道路上砥砺前行。

2020年4月3日于尼斯

286

记忆的碎片

满中意　2011 级本科

毕业 5 年了，在临近博士毕业之际，突然听闻北师大天文系即将迎来 60 周年系庆，思绪一下子被拉回到当年的教十楼里。

入学那年是 2011 年，余恒老师是我们的班主任，我们班是全年级人数最少的班，只有 9 个人。稚气未脱的我们懵懵懂懂地来到了新街口外大街 19 号，完全不知道等待我们的这四年将会是怎样的。随后，我开始了高数普物的学习，参加了系学生会，接触了天文系一位位有特点的老师，也经历着校园里的酸甜苦辣。而当我终于习惯了这一切时，却马上要毕业了。人就是这样，总是要到失去时才会明白拥有的意义。天文系的特别，不仅在于人少，更在于我们紧密的同学关系，在于教十楼顶的观星赏月，在于团结一致的赛场较量，在于和蔼可亲的天文系老师。

我关于天文系的记忆是由很多片段构成的。我记得迎新晚会上时任系主任朱宗宏和张琳老师欢乐的交谊舞，记得张保洲书记给我们讲述给大

酒店改装光路的故事，记得何香涛老师关于 2012 世界末日的讲座，记得给毕业学长送行时在教十楼顶轰趴的忘我瞬间，记得大家一起参加服饰大赛走秀时的紧张自信，也记得已经在另一个世界的杨志良老师和孙艳春老师的音容笑貌。天文系是开启我科研生涯的地方，还记得第一次和张啸远一起去科技楼找吴江华老师，吴老师认真地为我们选择了科研课题，在他的耐心指导下，我在本科阶段就发表了 SCI 论文，我至今还非常感恩吴老师。天文系的 401 机房是我们的活动场所，上课、自习、科研讨（xian）论（liao），每每想起这些，便不禁感慨几多岁月都蹉跎其中了。作为当时新组建的天文系足球队的一员，我在绿茵场上奋力拼搏，看着阳光洒在一个个年轻的面庞上，大家同心协力为了进球而努力着，女生们则在场边呐喊助威，哪怕是路人也会深受鼓舞。我最喜欢的时刻莫过于初夏的夜晚，提着篮子去"北师大澡堂"洗澡，晚风吹过学子超市门口，小吃店华灯初上，大家穿着人字拖悠闲地走着，三三两两，低声细语，争论着皇马和巴萨哪个更牛一些。

毕业后我回过师大好几次，最近的一次见证了足球队的夺冠，但自从研究生时的同学陆续毕业离校，越来越没有了回去的理由。雕栏玉砌应犹在，只是朱颜改。师大天文系之所以令人怀念，不仅是因为教十楼、教九圆顶，更是因为在天文系遇到的那些可爱的人啊。空间虽可至，时间不可逆，纵然宇宙有着 100 多亿年的历史，却无法倒回哪怕一秒。也许正是时间的这种决绝，才让我们的回忆变得愈发珍贵吧。庆幸自己的光锥曾和师大天文系相交，让我们之间产生了因果的联系，把我们最灿烂的青春年华，镌刻在了教九小花园前的日晷之上。

在这里

林海博　2012 级本科

在这里，人们憧憬仰望，
繁星眨巴着眼睛，
迷离的眼神心驰神往。
在这里，青春懵懂悸动，
银河谱写着乐章，
跳动的音符低吟浅唱。
情窦在这里初开，
岁月在这里流转。

风，停在这里，
却忘了来师大时的路。
雨，落在这里，
会想着渗透银杏的根。
在这里，云朵不被欢喜，
苍穹只露花容。
在这里，日夜总是交替，
星辰满是美梦。

——题记

2012 年，恰逢北师大 110 周年校庆，作为第一届自主招生的17 名学子之一，青涩的我有幸来到天文系求学，拿上了"未知大门"的钥匙，开始探索星空的新旅程。

从来没有想过会学天文，却也是误打误撞地坠入了她编织的星空梦境，我只想坠得再深一些，再深一些。

在这里，有一群可爱孩童模样的同学和班主任卢老师。从北京天文馆到古观象台，从军训到一二·九合唱，从嬉笑打闹到升学求职，从兴隆到南京再到韩国实习参观，无一不是记忆深处的瑰宝。

在这里，系虽小、人虽少，但视场大、眼界宽。从实验室中天体物理模拟到卫星空间航行探测，从太阳系行星元素构成到遥远恒星的光变闪烁，从暗物质到大质量天体并合产生引力波的涟漪再到宇宙的演化，无一不是研究的对象。

在这里，比起"占卜算卦""气象预报"，更关注各类天体形成与演化的物理过程。从口径到分辨率，从星等到距离模数，从红移到宇宙学方程，从黑体辐射到维恩位移定律，从平面波假设到色散方程，从电离度到萨哈方程，从时频变换到傅立叶变换，从球面坐标变换到洛伦兹变换，无一不是简洁而深邃。

在这里徜徉寻找，"坐地日行两万里，纤云直上，弹指间，九重天。日月当空，不知银汉迢迢送秋波。东风夜放花千树，飞星传恨，更吹落，星如雨。"在这里思考收获，"人间亦自有银河，真珠帘卷，风吹过，玉楼空。星风幻化，不语牛郎鹊桥牵织女。相逢一醉是前缘，聚散有时，雪褪去，著红妆。"

2020年，是我在这里的第八年，师大天文也至甲子之年，我也常自问"在北师大天文系读上'九年义务教育'是什么感受？"我的感受就同题记一样，不管你有没有来过这里，在这里，春红落美、夏绿秘境、秋黄遍地、冬银素裹，心安之、神凝之、气聚之、人和之。

来生还做您的学生

—— 纪念我的导师杨志良教授

郭开明　2013 级研究生

三天三夜，琐事缠身，几乎未眠，今晚终于有点自己的时间，来回忆你和我的故事。

初次见面，在办公室。烟雾缭绕，熏得我直掉眼泪，你起身打开半扇窗户，转过来，看我有点儿拘谨，说："小伙子，放松，我又不是坏人，

坐吧，随意点。"说着就是迷人的微笑，很暖心，很舒服。你侧身一坐，顺势窝在椅子里，乍看一眼像快要躺倒了。在了解了我的过去后，你说让我跟你做太阳吧，其实我也不知道自己想做什么，也不知道"做太阳"是个什么鬼……

我本科的专业既不是物理也不是天文，歪打正着成了你的门下，按照你许多新鲜而又奇特的想法，我做了各种器械装置的设计，从草图到三维，你越看越有兴趣，干脆动手，在郊区找了个园子，开始

实行我们宏伟的计划。那段时间我们天天早出晚归，从郊区到学校，从学校到郊区，陪着我们的只有园子里的那条小狗。你每周都买一包香肠，每次过去都边逗小狗边看我笨手笨脚地摆弄各种工具。你说喜欢这个园子，空气好，安静，还能种菜，舒服，等老了，回老家，就这么晒太阳，过日子。从想法到成品，总会有差距，每次失败，你都毫不犹豫地进行下一次，从没见你皱过眉。终于样品达到了预期的效果，你开心地抽着烟说："走，我们去吃好吃的。"那天，我们去了更远的郊区吃了铁锅炖鱼。你说喜欢吃鱼，小时候家里穷，自己去河边捞小鱼苗，回家跟哥哥姐姐拌饭吃。当申请专利成功以后，你像孩子似的说了句："我像不像发明家？"其实我想说的是："你都不像个教授，更别谈什么发明家，哪个教授像你这么没架子。"

我刚来，所有的会议你都要带上我，还说"我开车犯困，你在我旁边能解闷儿"，事实是每次我在副驾驶都很快睡着，即便如此，你仍每次不厌其烦地带着我。后来我开车，你在副驾驶打盹，一觉醒来就在家门口，你总是一笑，双手往后一拢硬得不能再硬的头发。知道我经常出去喝酒，你说："别喝醉，要有谱。"等到咱俩一起喝的时候，你又说："多喝点儿，明天没事。"喝了你泡的药酒，我脸上起痘，你就说："小伙子火力旺。"难得几次喝多，你从不会话痨，只是偶尔回忆小时候有多好玩儿，年轻的时候多招女孩子喜欢，那是一个没有我的、属于你的时代，也许很短暂，但我知道你那会儿是真的在笑，是真的开心。

我天生不安分，总喜欢标榜自己特立独行，跟同学闹别扭，你不问原因，直说我蠢，不懂得包容和忍耐。为了我的升学，你亲自拜访某高校领导，却吃了闭门羹，我委屈，替你委屈，你毕竟是教授啊，他怎么能避而不见呢？你却说："只有强者才会得到帮助，看来你还是不够强啊。"我诧异你透彻的领悟。我与女友分手了，晕晕沉沉，你说："大丈夫，何患无妻，有消沉的时间何不用来提升自己？"我打架受伤，你没安慰我，只说："打不过就不要打，打架就是为了打赢。"我想你是真把我当儿子看，因为只有父亲对儿子才会这样教训。

你办公室的绿植换了一茬又一茬，每盆不超过一个月，八成是被你的烟熏枯的。我们都劝你戒烟，你不以为然，直到那年你咳嗽得特别厉害，医生用最强硬的口吻命令你，你才决定戒烟。我以为你戒烟很难，毕竟是老烟民，得慢慢来，可你的举动又默默地震惊了我们。你说戒就戒，没有给自己任何余地，取而代之的是去公园遛弯，唱歌。这个习惯改善了你的身体，却意外地带走了你……长年抽烟，导致你的牙齿全部松动，吃不了硬东西，馒头都要用手掰成一瓣儿一瓣儿的，一起吃饭的时候，我就给你点了流沙包，你说"这个不错，我能吃得下"，一口气吃了三个。

戒掉烟瘾，你只剩下最后一个爱好，咖啡。你喜欢喝苦咖啡、浓咖啡，每次见你冲咖啡都感觉你在喝中药，你说你口味重，越喝越浓，不喝就犯困。于是我每次出国或朋友出国都给你带当地的纯咖啡，想让你品到自己最喜欢的口味。可就这最后一个爱好，医生说对心脏不好，也在那年你第一次晕倒之后戒掉了，从此之后，你只能喝白开水。你欣然接受，每天带着一个保温杯，时不时喝点热水，乐呵呵的。

那年5月份，你住院做检查，我问你想吃点什么，你说："给我买一份上次的鱼片粥吧。"你的牙越来越差，越来越频繁地牙疼，只能喝粥。我心疼，也牙疼，因为我有蛀牙，曾一口气拔了3颗蛀牙，你看着我的猪脸，然后捂着你的腮帮子，笑着，疼着。后来我带你去北医三院、二炮、阜外各种医院，做各种心脏检查，却什么也查不出来，医生对结果含糊其词，你也泰然处之，最后不了了之。

2016 年 10 月 30 日，大风，气温骤降。上午，你给我打了两通电话，问我第二天去武汉的行程安排。下午你给我打了三通电话，最后一通是 6 点半，我说明天早上 8 点我给你打电话，我们一起去车站。晚上 9 点 09 分，再次接到你的电话，却是陌生的声音："你是杨老师的家人吗？杨老师在小月河公园晕倒了……""好的，我马上过去，你们打 120 了没？"车开到西土城，你的电话又一次打来："你好，我们是北医三院急救室的，杨志良先生已经没有生命体征，还在抢救……"我脑子闷了，是在说你吗？

我到了，看到了，是你，你跟上午我们见面的时候一模一样，像是在睡觉，可一堆该死的机器在你身边，一遍又一遍，一下又一下……我看着你，你是不是在跟我开玩笑？你会突然醒过来，让我知道这是虚惊一场。我抚摸你逐渐冰冷的脸，任凭医生在耳旁喋喋不休，我知道，你累了。你很累。为家人累，你说值得；为科研累，你说兴趣；为学生累，你说本分；为朋友累，你说应当……唯独没有为你自己累，你说你的理论有生之年难以看到曙光，你说你错过了更好的机会，你说你的不得志，你说你的忍耐，一切的一切让你走得太累太难。

我还有好多事没跟你一起做，好多话没对你说，我连一句感谢也没亲口对你说过，更多说过的却是："对不起，杨老师。"对不起，杨老师，我不是一个称职的学生。对不起，杨老师，我来晚了。对不起，杨老师，来生，我还做您的学生！

2016 年 11 月 2 日

本科之流水账

王盛堂 2015 级本科

那天，在准备次日考试的我，看到了已经沉寂许久的班级微信群发来了消息，原来是开始征集 60 周年系庆的稿件了。天文系已经走过 60 年了，我们毕业之前还在调侃，本科时真是什么大日子都错过了，入学时错过了百年校庆，又在 60 周年系庆的前一年毕业，就连本来要开通的地铁 19 号线也延期了，即使是这 60 周年庆典，也没放在 2 月份天文系真正成立的日子，而是挪到了下半年，不过眼看着这席卷世界的新冠疫情，也算是取巧了。在我写下这篇文章的时候，刚好毕业不久，既不会不完整，也不致太模糊。

第一次到天文系，还是自主招生考试的那天。我从小南门进来，按图索骥，走到教十楼前，看到了天文系的牌子。哦，这就是天文系。不过也就只是匆匆一瞥。但传奇的是，那年假期我去泰安找朋友玩，恰遇了未来的同班同学吕澈秋。再后来的 9 月 5 日，我和高中同乡同校、大学同系同班的张明睿，一起穿过小西门，真正成为北师大天文系的学生。那天北京本来下着淅淅沥沥的小雨，不过我们坐出租车一到学校雨便停了。如同先前的十几届天文系男生一样，我们住进了学五楼 442。我是第二个来到宿舍的，第一个是郭伟长风，只不过当时没见到他，随后是张若羿和单

熙凯。第二天才是真正的报到日，由于到得比较早，所以我早早地办完了手续，并见到了主管学生工作的张琳老师，班主任杨志良老师，还有董校长！当天大家全都到了，因为早在入学之前我们就用本人头像建好了微信群，所以一见面，我就认出了程皓麟和张成钰。就是刘晓辉比较"惊艳"，"这家伙跟照片是同一个人？他果真不是混血儿？"第二天是开学典礼，要求大家唱校歌，蛮无奈的，因为没有提前告知，假期都没有学，只有那些识谱的同学看着手机视唱，不识谱的同学只能当干扰背景音了。第一周主要是体检啊，开学教育什么的，还有迎新晚会，玩得挺开心的。但"折磨人"的军训是躲不开的，其中最最难受的是十一假期完全"报销"，一天也没有！这漫长的军训时光，我只记得中期慰问那天杨老师和张琳老师"自带圣光"的到来，以及最后一天回学校的开心。不过军训还没完，还有一门军事理论课要上。让我印象最深的是，房兵教授来给我们上了一次课，这让我这个伪军迷着实开心，心里还盼着张召忠教授也来给我们上一课呢，可惜……

我们15级男生宿舍是唯一的一个七人间，空出一张床。我想起来家里的角铁架，灵机一动，在空床上设计了一个架子，还跟程皓麟去北三环建材城买回几张板子，结果让他受了伤，我好不内疚。好在这个架子让我们用了四年，也不枉我们费了那么大气力。

说到学习以外，我记得郭伟长风任金牌前锋的足球队摘得了太阳杯乙组冠军。在毕业告白赛中，他还把除了我以外的室友拉上场踢了一把——其实也不算抛下我，我算队医，哈哈——然后郭伟长风立刻被队友"狠狠批评"了一顿，"早把你这帮室友拉进来，我们能进甲组。"那一年我们是幸运的，赶上了北师大天文系丰富多彩的实践天文学活动，我们班去了怀柔，去了兴隆，还去了内蒙古的明安图，感受了一把"风吹草低见牛羊"，看到了内蒙古澄澈的夜空。那次我跟张若羿住在一个房间，他认星很厉害，我就跟着他。在来回的大巴上，班里的同学一起玩狼人杀，着实有趣。我们还赶上了最后一次服饰大赛，我学会了使用缝纫机。还记得考完试那天，我们宿舍一起去枫蓝国际吃海底捞，还留下了我们六个人的合影。那年小学期，全班一起去了南京，去了盱眙，爬了紫金山，去天光所看了各种仪器。

那一年的十一假期，我跟张明睿带着班上差不多一半的同学来到了我们的家乡，抚顺。我作为"导游"带大家参观抚顺、沈阳。我仍然记得我们几个男生在回来的电车和公交车上，愉快地玩"谁是卧底"。明明是简单的游戏，却玩得十分开心。然后大家去了延边州，去了长白山，看到了清澈的长白山天池，也看到了长白山那一侧的朝鲜。

那年 10 月 30 日，是我生日的第二天，疲惫的我刚下数学分析习题课，拿起手机看到了令人震惊的一幕，班主任杨老师去世了。当晚，我们默默啜泣，一直到第二天上课的时候，所有人都神情痛苦。在送走杨老师那天，郭伟长风代表我们班同学致哀思，大家都哭成了泪人。日后，见到了新的班主任，胡彬老师。胡老师风趣幽默，博学潇洒，他倡导组织了多次集体活动，逐渐把大家从低落的情绪中引领出来。记得我和刘晓辉第一次尝试了"琴瑟合鸣"——他弹吉他，我吹口琴，一起完成了一首曲子的演奏。后来，他的吉他进步明显，对比之下我的口琴技巧就进步有限了。

二年级的暑假要出国，我们宿舍的大多数人去了澳大利亚，在澳大利亚体验风土人情很有趣，我看到了矮袋鼠和可爱的考拉，不过也有"讨厌"的海鸥，把我的吃的都抢走了。

大三的上学期有三件事让我印象深刻，一是熬夜去天安门广场看升旗，体会到了电视上没有的现场感；二是天文系男篮战胜了环境学院，赢得了建队史上第一次胜利；第三件事需要大书特书，系里把诺贝尔奖奖牌还没捂热乎的当年诺贝尔物理学奖得主——美国麻省理工学院物理学教授雷纳·韦斯（Rainer Weiss）和美国加州理工学院费曼理论物理学教授基普·索恩 (Kip Thorne) 请来做讲座，这也是我第一次做同声传译。

大四上学期，大家为了自己的前途而奋斗，也没什么故事，除了我家里突遭变故，不过倒是再次让我感受到了天文系的温暖。大四下学期，我们送了一束花给张竹梅老师，作为退休礼物，感谢她的付出。还有，我终于当了一次运动会的擎旗手，目睹了"哲社天教"联队太阳杯捧杯，见到室友程皓麟拿到金手套，整个宿舍的人一起开心拍照。毕业典礼那天，我们穿着学士服，走到台上接受校领导颁发学位证书。几天之后，终于到了与师大分别的日子，算了算时间，我离开了寝室，如来时第二个来，去也是第二个去。

群岛

张若羿 2015 级本科

"但我就是一座孤岛。"在熟悉的剜骨钻心般的剧痛从脚下沿着神经直冲颅腔的第一时间，我关掉了音乐，好让我疲乏不堪的大脑轻松一点。随后看着手机屏幕上已几十分钟的寂静，我想起了诗人约翰·多恩的那句话，我在心里这样反驳。

我已经感觉到身下冰冷石板的凉意，后悔为什么不好好地在操场上而是到校外来跑步。又是右脚，又是骨裂，又要重拾我的拐杖，上一次骨裂痊愈至今才两个月，我又要过上残疾人的生活。但与其设想接下来的一个月会如何艰难，不如先考虑当下的处境。我试着站立，坚利的沙砾扎在我的手掌里，而我的脚踝在尖叫，四周没有任何支撑，甚至除了清冷昏暗的街灯连一个行人也没有，一丝绝望伴着寒意让我的头脑彻底冷静。

终于，屏幕亮了。不久，室友气喘吁吁满脸焦急地出现在我面前，我本以为他会骑个自行车来，但王盛堂做手势示意我趴在他背上。他在把我背起来的瞬间打了个趔趄，"你虽然看着瘦，但比我想象的重。"我很担心他会支撑不住而摔倒，但他坚持要背我。他身材并不高大健硕，也不算孔武有力，甚至因我的沉重开始些微颤抖，但这样一副臂膀是那个刻骨铭心的秋夜里我唯一坚强的倚靠。

我们这样缓缓地、一步一步走进寂寥的校门，他有点体力不支。幸运的是，一道红蓝的闪光逐渐照射过来，开巡逻车的保卫人员发现了我们。我们坐在驶向学五楼的车上终于能长舒一口气，而盛堂已经满头大汗。

到寝室后，室友们围在我身旁恳切地关心我的伤势，下铺二话不说和我换了床。拨通了手机里师姐的未接电话，听到的也是热忱的关切和担忧。我未曾料想，在初来乍到不足一个月的大学，也能觅得我不曾见过的人间温暖和无私情谊。人与人之间的联结并不是靠拜把子般的承诺，也不是靠海誓山盟的誓言，而是靠彼此在各自心中的位置。或许我并不是孤岛，只是不曾深陷患难。

第二天清晨，王盛堂和师姐陪我去了医院，不出我意料，是撕脱性骨折，我选择了保守治疗，直到军训后才康复。再后来，生活一切如故。再再后来，陪伴我经历黑暗的人，一个成了我的好哥们，一个成了我的女朋友。

一个幸运的 95 后的大学生活

王思雨　2015 级本科

　　我超级幸运的。我很早就意识到了这一点。由于父亲在北师大任职，我幼儿园、小学、初中能享受到最好的教学资源；高中压着录取线进入了实验班；北师大自主招生我的笔试成绩意料之外的不错，得以拿到天文系的加分进入北师大；大学成绩吊车尾，但是碰巧能够参加天文系和荷兰莱顿大学刚签订的联合培养项目，变相地保了研。纵观我整个成长经历，仿佛一个看不懂路牌的司机开着车乱走，而每到一座山前，却能发现一条还算宽阔的路。

　　小的时候我对自己还是有些不满意的：脑子不灵光算不出奥数题，眼看着班里其他同学一个比一个厉害，在教室里如坐针毡。我妈问我老嘟着个嘴干吗，还有啥可不满意的。我说我不自由。她又问，你知道啥是自由吗你就不自由。我说我不知道，反正就是不自由。

　　到了大学，我觉得这是我能找到自由的地方。于是我几乎做了一个大学生能够做的所有事情。有趣的跨专业选修课多报几门，班干部、系学生会、校学生会、党支部统统安排上，话剧社、舞蹈社、主持人社都报上，新媒体运营、新东方助教、游学营导游一样来一份，再在男生比例那么高的天文系里找个中意的谈个恋爱。

　　充实是真的充实，在不知道第多少次看到凌晨四点的北京之后，我觉得我感受到了自由的代价。

业余生活这么丰富，学习是好不到哪里去的。我虽然嘴上说着不在意，眼睛却老往其他人那儿瞟。默默地算一下，自己的三好学生、优秀学生干部、优秀团员、优秀党员，一票的奖学金加起来还抵不上别人一项，果然靠这些"歪门邪道"是不行的。

研究生班里有个同学在得了 11000 欧元的奖学金之后发了条朋友圈："至少父母不用着急从湖北重灾区复工复产，可以拿过年没置办年货的闲散资金多买几斤猪肉改善改善伙食"，我顿时心有所感，感慨万千，千言万语化作一声叹息。

此时看到老妈在群里炫耀她新学会的红烧肉，我又感到了十一分的欣慰。看看我家父母，从来不让当孩子的那么操心。

不务正业的表现除了是在学习上没什么进取心外，还可以是在某些事情上过于执着。我大三时偶然看到北师大举办的创业大赛，当时距离初赛交材料只有几天时间了。我一时兴起，拉上几个同学就开干。创业想法来源于前几天遛弯时看到广场上架了几台小望远镜，20 元看一次。这不就是"共享望远镜"吗？共享单车能那么火，这个没准也行。于是我们以此为基础，添添补补做了个"移动天文台"创业项目。

做出开始的决定是十分容易的，难的是把上万字的商业策划书、路演 PPT 等材料在一两周的时间内写出来，而且小组成员没有一个人有相关经验。有一个组员因为我逼迫他晚上十点继续改稿子差点跟我翻脸，我一个人在寝室熄灯之后搬着凳子、电脑在水房酣战，顺便打死了十多只蚊子。

预赛十分顺利，评委们在我慷慨激昂的路演后赞不绝口，直接宣布晋级。我顿时自信心爆棚，摩拳擦掌准备在决赛上大杀四方。

决赛当天，当听到别人的项目都是已经部分落地、团队强大、前景美妙的时候，我就觉得不妙。果不其然，我在台上被评委一针见血地怼到哑口无言：北京雾霾那么大，设个天文观测站，搞不好群众说你们骗钱。

比赛结束后，我拿着倒数第二名的铜奖坐在教九小花园哭得梨花带雨，一个老太太拉着她孙女直绕着我走。前前后后一个多月的心血啊，惨

现
天文

淡收场。熬夜到头晕眼花的时候我并没有想过我希望从这个比赛中获得些什么，三年之后的现在我也不知道我从中获得了什么。大概就是一次学习，一段体验，一个在我的小世界之外发生的故事。

小时候，我经常听我爸说他是怎么从东北的小村子一步一步到了北师大，我也经常听我妈说她对我爸特别深刻的一个印象就是他大年三十一个人在自习室学习。所以我也常常怀疑，我享受这么多别人无法得到的资源，我拥有这么多别人不曾见到的机会，而我还是如此平凡，与传统上的好学生似乎相差甚远，这便是失败了吧。爸妈辛苦为我铺的路，是不是也浪费了呢。

然而当我经历了各种各样的事，见到了形形色色的人，听过了五花八门的故事之后，我更愿意将父辈赋予我的一切称为自由。可以选择自己目标的自由，可以选择不在自己不喜欢的事上挣扎的自由，可以选择跟一些莫名其妙的事死磕的自由。可以轻松放下，可以放肆痛哭，可以不带枷锁、不背包袱地全力奔跑。这就是我想要的自由。

大学是个太神奇的地方，我可以再用四年的时间去讲述我那四年经历的事，我的心路历程，我思想的转变。今日有幸能在这本纪念册中留下一点痕迹，长辈们可能觉得离经叛道，也可能觉得远不如自己十分之一的精彩，但是请一定要自豪。是你们的努力创造了我这样的学生，创造了这个百花齐放的世界，创造了自由。而我的同龄人们，我的师弟师妹们，请一定要珍惜我们被给予的一切，哪怕仍然枷锁在身。世界这么大，我们还这么年轻，真好。

哲天联足球队往事

郭伟长风 2015 级本科

2017 年哲天联足球队队员合影，坐着的是作者

　　说到天文系足球队的历史，实在是一个太大而叫人不知从何说起的题目。天文系建系 60 年，在西操场奔跑过的天文人想必如长夜流星，络绎不绝。听前辈说，天文足球队几时曾与材料系联队，几时又自成一家拿过乙组冠军。到如今，材料系已经无处寻觅，而乙组冠军的奖杯却还立在教十楼 402 的玻璃展柜里，安全得很，不禁心有戚戚，感慨流光之易逝。相比之下，谈论哲天联就容易多了。

现天文

"自古逢秋悲寂寥。"说的就是每年新学期开学，天文系足球队因男生少而招不到人的情况。大哲学家康德有言，世界上唯有两样东西能让我们的内心受到深深的震撼，一是头顶浩瀚灿烂的星空，一是我们心中崇高的道德法则。2013年秋天，为了完成康德两百年前的嘱托，哲学与社会学院和天文系的同学促成了哲天联的组建。我2015年进入天文系学习，此时哲天联尚在太阳杯乙组。北师的体育比赛很有意思，足球叫太阳杯，篮球叫明月杯，还有乒乓球、羽毛球的银河杯、星星杯等。彼时我想，用天文话语体系命名，哲天联却屈居低一等的乙组，遂发奋要使天文足球有一番作为。

四年绿茵时光，球队升级、降级、再升级，及至夺冠，所有的剧本都塞在手里体验了一遍，个中滋味，甘苦自知。我的巅峰幸运地在大一时到来。开学不久，友谊赛开始，我们面对的是心理队和卫冕冠军化学队，我鬼使神差地连入五球，无论是长途奔袭单刀直入，还是队友默契停球后拍马赶到，都恰到好处。当足球越过门将，撞上球网，此情更与何人说。那时我意气风发，被哲天球王欧阳胖提携至校足球队，自认为是北师足坛一颗冉冉升起的新星，却不知这梦寐的起点已是日后回忆里屈指可数的光辉时刻。喜剧之后是悲剧，几天后欧阳胖平地崴脚，哲天联在乙组的晋级形势也随着他的伤势而严峻，最终涉险过关。时人将其事迹和艺传C罗的蹲坑崴脚以及艺传诗人的场边看球崴脚并称北师足坛三大未解之谜，此处按下不表。

可以看出，哲天联和艺传足球队有些许渊源。北师足协举办五人制比赛，两队人马组成的威斯顿利波特队曾两次前往应战。在无数个北京时间的午夜，足球成为我们的太阳。穿过自习室、酒吧和私人影院跳动的屏幕，它们组成了新街口地理的个人映像。因此，葡萄牙输乌拉圭不在巴西，而在烟雾缭绕、人头涌动的爱德堡，皇马则在 1+X 影院建立王朝，德国队折载欧洲杯，伴随着酒吧主持在施魏因施泰格泪颊前兴奋提问：谁会颠球？颠得多者有奖！

哲天联平日里的活动可以用"训练聚餐踢艺传"来总结。夜场的西操涌进许多带小孩儿玩儿的家长，两队便只好挤在一块半场训练，到点儿灯灭，大家悻悻离场，在夜色的黑暗中一同走回学五楼。太阳杯上，两队携手升级，携手降级，又再度携手升级。由此可知，两队的友谊不仅建立在几位球员的个人层面，更有一种命运中的同病相怜。

2019 年太阳杯冠军

哲天联最大的敌人是早起。初冬的早晨，与其顶着寒风来球场踢友谊赛，不如睡个懒觉来得实在，因此球队备受人员不整的困扰。能约到友谊赛的机会本来就不多，场上的人挨冻，没来的人酣睡，此情此景，教人无心恋战。来的人越来越少，十一人制的热身赛踢成九人制，九人制踢成半场攻防，半场攻防终于踢成了和几个球场大爷传球互动。大爷追逐青春，我们追逐梦想。为了梦想，大家群策群力，誓要战胜贪睡的习惯，于是建立宿舍早起集体出行制度，手机号发群里接受第二天一早的电话轰炸制度。新生信誓旦旦，表示要让球队风貌焕然一新，老生们却不为所动，见怪不怪，前一晚在群里号召早起最凶的人，第二天都睡过头，所谓"医者不能自医也"。

时间来到2018，球场之上，作为哲天联两年前第一次升级甲组的见证人，大三大四同学当仁不让地起到球队基石的作用。他们多年混迹于球场，最擅长和对手套近乎。他们牢记菜鸡互啄勇者胜，更善于在短时间内转换多个角色，如队友发球装路人，球队聚餐装饿鬼，经理拍照装明星。前队长边车在太阳杯赛场被虐无数，连场边小孩也看不下去，说："边车，我还破车呢。"他保持着打满全场的正式比赛从未赢球的记录。晋级之战，边车表示，失节事小，输球事大，遂拉伤自己大腿拒绝首发。球队果然击败对手成功升甲，一时传为佳话。

场边观众看太阳杯，鲜有为精彩的战术配合而喝彩，反倒是后卫抢一个大脚，球直往天上窜，往往能博得满堂彩。这也是一种趣味，于我而言，我坚持足球作为一项体育运动所应拥有的娱乐特质——这本就该是一场张扬个性和快乐的游戏。这种快乐不是胜利的狂喜，而是一种接受现实的豁达，接受结果带来的欢喜、遗憾和痛苦。需要承认的是，这种哲学的形成是某种最现实主义的指向：哲天联是支小球队。历任队长在招新时充满信心地表示，不会踢没关系，能动就行，来了就能上场。受此蛊惑，大二伊始，同宿舍的刘晓辉、程皓麟来到球队，成为各自位置的中流砥柱。最风光的时候，我们宿舍六个人都参与其中，王盛堂在校红十字会，每次都被指派到场地旁提供医疗帮助。单熙凯和张若羿也被我鼓动去踢球，可惜没几次就作罢，反倒天天埋怨被我骗着买了双球鞋，这是后话。尽管如此，集三院系之力的哲天联却有着不俗的球迷观光团（哲学与社会学院后来拆分为哲学学院和社会学院），每次赛前，对垒双方按约定由替补队员拿着院旗上场合影。哲天联人手不足，于是，经理、学生会同学和早想略施身手的热心观众便一拥而上，西操的斜阳中三面大旗依次展开，观众席爆发出欢呼。由是，哲天联在心理上已把每个对手赢过一遍。

足球的魅力是什么？回首在足球队的四年，我们胜利，我们失败，在晚风里挤进学院南路的小饭馆,在教十402的讲台,提出一个充满理想主义的战术计划,壮怀激烈,春风十里。喜悦和苦涩永远在左右互搏,因新人的到来而喜悦,因输球降级而悲伤,这样的队伍让人又爱又恨,平时总嗤笑它的狷狂和不切实际,离开时又珍惜它的纯粹和澄明。

一年前的2019年,足球队和教育合并,史称哲社教天联。在气势如虹的新队名中,为了语音上的美感,天文的一个"天"字一如既往地名列最末。至此,哲天联的历史也就告一段落,和教育合并,我们将不再有为凑不齐十一人而发愁的日子,更多的同学,更强的竞争,一个更广阔的舞台在朝球队招手。那天我很兴奋,也很难过,我的少年心气,正和哲天联一样,也结束了。

因早场友谊赛和夜场训练的缘故,我见过最多的,是西操场的清晨和夜晚。这像是某种隐喻,我最熟悉的,正是从建队之初加入,离别时又见证了某种终结的哲天联足球队。不过,这样说又很不恰当,即便我已离开,即便我只踢进过三次太阳杯的球网,即便我还没去过东操一隅的观赛台,而天文系足球队的时光还很长。时间还会在新同学的身上一天天地滑过,带走无数个清晨和夜晚。

从狼狈到优雅

——本科科研手记

邓丁山 孙漾 2016 级本科

　　我们选择在大学学习天文这个基础学科，大概是因为抱着一颗成为科学家的赤诚之心。尽管在一开始我们就想过，可能这条路并不如我们想象中那么有意思、那么好走，但是来都来了，认真尝试、体验一下科研生活还是很有必要的。很难想象怎么仅仅靠自己走上科研的正轨。从一无所知到登堂入室，北师大，尤其是咱们天文系，给本科的我们以及其他熟识的同学们，提供了一个非常好的环境：不仅有唾手可得的学习资料、论文以及课程内容，更有热情的老师、师兄师姐以及同学们随时给予教导和帮助。

我们幸运地一起选择了姜碧沩老师作为我们俩的新生导师，参加组会，进行本科生的科研，并成功完成课题发表文章。我们主要的研究课题是从大二开始在姜碧沩老师的指导下进行，最近撰文发表在 Astronomical Journal 中的《早型矮星的内禀色指数》[1]，该项目受到了 2017—2018 年度校级本科生科研训练项目的支持，并于之后升级为 2018—2019 年度北京市市级项目；还有在苑海波老师的指导下进行并于最近投稿给 Research in Astronomy and Astrophysics 的课题《中国空间站望远镜恒星视向速度测量的精度》[2]。在这里特别感谢姜老师和苑老师对我们的指导。

这条逐渐认识、上手科研的路我们从一开始走得磕磕绊绊、着实狼狈，到后面逐渐熟练，愈加优雅，其实是一件件小事影响着我们，在此分享几则。

英语不好的时候读论文很难说不是一种煎熬。如果要告诉两年前的我们每天读一读论文会觉得很有乐趣，那时的我们绝对是不信的。在这个从煎熬到乐趣的经历中，姜碧沩老师的文献选读课起了很大的作用。姜老师在课程中会读一些天文各个领域的基础文章，教一些读文章的方法，包括整理文章大意，理解内容等。不过就如课程中提到的一样，真正最后起到决定性作用的还是：背单词、学英语。论文阅读不顺的问题归根结底出在英语能力上：英语不好，单词看不懂；好不容易查完单词，连成一个句子又不能理解其表达的准确信息。至于说专业内容，不懂的可以问，或者网页搜索。需要强调的是，文章一开始读得慢其实是正常的，但这时候不能焦虑，一周、两周读一篇都是可以接受的。借助翻译软件，加上自己的理解，逐句翻译，从而理解论文内容，同时还能很好地提升英语能力。把高频的专业生词、不认识却地道正确的表达句式整理出来，供日后学习及在自己的论文写作中运用，会有令人惊喜的效果。

第四章 星夜寄情

---

1. Intrinsic Color Indices of Early-type Dwarf stars, Deng, D., Sun, Y., Jian, M., Jiang, B., & Yuan, H. 2020, AJ, 159, 208

2.Precision of The Chinese Space Station Telescope (CSST) Stellar Radial Velocities, Sun, Y, Deng, D & Yuan, H. 2020 submitted to RA.

　　许多同学应该和我们一样，在进入大学之前没有编程基础或者基础较弱，用电脑的大部分时间都在刷视频或者玩游戏。虽然系里的编程入门课讲得很好，介绍了许多较为基础和实用的编程内容和技巧，不过无论是什么语言，课程内容仅仅是入门，实际操作的时候遇到的很多困难还是无法解决。后来我们发现，最高效的方法就是请教正在使用这个语言做项目的师兄师姐。刚开始会感到不好意思，但是这种焦虑感很快就没有了。师兄师姐不仅会特别开心地帮忙解决棘手的问题，还会满腔热情地追着强调有什么特别需要注意的内容。这种温暖的氛围着实使得我们的科研、学习生活高效和愉快了很多。

　　我们本科科研的工作是研究早型矮星的内禀色指数，是一个基于大样本星表数据研究的比较基础的课题。虽然说没有太多技术路线上的难题，但是在这几年的经历中也算是给我们带来了不少的挑战。比如第一年做的结果后面几乎全部推倒重做、面对一些棘手的问题很多时候根本没有一点头绪。无论是科研还是学习，又想急着将其完成，又束手无策的时候特别容易让人感到沮丧和想放弃。除此以外，很多重复性的工作，比如从成千上万个光谱中抽选部分样本来确定恒星特征，很能消磨一个人的干劲。记得当我们正被困难束缚的时候，姜老师提到了一个词："Passion"，或者说"激情"。她说，做任何事情一定要保持激情，这样才能够有一直做下去，并且把它做好的动力。虽然我们从小就听长辈说，坚持就能胜利，办法总比困难多，不过坚持的核心确实也就是激情。有了这种充满激情的内心，任何的困难都不再能难倒我们。

　　许多同学，包括我们在内，才来到大学的时候都并不清楚大学生活和高中真正不同的点在哪里，以为只是不用整天上课，有一个比较宽松的环境。实际上，作为学校和社会连接的桥梁，大学也是在为我们提供未来生活的一种模拟训练。在我们逐步迈进科研之路的过程中，有幸乘上了天文系的这条船，让这条路走得是如此的舒心、惬意。

冬日半夜十二点的教十楼顶

——天导实验课的"温暖"插曲

纪璇　2016 级本科

十二点的教十楼顶，最后一组终于完成了观测，大家七手八脚收起望远镜，和张文昭老师一起打着手机的闪光灯，小心翼翼地向楼下走去。教十楼门早已关闭，张老师轻车熟路地敲开楼管大叔的房门，致以歉意并麻烦他为我们打开楼门。穿过大门的学生一一谢过楼管，在小声（或许声并不小）的交谈中消失在夜色中。

这大概是每个天文系学生都经历过的场景，只不过可能老师不是张老师，或者地点是在教九楼。夜晚的露天聚会，大概是天文系学生独享的特权，还是能够用望远镜看星星的那种聚会。晴朗无月，星星数点（毕竟是在北京城里），交谈玩笑，和怎么也调不好、让人抓狂的望远镜。

课表上三个小时、实则可能到午夜的天导实验是我每周的高光时刻。不论是在天台上怼望远镜还是在 401 怼软件，枯燥的时光总能被我们演绎成相声大会。我们吐槽雾霾，吐槽拍的照片有多糊，吐槽自己眼睛有多瞎为什么看不出太阳谱线。徐帅就在一嘴接一嘴的碎段子中被塑造了"光着膀子、端着 sbig、背着 5000 人民币的立柱在内蒙古大草原上狂奔着，梦想成为移动基站的男人"这一光辉人设。张文昭老师从不嫌弃我们嘴碎，更不嫌弃我们在操作仪器和使用软件时出现的各种奇怪问题。他总是穿梭

观天习文

其间帮我们解决问题，他的忙碌程度通过我的一条票圈可见一斑：

"古有杨时程门立雪，今有纪璇饿肚 401 等张老师 debug。"

我在进大学前对观测一无所知，凭着"天文学就是物理学的分支"这一错误理解闯入了天文系。之前对各种天体照片不屑一顾的我，在入学后好久才通过同学们的作品了解到那不是随便画的画，是拿个业余望远镜就能真正拍摄到的"深空天体"。所以，大一的天导实验，真的是打开我对天文观测认识的一扇窗。不只是通过上手操作那些望远镜、通过张老师反复

强调的重点、通过张嘴就来的 206265、65536 这些数字，还通过那些碎嘴扯皮，让我 3D 环绕沉浸在那些"观测大佬""高阶天文爱好者"的知识（笑话）海洋里。

张老师第一次带学生参观国台，就是带的我们 16 级。我们在天文台度过了两个愉快的阴天（笑），其间不乏可爱插曲。我完全没有注意到宿舍阳台前有落地窗，"哐"的撞上，撞坏眼镜蹭破了眼角。丁山笑称这是因为天文台擦镜子技术实在过硬（各种意义上的镜子）。这次意外让天文台发现了没有常备碘伏和棉棒这一安全隐患，还协助发现了恒瑞随身携带碘伏和棉棒的优良品质。回来时，有些同学没买到坐票，大家挤一挤靠一靠，两人座坐三个，三人座坐四个，在汗气蒸腾中回到了学校。孙艳春老师在我的票圈下评论："温暖"的旅程呀。其间还有好多有趣的插曲都被张老师记录在他的蝉游记里，行文无不透露出他是多么可爱又爱护学生的老师。可惜，蝉游记这个应用已经下线，我没能找到原文，但我相信：记忆，永远不会下线；那些有爱的瞬间，永远不会下线。

今夜我又挑灯三更

董晓菲 2016 级本科

本科四年，我经历着大学生们最熟悉的场景：夜半，一块床帘包裹着的小小立方体里依然充盈着思考的辉光。辉光有着不同的起源，读哲学的，是马克思的唯物主义，是尼采的上帝已死；攻文学的，是诸葛的羽扇纶巾，是在那个遥远下午，面对行刑队见识到的冰块；学经济的，是从重商主义游历到数理学派；而搞天文的，则是百亿年前宇宙的起点，是星系的足迹，是恒星的一生。学天文的孩子，在夜晚到来的时候最有归属感，仿佛自己是星辰。

在那个挑灯夜战的晚上，我面前闪过一张图，变化的哈勃常数值魔幻地停留在 $H_0=67km/s/Mpc$。我爬下小床，轻轻抹开窗帘。难以想象此时此刻，我眼前的所有星辰都在以 67km/s/Mpc 的速度离我远去，一部分光选择与星主同向而行，探索未知的未来；但另一部分光，却义无反顾地朝我们奔来，期待与人类文明的短暂邂逅。今日病毒肆虐之时，我们致敬逆行者，因为他们，我们能更自如地把握生命的微光；而今夜夜幕降临之时，人类致敬这些逆行光，因为它们，人类看见了盛满新世界的星海，仿佛看见了宇宙中无数个自己。

2018 年，我们拥有了 TESS 发现的第一颗"超级地球"，它叫 Pi Mensae c，距地球 60 光年。如果今夜，当你有幸享有干净的夜空时，便可以用肉眼看到属于它的太阳——Pi Mensae（山案座 π 星）。想想看，当你在今夜接收到 π 光时，它已经不辞辛劳地在宇宙中跋涉了 60 年。60 年前，它从山案座启程，不会想到它的主人将会收获一个名字叫 π，主人的一颗行星将给某个遥远的暗淡蓝点带去意义；更不会想到在这个暗淡蓝点上，有一个企图研究它的小小天文系也同时开启了自己的人生旅行，如今相见，竟同岁花甲！

而我是这位花甲老人人生中的一个普通过客，我是它的一个每逢期末就会挑灯夜战临时抱佛脚的学生，我是一个逢人便以它八二开男女比自提身价的学生，我是一个总在它面前自诩不凡却一直鼓捣不好望远镜的学生，我是一个自认它的浪漫却总是不合时宜地吐槽科幻电影的学生。我很普通，我仅仅参与了它生命中短暂的四年。但是我要感谢它，感谢它提供

了一只眼睛，因为这只眼睛，逆行光们能带来百亿年前的宇宙影像，把过去和未来拉得离人类更近；因为这只眼睛，和我一样的普通过客们会一直把路边天文办下去，把教九的圆顶开下去，把教十的球幕电影播下去，把珍贵的宇宙影像一点点传播出去，告诉人们：不论你的床帘里充盈着怎样的辉光，我们都拥有同一颗 π 星，都能看得到同一束 π 光。你别焦虑，因为你不孤独。

记得 2016 年的迎新会上有一句欢迎辞说："欢迎你们来北师天文系，你们很年轻，你们是朝阳。"可是我不喜欢我们被形容是朝阳，夜晚才是宇宙年轻时的样子，而挑灯的我们是夜晚年轻时的样子。可能我之后的学生生涯不会再有一门课，期末考试考到半夜十二点，内容是在教十楼顶，用望远镜寻找距离我们 25 光年的一颗星。但是我之后的道路上不会缺少一只眼睛，我点上灯，就能从中清晰地看见无数朝我奔涌而来的光线，最老的那一条最年轻，来自 137 亿年前。

所以今夜，我又挑灯三更。

那个春天的故事

盛衍钧 2017 级本科

天文系足球队全体成员

　　北师大足球的格局，是和别处不同的：经管、数统（数科和统计）人多势众，是常年的冠军争夺者；文新（文院和新闻）、心环（心理和环境）本就藏龙卧虎，更有实力留学生的加持，近来也跻身霸主的行列；撇开地理、化学这类落魄豪门，余下的球队们更像是马尔克斯《百年孤独》里的布恩迪亚家族一样——虽有短暂的辉煌、灿烂，与荣耀无缘的孤独和失落却从每年赛季的一开始便已写下。好在足球带给人们的远比荣誉要多得多，好在我们足够幸运，能够见证天文系足球队第一次登上北师大足球之巅。

　　当郭伟长风在那个 2018 年的夏天把队长袖标交给我时，我只是希望明年的球队可以不要重蹈前年从甲级联赛降级的命运。哲学、社会和天文，三个在北师大体育界"人微言轻"的小院系，早在 2013 年就决定抱团取暖。几年来在甲乙联赛起起伏伏，非但没有磨灭大家对于足球比赛的热情，反倒是让整个球队获得了一种乐观轻松的心态，更加团结友爱，正如我们所自嘲的那样："苍蝇肉也是肉，乙级冠军不也是冠军吗？"可虽然大伙嘴上说着各种不在乎荣誉的话，作为他们当中的一员，我当然明白每个人心中其实都渴望着能够比以往再前进一步。毕竟现在球队难得的兵多将广，本赛季在乙级骄人的战绩，也让大家都自信心爆棚。

然而一年之后的春天，似乎一切都和我当初所设想的不一样了。这一年，黄皓和刘嘉玮两位后防大将因伤赛季"报销"；这一年，大一的师弟们以惊人的速度茁壮成长了起来；这一年，由于彼此都受困于伤兵满员，

2018 级夺冠那年大一的球队队员

教育学部又和哲社天组成了联队；这一年，不再有甲乙级了，所有的球队都有机会成为最后的太阳杯冠军！在我这个队长看来，与教育的联手可谓是天作之合。一来教育虽然人数少，但恰好补齐了我们中后场的短板，队长王粤龙的冲击力也让我们的进攻更加简单直接；二来教育的教练以及背后的学生会给予了整个球队最大的支持。大家都憋足了一口气，想要在全校面前证明即使是小院系的球队，也可以爆发出自己最大的能量。

从小组赛的第一场到最后决战东操夺冠，每场比赛对我们而言都是一次心灵的成长。首战外文教会了我们如何及时调整心态，冷静处理困局；次战心环讲究的是抢开局、稳准狠；末轮鏖战霸主经管，全队据守后场谋求反击考验大家的耐心与决心；淘汰赛面对生科，直至最后才艰难绝杀致胜，在胜利的喜悦里，我们品出的却是赛前轻视对手的愚蠢和无知；再遇老对手心环，大家知道只有主动压迫、主导进攻才能发挥出自己最大的能

量。而终结之战面对卫冕冠军文新，在先丢一球的情况下连进四球霸气逆转，还有比这更完美的结局吗？

"四月最残忍 / 从死了的土地滋生丁香 / 混杂着回忆和欲望 / 又让春雨挑动着迟钝的根。" 不知为何，每当想到四月开始的太阳杯足球赛，我脑海里首先浮现的都是这句诗。那段持续了一整个春天的日子不会再在我的生命中出现了，而一些彼时面对面呐喊加油的身影我还能再与他们重逢吗？我记得那时晚上的训练我总是因为各种各样的理由迟到；我记得和队友们私下里约饭聊球，好不自在；我记得那时的日子很单纯，学习、踢球、谈恋爱；我记得自己甚至差一点转学离开北师大，又因为一个人、一些人选择了留下来享受剩下的时光；我还记得比赛结束以后楼里循环播放着当时决赛的照片，仿佛我们也成为北师大天文系历史上闪耀的一员。

球王！

蔺是杰 2018 级本科

这少年身着蓝白条纹的球衣，球衣上印着那个特殊的数字，脚底下雪白的足球被他稳稳地踩在地上。

那足球，虽然已被踢了许久，却白得发亮。

足球在太阳的映照下闪着金光，少年在烈日下流着汗，汗已湿透了他那蓝白色球衣，那个数字却闪着神一般的光芒。

他已被包围，包围他的人虽然只有四个，但他却知道这四个人的可怕，他已有好几次想把球传走，想放弃抵抗，放弃一切。

他没有这样做。

球王从包围中突破

因为他不能辱没他身上的蓝白球衣，不能辱没球衣上的那个数字，更不能辱没的，是他脚下的足球。

接到了球，就表示你决心要奋斗到底，死也不能在任何人面前示弱。

11 号球王高崇宇和队友庆祝进球

　　脚下的足球本身仿佛就能带给人一种不屈不挠的勇气！

　　他脚踩单车，身子向左虚晃，右脚却已提前迈走。

　　雪白的足球一闪而过，比太阳更夺目。

　　他立刻听到身边四人懊恼的抱怨，他知道，他胜了。

　　这四人还围在那个位置，那块他刚刚在的位置，他们不知道，他是怎么过去的，更不知道，过掉他们的，不是这少年，而是那足球，那蓝白色的球衣，那个恐怖的闪着神一般光芒的数字！

　　因为，配得上这个数字的，只有一人，他就是北师大的球王，他就是天文系足球队 11 号——高崇宇！

终局之战

高崇宇 2018 级本科

在 2019 年的春季学期，由于教育学部球队人手不足，我们组成了联队。在新的血液加入后，我们球队的士气大振，训练参与度上升。刻苦训练的成果反映在一次次的比赛中，我们不断战胜强敌，从小组赛到淘汰赛，虽然其中也有运气的因素——两只传统强队数统与文新被分在同一半区。我们最终杀入决赛，而决赛对手的主力外援也在校队比赛中膝盖受伤。

终于在 6 月 1 日，也就是儿童节那天，迎着淅淅沥沥的小雨，我们迎

夺冠后的哲社教天队员

来了与文新联队的比赛。比赛刚开始，文新便凭借着强大的技战术水平控制了比赛。文新主打我方左路，我们的中场并不擅长高强度奔跑，因此我们的左后卫蔺是杰独木难支，一次次在对方两三个人围攻后被过掉。开场大概十几分钟，对方就凭借着这样的战术获得了绝佳的射门机会，尽管门将 holise 做出了精彩的扑救动作，足球还是飞进了球门。不过没过多长时间，我们便凭借着最佳法语语伴几内亚的成功同学成功将比分扳平。比赛继续进行，文新的攻击重点还是在我们的左路，但是接下来门将 holise 的出色发挥一直将对方的射门阻挡在球门之外。对于文新来说，浪费机会就会遭到报应，在经过了长时间的互搏之后，教育学部的王粤龙同学在扣过对方一名后卫之后起脚打门，足球擦着横梁的下侧飞入了球门，我们将比分反超了。

来到了下半场，我上场换下了盛衍钧。刚上场没有多长时间，就跑出了一个非常好的机会，然而成功并没有将球传到我的脚下。不过没过多长时间，仍然是成功在中路背身拿球，这次他发现了我在右

夺冠后亲吻奖杯

路的插上，准确地将球塞到我的身前，我略做调整，用脚弓将球推向球门远角，足球在门柱上反弹入网。比分变为 3∶1，彻底击溃了对方反抗的士气。接下来的比赛进入了"垃圾时间"，两方战意已经不很浓厚。在接下来的时间中，我方成功在反击中得球冲破对方防线再次得分。我方换下一些体能不足的球员，继续与对方在中场缠斗，最后随着裁判哨响，我们凭借着平时刻苦的训练和比赛中精彩的表现成为 2018—2019 学年度太阳杯的冠军。

"夜观天象" 足球队的三场赛事

胡嵩煜 2019 级本科

我自幼喜爱天文，亦酷爱足球，虽然经历有些曲折，但是北京师范大学天文系终于偿我夙愿。在这里，我遇到了一群同样喜爱天文和足球的人，发生了很多让我很开心的事，现在我要讲的是我们寝室全员参与的、令人难忘的足球赛！

确切地说，在军训之前，北京师范大学的五人制足球赛就引起了我们的注意。这项赛事由北师大足协举办，可以自由组队。说来也巧，天文系这一个年级的本科生中会踢球的都被分在了学 15–636 寝室。也不知道是谁第一个得知这个消息并提出了我们寝室自己组建一个五人制足球队的想法，我们都很想去踢，于是一拍即合，马上着手报名，买了保险，交了比赛押金。关于队名，我们思来想去，最终决定就用我们班级群的那个有天文特色的名字："夜观天象"。赛程在军训期间已经安排完毕，军训回来的第一个周末，我们就要踢第一场小组赛了。

我们寝室六个人，除了那个长得很帅但是不怎么会踢球的张泽浩叉腰坐镇替补席外，我们全都是无可替代的首发。刘兆行、窦浩然、武鹤宁三人在前场，伺场上情况随时变换战术；朱科宇则一直在后场防守。而我自然是那个全场最亮眼的守门员，是门前的最后一道防线。

　　小组赛三进二，第一场我们抽到了"队"队，这是一个由研究生组成的队伍，实力不俗。此次比赛是天文系19级参加的第一次团体活动，我们向班上所有人发出了观赛邀请。捧场的同学很多，加油助威的有，更有人在场边拍摄比赛镜头。我还立了一个flag：丢球在8个以内，多一个"啊"一次。然而对手实在是太强了，虽然我精彩的扑救引起的欢呼每一两分钟就响起一次，我扑出的单刀球比进球还多，但上半场结束之际，我的flag就倒了。下半场易边再战，刚开场，刘兆行便在中圈附近抢起一脚，对面守门员可能因为太久没有摸球，好像没有意识到这是一脚射门。这脚球速度并不快，角度并不刁钻，但是划出一道优美的弧线，场上的所有人都停下脚步，对方守门员也毫无反应，球进了！顿时，替补席上沮丧得要退场的拉拉队员和赛场上且败且战的我们同时喊了起来。3分钟后，窦浩然在前场的混战中不知怎么又打进一球（这次我在门里没看清）。往后"队"队还是压着我们打，下半场我也没少贡献精彩的扑救，但结果还是惨不忍睹，2∶13。不过我竟然没有被"啊"。

　　第二场小组赛在下一周，那天晚上刚下完雨，球场比较湿滑。双方都没有发挥出来，我们运气较好，2∶1，淘汰了他们，成功晋级。

　　淘汰赛我们碰到了卫冕冠军"easy winner"队，那是一支由留学生组成的队伍，队员个个身体素质都很强。我们同样是被压着打，我的扑救同样精彩，只是这次更疼。我们有几次屈指可数的机会但都没抓住，最终0∶24败下阵来。惨，但是不丑。

落进心里的流星雨

王泳好 2019 级本科

观天习文

"明天的圆顶天文，你负责的是内场还是外场？"

对铺的阿翔这样问我时，我正对着微积分作业发呆。我拿起手机按亮屏幕，日期是 2019 年 12 月 13 日。明天就是圆顶天文活动的举办日了。"京师圆顶天文"是天文系与天文学社合办的、面向全校的科普活动，去年举办的第一届大获好评，因而这一次准备得更加充分。活动分为内场和外场，内场的项目有参观圆顶、观看球幕电影、制作天文主题的手工等；而外场路边天文的主题，就是一年一度的双子座流星雨。大二的师兄师姐好多天来一直在为活动做准备工作，我们班也有好几个同学在给他们帮忙。然而，相比于干劲十足的大家，我却提不起多少兴致。

因为，当时正是我大一最迷茫焦虑的一段时期。来到师大，从前身为"尖子生"的骄傲，如今被身边比自己优秀太多的同龄人打击得不复存在。天文基础知识的匮乏，使我甚至不好意思说自己属于天文系；相对薄弱的数理基础，更使我在高数和力学的学习中压力重重。那时的我几乎完全陷入了自我怀疑与否定之中，甚至一度产生了转专业的想法。但要说放弃天文，我也下不了决心，因为不知道学什么更适合自己。深陷在这种两难之中的我，把自己关在寝室里，什么活动也不想参加。

"我没报名，就不去了。"我意兴阑珊地回应说。

"你明天不是没安排吗？别在寝室待着了，来我们外场帮忙吧，我们这边正缺人手，一台望远镜一个人都凑不够人数。没什么麻烦的事，也不需要多少天文知识，就是调好望远镜，别让来看的同学乱碰，简单吧？你就来吧！"阿翔"怂恿"着我。

"那好吧，我就去帮帮忙。"我犹犹豫豫地说。

为嘛？绝对不是因为我对天文活动有什么兴趣，而是因为系里组织的活动总不能袖手旁观，我这样对自己说。

12 月 14 日，晚上 6 点半。我们把四台系里的小望远镜从物理楼顶搬到京师广场南侧，一一摆好。望远镜自然不是看流星雨用，而是为对天文观测感兴趣的参观者准备的。我的任务是负责其中一台望远镜，并给来看望远镜的同学答疑解惑，介绍流星雨的知识。虽然还没到一年中最冷的时候，但安装调整好望远镜后，我的手已经冻得没有知觉了。我站在望远镜边上，搓着手跺着脚，只想活动快点结束，早点回被窝里躺着。

不知何时，一轮月亮从东边升起，京师广场也变得灯火通明。围观望远镜的人多了起来，甚至超过了看流星雨的人数。我把望远镜对准月亮，把位置让给他人。让我意想不到的是，许多人并不是凑个热闹看一下就走，而是兴致勃勃，看了又看，还问了我许多天文学方面的问题。"好大，好圆！"一个同学看着望远镜中的月亮，惊奇地说。我这才意识到，天文系学生司空见惯的景色，其他人可能一次都没见过。

"我可以用手机拍一下吗？"一个女孩子抬起头，小心翼翼地问我。"当然可以了。"我说。她拿出手机打开摄像头开始拍，但总是拍不好，拍出来的不是模糊就是缺一块。我想了想，提出帮她拍，女孩立刻就同意了。我接过手机，让手机镜头正对镜筒，微调角度，轻触屏幕，按下快

门，一个黄澄澄、亮晶晶的月亮留在了画面里。"可以帮我也拍一张吗？"一次次地，我看着手机屏幕上一团模糊的光影变成皎洁的月亮，看着同学们接过手机高兴地看着照片，满意地离去，我的心情也好了不少。我似乎有点明白，为什么学长们都那么热衷于天文科普了。

之前休息的同学接管了望远镜，闲下来的我也学着其他人躺在草地上，睁大眼睛望着天空。尽管在课上对冬季夜空的了解已经不少，但这还是我第一次真正意义上的观察夜空。东边，一轮满月把周围一片照得通明，掩盖了南河三的光芒；靠近天顶的地方，五车二孤单地发着亮；东南方向上，猎户座的参宿四、参宿五、参宿七还有腰带上的三颗星，时隐时现。相比于入学前只知道北斗七星，我现在能一一说出这些亮星的名字，这虽然算不上什么值得骄傲的事，但心里还是渐渐产生一种满足感。

夜深了，广场上的人流渐渐稀疏起来。活动结束了，我竟有些意犹未尽。搬回器材，收拾好东西，我们回到寝室时已经 12 点多了。熄了灯，躺在床上，室友们讨论起自己看到的流星，有看到一两颗的，也有看到三五颗的。这时，我才想起来，今天的重头戏是双子座流星雨，我竟然把最重要的活动忘在脑后了！"小好，你呢？""好像一颗也没看到。"我苦笑着说。

虽然没看到流星，我却并没有感到太可惜，我想，我找到了学习天文的意义。让更多的人了解天文，感受天文的神奇，这是比自己看到流星雨更有成就感的事，而学习天文的过程中遇到的困难，相比之下都显得微不足道了。

一次圆顶天文活动，驱散了我一直以来的迷茫和焦虑。虽然我没亲眼看到闪亮的流星划过天际，但这场流星雨却落进了我的心里。

满天星

张敬雅 2019 级本科

作为正在成长的天文人，我们的工作是拓荒——在脑中犁出一片地去栽种新知识。而我想象中成熟的天文人也依然在拓荒——在自己看似繁茂的田野里开拓更深处的荒芜；在其他更宽广的荒地上将天文的种子一一种植。我们播种的不仅仅是对天文的热爱和对宇宙的求索，更有那一份向未知进军的冲动和"再多一次"的坚韧；我们收获的不仅仅是专业技能和科研态度，更有宇宙尺度下的浩瀚星辰和历史长河里的悲欢喜乐。

耕耘大脑的同时我们也在耕耘心性。近距离地享受宇宙的广袤磅礴是专业的必修课，也是人生的必修课。只有直面有限才可能在舍得中拥抱无限，只有直面渺小才可能在十字路口处走向无垠。骄傲挫败等大喜大悲的情绪会被宇宙的怀抱冲淡，某些一生偏执的事情在宇宙面前也只是一瞬，这样想来，也就不会在困顿的泥沼里越陷越深。因着天空和宇宙的恩赐，我们才尽可能地贴近自我，贴近生命本身。

记得"一二·九"合唱比赛结束后，天上看不见一颗星星，大家零零散散地分布在道上，并没有聚在一起分享同一个话题，却有一种无言的默契在我们之间流动——一种朦胧的熟络感。群聊里的天南地北、报到时虽羞涩却藏不住的开心、像家庭游戏一样展开的各种活动……这种温暖不需要大浪淘沙的磨砺，不需要华丽辞藻的堆砌，甚至无需核对面孔，一个听说就已经神奇地将心与心连接在一起。大家都在各自的宇宙里闪闪发光，却有隐隐约约的电波从另一个星球远道而来："嘿！我们一直都在这里哦。"这种誓言般的坚守和陪伴也会成为我们各自光亮的来源。

在我们之前，有很多辉煌在这片天地上演；在我们之后，也一定会有更多的精彩纷呈。我们不过占据着北师大天文系这本注定厚重的书籍中的某章某段，可这几年光阴必定会成为我们人生之书中摘不掉的书签。无论是晴朗还是风暴，在故事转折点的篇章总是让人一读再读。也许在人生失意时，在这里的历练和感动会化作闪耀的星星一次次领我们前行。北师大天文人也许不是我们真正向世界宣战的身份，但却是坚实的后盾，支撑着我们一路盛放，点亮一路的星灯。

微光万点萤，散作满天星；孤灯悬漏夜，金玉出其中。

谈天说地

第五章

应氏杯

何香涛 教师

改革开放后，中国大学生的围棋活动也活跃起来。中国大学生围棋事业的第一奠基人是唐克，他曾任冶金部和石油部的部长，早年在新四军工作。据说，他是受陈毅元帅的影响，很早就喜欢上了围棋。在 20 世纪 70 年代，他就热心支持大学生的围棋活动，创建大庆杯，由大庆石油公司出资 5 万元（当时办一届全国大学生比赛只需花费 5000 元），每年举办一次全国性的大学生围棋赛。整个赛事，由棋界的老前辈，北京外国语学院（后改为大学）的刘家铨先生负责。不久，中国大学生围棋协会成立，第一任主席是北京师范大学的副校长金永龄先生。北京师范大学一直是大学生围棋活动的最大后援，方福康校长、金永龄副校长、张延祜主任（体育系）、田继宗教授都为之付出了很多心血。记得 1990 年，我领着北师大学生（包括我们天文系的学生胡隽辉）在贵州取得了冠军。历年的比赛还得到了中国棋院的帮助和支持，特别是陈祖德院长和王汝南院长，他们多次亲临赛场，指导和鼓励同学。

应氏杯始于 1990 年。是年，应昌期先生到访北京。唐克部长建议应先生支持大学生的围棋活动，应先生当即同意，并请当时的

作者和应昌期先生的合影

应昌期围棋教育基金会董事长沈君山先生出面，在北京友谊宾馆同陈祖德先生、王汝南先生、何香涛先生商谈，确定了由应昌期围棋教育基金会支持每年举办一次大学生围棋比赛的协定。

转年，1991年，第一届应氏杯大学生围棋比赛在成都举办，当地政府和中国棋院都很重视。当时，四川省人大常委会主任何郝炬先生挂帅督办，赛事十分隆重。应昌期夫妇亲临现场。唐克部长建议，把教授们也拉进来，于是同时举办了第一届教授杯。应邀的教授中，有台湾的"四大公子"之一——台湾清华大学校长沈君山先生。沈先生的到来，增加了很多花絮。

当时的沈先生，已是两岸交流的使者，既是学者，又是官员。他按行程先赴北京，没想到在香港被拒签，只能返回台湾，这边得到消息后，又把他从台湾约回。当天，已没有飞北京的航班，他只好乘夜航到天津，再从天津打车到北京。北京方面以为他失联，相当紧张。这倒也好，大大提高了成都方面的接待规格。在教授杯的比赛中，沈先生一路过关，大有夺冠之势。这时，应昌期先生告诉我，沈先生有患得患失的毛病，越到胜利关头越紧张。果然，他以半目之差输给了四川的老棋手，四川中医学院院长李克光先生。负一盘的沈先生只要在最后一盘取胜，仍是冠军。不料他却被另一位名不见经传的川军挑下马来，最后只能屈居第二。李克光先生得了这个冠军，高兴得天天摆龙门阵。沈先生则认为李先生的水平在他之下，几次约李先生去台湾再战。可惜当时两岸交往十分困难，李先生最终也未能成行。

第一届应氏杯大学生围棋比赛，在四川省政府的大力支持下，举办得非常成功。应先生十分满意，当即答应将亲临第二届赛事。

第二届大学生应氏杯赛事在长春举行，应先生果然亲临。赛前举行了专门的报告会，请应先生讲解应氏规则。应先生报告之后，参赛者进行了热烈的讨论，讨论焦点之一是应氏规则中，对打劫的"争"和"搅"的判

作者与应老先生对弈

定和处理方法。大学生们思维敏捷，提出了各种怪问题，使得应老先生难以招架。这时，我们邀请的大会裁判长金同实先生一一解答清楚，应先生十分满意。后来，应先生当面对我讲，大陆懂应氏规则的只有两个人，北京的金同实和上海的倪耀良。

后来的大学生应氏杯赛事，应老先生没能亲临。但是，我们每次比赛完了，都要向他禀报相关情况，比如比赛经费是如何花的。我曾戏称，资本家的钱不是那么好用的，连这点小钱，都得掰成两半儿花。

应老先生一生酷爱围棋，他花费了毕生的心思钻研围棋。一再声称，他一生的大部分时间都用在了围棋上。他用 15 年时间创立应氏规则，沈君山说，他花的时间可以用来读 3 个博士学位。应氏规则出来以后，并没有被大家认可，更谈不上推广。应先生亲自书写应氏规则，按照应氏规则制造专门的应氏棋具并免费送。据我所知，欧洲的许多围棋俱乐部拿了应氏棋具，可还是用日本规则下棋。为此，日本的棋界人士给应先生提了一个建议，花重金举办应氏规则的比赛，不信专业棋手不参加。从此，历史上奖金最高的应氏杯诞生。建议人之一是当时日本棋道杂志的主编。应先生曾带这位先生到中国来，同我下了一盘棋。他上来使用妖刀定式，而且下连板的欺着。没想到，我刚刚学会应对这一招，他反而吃了大亏，最后败下阵来，应先生感到很吃惊。原来，我和应先生下棋时是讲政治了。

始自 20 世纪 70 年代，从唐部长的大庆杯，到应先生父子的应氏杯，大学生围棋赛事的举办已超过 40 个年头。目前，一年一度的应氏杯围棋赛是全国大学生围棋爱好者棋艺交流和文化联谊的盛会，每年均有全国各省、自治区、直辖市和全日制普通高等院校代表队的上百名选手参与。同时也邀请韩国、日本、泰国、新加坡、台湾等国家和地区的大学生参赛。到目前为止，已经举办了 28 届。但岁月不饶人，当年支持和参与的贵人们，都一一作古。

如今，大学生的围棋赛事，由教育部中国大学生体育协会负责，该协会是国字号的官方机构。由于是大学生的围棋活动，中国围棋协会一直关心和指导我们的工作。王汝南主席几乎每年都出席比赛的开幕式。去年，新当选的林建朝主席更是亲临西安赛场，给了大学生们莫大的鼓舞和支持。

注：何香涛教授曾任中国大学生围棋协会主席。

登滇池大观楼望家乡鹳雀楼

纪树臣 1960 级本科 刘绍颖 1962 级本科

烟波浩渺流，

极目索天球。

登上九重天，

开心宇宙游！

大观楼 鹳雀楼

桃李六十春

刘维真　1962 级本科

栉风沐雨六十春，
纤树蔚成片片荫；
星海测研蕴大智，
桃李纷盛育芳芬；
耘天夜半惊眠雀，
报国不辞路长辛；
今日高歌瞻宏画，
飞觞华发满豪情。

同学情谊

　　毕业离校时，我班既无毕业班会，也无毕业合照，同学们默默地奔赴祖国的四面八方。1990 年夏，成都陈志明来粤参会，并造访寒舍，数十年后的重见，令我思绪滔滔，特作小诗一首。

　　同学自川来，　相见乐陶然。握手长不释，　问候意绵绵。
　　六二京师进，　鸿鹄志翩翩。同窗燕山下，　历历犹昨天。

莘莘众学子，学海舞翩跹。挥锄长城麓，刘麦燕赵间。
颐园春日游，北海泛舟欢。探讨数理哲，学舍百花鲜。

时谈黑格尔，偶唱《红梅赞》。热心论时事，观点颇惊艳。
独立有个性，相处乃谦谦。年少意气遒，争鸣实自然。

参差进巴蜀，一别廿二年。时值龙舟雨，滂沱落人间。
山水同相望，岁月情弥坚。沙沙复萧萧，有如礼乐喧。

且饮珠江水，共尝南海鲜，筛酒谈世界，品茗论地天。
畴昔建国史，蹉跎共感叹，惬闻诸学友，事业翻新篇。

云薄斜阳透，雨却阴霾散，蝉鸣窗边树，风飘香玉兰。
境高天地阔，情真嫌时短，今朝相酌醉，再会当何年？

2019 年 6 月，与望琭、袁炳、汉杰、子尚相聚于广州西湖苑

望星空

严子尚　1962 级本科

　　毕业后我虽没有成为一名天文工作者，但在物理楼顶仰望星空的经历仍令人难忘。诗人郭小川在《望星空》中写了他的感想："走千山，涉万水，登不上你的殿堂。过大海，越重洋，饮不到你的酒浆。千堆火，万盏灯，不如一颗小小星光亮。千条路，万座桥，不如银河一节长。"我的体会是，有一段遥望星空的经历，会使你终生受益，特别在自鸣得意或垂头沮丧的时刻。

　　如今，"科学"是个热词，连骗子也打出"科学"的旗号。到底什么是科学？科学家不大参加讨论，哲学家喜欢讨论，但没有较一致的结论。我不辞冒昧，多一句嘴，不妨说科学为一种"集体的理性选择"。To err is human. 犯错是人之常情。我犯错，你也犯错，为了大家今后少一些错，一齐来找一个试错场，科学就是一种选择。

　　天文学是科学的一个学科。一切科学创造的出发点和归属都是人类的

生活。因之，"地心说"在前，"日心说"在后，很正常。天文系的学生明白这一段历史，和那些把"科学"等同于"正确"的人不同。

2020年是不平凡的一年。面对疫情，地球村正经历一场大考。医生和护士站到了第一线，科学家、政治家、企业家……一齐上阵。

人类的探索，一直在路上，永远在路上。2030年，如果天文系的学子再写一篇《望星空》，一定会比这一篇深刻。

又及 上文主要谈对科学的认识，其中引了一句英文格言："To err is human."这是一本英汉词典上的例句，编者将其译为"犯错是人之常情"。

对"错"和"人"之间的关系，我国先哲孟子早讲过："人恒过，然后能改。"（《孟子·告子下》）不难理解，"人恒过"的涵义是：任何有生命力的人，必有错误相随。换言之，一个人犯错并不丑，因为这恰是他（或她）富有生命力的表现之一。

科学活动不过是人类开辟的一个试错场。此类活动中，人类以较小的代价借助"集体理性"这种工具"过滤"出科学成果。科学成果符合人趋利避害的天性。但由于"人恒过"，一切科学成果也必将留下人的错误的印记。爱因斯坦讲："一个人在科学探索的道路上，走过弯路，犯过错误，并不是坏事，更不是什么耻辱，要在实践中承认和改正错误。"爱因斯坦的生命历程，的确是这样度过的。善待错误，是科学家最可宝贵的品格。

抗疫这件大事，使亿万人空前亲近科学。亲近科学，从人类检讨自身的错误做起。

2020年5月15日

注：严子尚，天文系62级学生，退休前主要从事物理教学。

我经历的纽约疫情

陈鹰　1978 级本科

　　3 月初的美国纽约，人们对新冠疫情的反应还是挺淡定的。特朗普总统的观点代表了大多数人的认知：新冠肺炎是大号的流感，年轻人和身体健康的人不会有事的。因为对疫情不甚在意，除了个把中国人，满街熙熙攘攘的人都不戴口罩。谁要是戴了，会让别人觉得你怪怪的，或你是一只令人嫌弃的病猫。再说了，口罩也根本买不到。可纽约华人戴口罩的却是不少，为什么呢？这应该归结于华人较强的自保意识和从小养成的戴口罩的习惯。还有，很多当地华人都从国内亲友处得到了惠寄的口罩，就说我们家吧，从 2 月底到 3 月底，我和先生双方老家的人共寄了五六回口罩到纽约。因为第一回寄的没收到，被人"截胡"了，本着万箭齐发必有所中的考量，各路亲戚们只好频频向纽约砸口罩。到目前为止我们已收到了三批，心里踏实了。近期，口罩的情况在纽约市场上发生了巨变，从无到有，价格从 5 美元到 0.3 美元。就算这样，还是有些呆头鹅纽约客在跟口罩较劲。话说 4 月 24 日那天，有位到我们库房拿货的老哥（下页左图），竟然把他女朋友的内裤当口罩用上了。看着他脸上挂的那个惨不忍睹的绿玩意，我赶快给了他一个口罩，他这才将那裤衩子退至颈部变成了

围脖（右图）。纽约抗疫的情况，从我们的医药卫生用品批发生意上也可以感觉出来。3月初的时候，消毒用品突然热卖，我们库存的净手剂瞬间清零，而且无处补货。紧接着，消毒酒精、双氧水也先后

告罄。人们认识到，抗疫首先要从外部环境上切断病毒传染。3月底，泰诺（Tylenol）系列的药品及抗流感、感冒、鼻塞的药品还有维生素C开始全线脱销。这些药品脱销的原因，是由于多家媒体建议，新冠初期有发烧症状者可服用泰诺退烧，维生素C可以增强免疫力帮助抵抗新冠。看来人们在新冠肺炎的治疗上也迈出了一步。我在这里想说一下我家准备的抗新冠药，当然是有泰诺和维生素C的，另外还有些中药方剂。3月末时我家老二还有她爹先后出现了浑身极度乏力、头痛、味嗅觉丧失等症状，但因不符合新冠重症条件，没有去医院检测。在服用中药汤剂并辅以维生素C后，经过4至10天，两人症状基本消失。现在全家平安，皆大欢喜。

3月22日纽约州政府发布了居家令，要求非必要性企业关闭，公共场所关闭，个人尽量居家，不参加聚会，但允许外出健身、遛狗、购物。自居家令发布起，街上一下子变得空空荡荡，无车无人，偶尔有空载的公共汽车穿梭往复。除了杂货店、超市和少数餐饮店，大部分商店和公共场所都关门了，就连我家附近的小公园也被封了。居家令给了我们全家人整日齐聚的机会，感觉房子里热闹了不少。虽说是家里蹲，大家还是在各干各的事。两个孩子一个在线上上课，一个在线上工作。我们的生意因为是属于"必要"范围之内的，偶尔也会去照应一下。在家的这一段日子过得挺舒心。最让我高兴的是，终于有幸被孩子略略关怀了一下，吃上了她们做的饭，如咖喱蔬菜汤、扬州炒饭、皮蛋瘦肉粥、蟹肉饼等。上超市购物也被孩子包办了，他们美其名曰怕二老染疫。

长期居家最让人惦记的就是超市，尤其是中国超市。但很可惜，自

居家令颁布后不久，纽约市的中国超市整齐划一地全部关了张，据说是供货渠道不畅和雇员问题所致。可我就不明白了，为什么美式超市、韩国超市都能保持运营、服务大众呢？我以为，纽约市的华人超市自保做得很到位，但对公共责任的承担似有待努力。时至今日，纽约染疫和死亡人数均居全美之冠，分别达到 28.7 万和 2.1 万。国内外不少亲朋好友对我这个处在疫情中心的老人家表示了很大的担忧，这种担忧是有道理的。一个多月以前就听朋友的朋友的女儿说过，她所在的纽约某医院急诊部指示，可以放弃对 60 岁以上病人的救护，这话怎能不让纽约的老人格外心惊。但其实就我个人来说，心情还算是平和的，反正是尽人事听天命吧，还能怎么办？再一想，自己这么乖，不乱跑，好吃好喝好休息，勤做各种保健小措施，新冠应该不会找上我的。而且这么长时间以来，我没听说过更没见过身边的任何人确诊染疾，感觉新冠离我还远。可是前天传来的消息，着实让我震惊了。我们的一个客户因新冠肺炎在医院去世，享年 47 岁。他的

兄弟说，要花 5000 美元将他火化，还说有些运气不好的新冠肺炎死者的尸体，因家人恐惧或费用问题无人认领，被政府拉到一个岛上掩埋。现在，我终于切身地感觉到了新冠肺炎入侵的脚步。我们以前的抗疫经历仅仅是一个开始，路还很长啊。全民免疫恐怕真的要变成现实了。祝大家安好！

同学相聚。左起：李京、陈鹰、杨新星

2020 年 4 月 26 日写于纽约家中

有惊无险

岑健敏 1978 级本科

日期记得清清楚楚，2016 年 10 月 26 日晚上，我和上海的同事开线上会议，谈工作上的事情。记得谈得不太顺利，沟通上有困难。在美浸淫几十年，尽管工作时的中文尚属流利，但文化上的差异不是语言本身能抹掉的。谈完事从椅子上站起来

2017 年，作者（中）与合作伙伴在上海

时，我忽然觉得有点头晕，当时也没太注意，到楼下厨房去倒水泡茶，整个下楼的过程觉得怪怪的。好像上半身和下半身被分开了，上半身感觉还实在，下半身像是在棉花堆里。但即便如此还是没能引起我的重视，以为活动一下，这感觉就会消失。于是，我在固定自行车上运动了 30 分钟，感觉既没好转，也没有变得更坏，心想今晚就不折腾了，早点睡觉吧。

第二天要去波士顿的办公室，必须早早把女儿送到学校，以避免交通拥堵。我发现和她说话时比平时困难一些，再有就是走路时不像平常那么

灵活，不过仍觉得可以撑下去。开车到女儿的学校用了 10 分钟左右，然后我把车停到停车场走路去地铁站。从停车场到地铁站，平时一两分钟轻轻松松的路程，那天竟用了三四分钟，还觉得挺吃力，好在顺利地上了车。地铁 30 分钟便到了波士顿南站，从车站到办公室，平时五六分钟的路，我大概用了两倍多的时间，而且对周围的环境和人物感觉很恍惚，勉强集中精力，总算挨到了办公室。那天是星期三，是我们部门员工约定俗成来公司上班的日子。几个同事都到了，相互打了个招呼后，我就进入自己的办公室。这 20 来年我都在搞保险公司内部业务的自动化企业软件。2014 年到这家公司，主要看中它两点：其一，现有产品老化，我有机会组建团队，按照自己的想法和经验开发全新一代的产品；其二，跟其他公司到印度去外包产品开发服务不同，他们在上海有个据点，有将近一百号人，而且期望我能一年去两到四次。话说回来，刚连上公司网，我就被上海的一个同事盯上了，她要求重新讨论人事安排。忽然间，我觉得很疲倦，不想再花精力去谈这些事情，告诉她就照她的想法去办吧。我到底是怎么了？想着反正每年 11 月体检的日子也快到了，不如提前一点，就给我的医生打了个电话——这可真是个救命的电话呀！

电话过去，是前台接的。我叙述了自身的异常感觉，希望把预约时间提前。这时，前台优秀的专业素质就显现出来了。她立刻问了我几个问题，然后告诉我不要挂断电话，并去叫护士。这时候我意识到可能有麻烦了。很快护士来了，又问了几个问题，我一一回复。她立刻叮嘱我情况可能不好，要和医生核实，并再次跟我强调不要挂断电话。这下我真的感到事态严重了。很快护士回来，命令我立

左起：女儿、夫人张玲（天文系 80 级）、作者、儿子

刻打 911。接下来的事情，就是大家都能想到的了。救护车很快就来到我办公室楼下，电话通知我他们到了。然后我和同事打招呼，说身体有点不合适，要先走了。他们没有觉察到有太严重的问题。我自己走到电梯，下楼，走到门外上了救护车。两个急诊大夫让我在车里躺下，量了血压，竟高达 190 多！医院里的经历又是一个故事，总的感觉是接触到的所有医生护士都非常专业、敬业，也很友好。这次经历对我来说是不幸中的万幸。它让我意识到，对自己的身体绝对不能像以前那样不注意了。回想起来，实际上在此前的一两个星期内至少有两件事情是身体发出的警示。一次是一个星期前去洗牙的时候，照常量了血压，好像是 160 多。当时我觉得可能是因为刚刚从上海回来不久，时差还没完全倒过来，睡眠不好的缘故。还有一次是 10 月 17 日在新泽西公司的分部开会，讨论新产品能否在年底前为客户实现上线。我的判断是不可能，因为客户需要做到的事情，八字还没一撇。这个判断现在看来完全正确，但当时是非常不受欢迎的。记得我在会上头痛得很厉害。当时没觉得不正常，第二天早上还开车回家了。

之所以写这件事，是考虑到同班同学的年龄八成都超过一个甲子了，提醒大家这种事情不请自来时，要有点心理准备。别像我一样，事到临头还懵懵懂懂，险些把第一次变成最后一次。要是丢了小命或落个残废岂不错大了！最后愿所有同学健健康康，愿我们的天文系在新的甲子中蓬勃发展。

拜星月慢·致艾米黛拉

李晓渝　1979 级本科

长夜星垣，天街如水，露冷月昏云暗。

玉树琼楼，忆瑶台书院。

笑回眸，似觉流波彩霞飞渡，寰宇春光灿烂。

挥手匆匆，越光年难见。

跨飞鹰，为近婵娟面。

何曾想，世事纷纭乱。

刹那铁铠三千，尽成尘沙散。

望北辰渺渺天边外，孤星照，伴我轻声叹。

怎抵过，万种情痴，隔星河梦断。

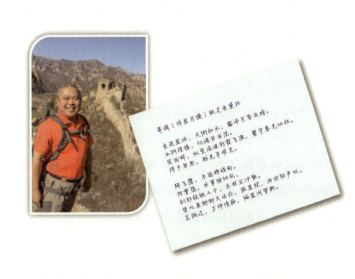

随笔两篇

赵世荣 1979级本科

一、修道立德，笑对人生

近日，偶然再次看到朋友于2011年发的文，曰：芝兰生于深谷，不因无人问津而不芳；梅花开于墙隅，不因阳光不照而不香；流水绕石而过，不因山石之阻而纷争，这是一种随遇而安的淡定宁静。高山无语，深水无声，明代学者吴与弼则曰："淡如秋水贫中味，和似春风静后功。"可见当一个人对荣华富贵看得很淡，可以笑对成功，坦对荣辱时超然的姿态。

再读此文，仍然有所感触。

此话出自《孔子家语》，节录了孔子答子路的一段话："芝兰生于幽谷，不以无人而不芳；君子修道立德，不为困穷而改节。"

历史上的伯夷叔齐、王子比干、伍子胥等贤德之人，最后都遭到不幸，此类事情颇多。"夫遇与不遇者时也，贤不肖者才也，君子博学深谋而不遇时者众矣，何独丘哉？"人生在世，其才能是否得到别人赏识，是否被重用，其实并不完全取决于你自己。古往今来，才华横溢、学识渊博者，经常会有不得意的时候，如李白、苏轼等即如是也。

人要有节操，守住做人的底线，无论顺境逆境，成功失败，都不可失节。古代如屈原、文天祥等，近代如闻一多、鲁迅等，皆如此。

人难能可贵的是能够认识自我，把握自我，活出真我，活出洒脱，活

出快乐。不为人言而语，不为
上者而行。多观察，勤思考，
敢作为，勇探索。说自己的话，
做自己的事，只求为之而为，
不诺他人如何。胜勿过喜，败
亦欣然。世事无妄，荣辱不惊。
随遇而安，知足常乐。

　　人要修道立德，与何人为
伍十分重要。故曰：与善人居，
如入芝兰之室，久而不闻其香，
即与之化矣；与不善人居，如入鲍鱼之肆，久而不闻其臭，亦与之化矣。
丹之所藏者赤；漆之所藏者黑。是以君子必慎其所处者焉。

　　常与高人相处，耳闻目染，日久必惠泽其身。是也。

2019 年 5 月 30 日于京城

二、感悟孤独

　　日前，朋友发文说，看了一本书，书中关于"孤独"的一些说法比较
有道理，摘录如下："当下，人类灵魂的家园渐渐为时尚所擅入，伴随着
时代潮流的裹挟，芸芸众生之灵魂开始行进在浮躁不安的无奈之中。变幻
之时空，无情地侵蚀着灵魂赖以淡泊宁静与修身养性的一方净土。人们开
始无法把持自己的信仰与追求，其灵魂在外力的作用下正日趋恍惚、焦躁
不安，其固有的韧性和厚度也正日益剥落而变得娇弱浅薄。"

　　由此提出：时代，急需崇尚和回味孤独之风！

　　该书还写道："拥有智慧的孤独者，虽身处闹市却犹在山野，虽身处
喧嚣却犹居空谷！在孤独处境中，他们选择了恬静的方式，从容而淡定
地生活，聆听生活的教诲和真善，执着地走向自由的境界，以孤独诊疗寂
寞、孤单。他们用自己超然的人格，点化苦难，让孤独孕育奇葩，从而

抵达崇高的孤独之美，让自己的心灵像平静的湖水一样，生活得坦然、自在、简单而不苍白！感受孤独，其实也是一种绝好的修身方式！"

读此文，受益匪浅，感想颇多。

谈及孤独，如何正确认识孤独，理解孤独，感受孤独，体验孤独，对一个人来说何尝不是一种历练，一种升华，也是一个难得的机遇，这就是缘。孤独，可以有多种解释。对一个人来说，环境不同，境界不同，感受不同，理解亦不相同。从外在表现来说，孤独可以是外在环境的一种现状或感受，如置身荒郊野岭、大漠苍苍之孤身行者，或是置身天水一线、大海茫茫之漂泊孤舟。孤独也可以是由于种种原因，自身没有被环境所接受，游离于群体之外的感受。从内在表现来说，孤独还可以是一种内心世界的感觉或领悟，如虽置身茫茫人海中，却特立独行，与世俗格格不入或不愿纳入其中；或思想深邃，意识超前，知音难觅，心灵孤独……我猜想，毛泽东晚年也一定有这样一种孤独。

从某种意义上讲，"孤独"的确是一种修身的方式，但这种"孤独"不是形单影只、孤立无援或孤苦伶仃，也不是内心的孤单，而是一种宁静，一种静思，一种静下心神，冥思探索的过程。有如当年释迦牟尼佛祖菩提树下苦思，寻求普度众生之道；达摩祖师面壁10年，创立禅宗佛法。

我又想起井冈山革命时期，毛泽东养病的故事。1927年11月9日，中央临时政治局扩大会议在上海召开，会议强调，中国革

命形势是"不断高涨"，中国革命性质是"不断革命"。批评湖南省委在秋收起义指导上"完全违背中央策略"，湖南省委的错误，毛泽东应负严重的责任，会议决定撤销其政治局候补委员和湖南省委委员的职务。而后朱毛之争，致使毛泽东暂时离开部队，到地方养病。1929 年 10 月初，毛泽东来到福建上杭县，住在临江楼。恰逢重阳节，庭院里黄菊盛开，毛泽东触景生情写下《采桑子·重阳》：人生易老天难老，岁岁重阳。今又重阳，战地黄花分外香。一年一度秋风劲，不似春光，胜似春光，寥廓江天万里霜。当时，毛泽东不满 36 周岁。"人生易老"是感叹，"万里霜"是他当时真实的写照：寂寞寒心、赋闲读书、静思求索、想念亲人。不能不说，在某种意义上，正是有这一时期的寂寞静思之孤独，才成就了后来的《关于纠正党内的错误思想》《星星之火，可以燎原》等著作。

孤独更是一种境界。或可以是"采菊东篱下，悠然见南山"的一种远离尘世喧嚣，享受宁静安逸之生活的追求。对于一个有追求的人来说，"孤独"更多的时候是心灵的感觉，在追求目标的征途中，往往独自一人奋力前行。越是追求高远，越是同行者寡。如武侠小说所述，从孤独不败到孤独求败。当一个人站在高山峰顶，"会当凌绝顶，一览众山小"的时候，如果没有更高的目标和追求，的确容易"孤独"。

正所谓"高处不胜寒"也。这种境界和感觉，只存在于高人雅士身上，一般人很难理解。

2019 年 6 月 5 日于北京

沙漠——我另一个家乡

郑志文 1981 级本科

　　一年工作下来，总感觉说了太多的话，我很想找一个地方好好独处一下。对！找一个离北京最近的旷野，去体验放空的滋味！终于，我和好友在 2009 年的最后一周，进入了勃隆克沙漠。我俩约定，仅在早晚餐的时候说说话，其余的时间，各自在沙漠里行走，都不说话。

　　冬天里的沙漠静——清幽、空灵、安详、平安。在这里，被繁杂事务压制的心灵，终于可以出来散散步。静，让我放下，腾出头脑里的空间、情感的空间，配以极简的饮食，身体也安静下来。

　　当时，我和好友都面临需要跨越的"坎儿"，事业上的"坎儿"、生活中的"坎儿"。这样的"坎儿"似乎靠自身的努力很难逾越。于是，在沙漠深处的岩石上，我们试图刻字，后来才知道，经过亿万年风吹雨打的岩石，太坚硬了！

　　从此，在勃隆克沙

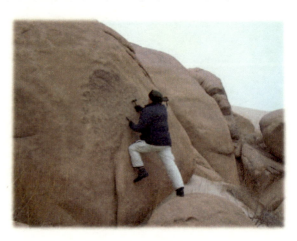

漠静默，成为我的年度必修课。每到年底，我的心就渴望进入沙漠，那里面好像有巨大的水源，能滋养我干渴的心。就像越来越多的人认识到了每年全面体检的重要性，定期回到沙漠，对于我来说，就是一次心灵的体检。10年下来，沙漠深处留下了很多刻字的岩石，这些岩石上，都记录了我们的软弱、我们的祈求……

曾经，我住进了在梦境中出现过的牧民的家。我的到来，让这些孤独的牧民们很兴奋，主人收集羊粪为我取暖，这位蒙古族兄弟不抽烟不喝酒，但对蒙古族历史非常熟悉，他感慨地说：我们蒙古族酷爱喝酒，我们这个民族被酒精害苦了。晚间我们在篝火边聊天。牧民们问我"大雨过后，沙漠里留下的水泡子里，为什么不久就会有鱼？这些鱼是从哪里来的？""沙漠里没有老鼠，为什么牧民一来，就会有老鼠，我们来的时候，没带老鼠来啊？"……这些问题，我也不知道答案。一位汉族朋友也住在这里。他原来有自己的车队，从事运输生意。一次酒后，出了车祸，车上的太太和女儿都走了，这位朋友便卖了车队，一个人生活在沙漠深处。

沙漠里，顽强的生命常常震撼我。严寒、酷热、大风、干旱都无法阻挡岩石缝里面松树的生长。我一下子喜欢了沙漠深处的早晨和傍晚，变幻的光影，真是太美了！在严冬的沙漠里，太阳和月亮好像我的亲密伙伴，伴随我度过每一天。有一年，太太也和我住到了牧民家，半夜起夜，顿时被沙漠的星空震慑住了。我陪着太太到外面仰望星空，产生深深的敬畏之心。

有一年，好友带着他上初中的儿子，和我一起进入沙漠……我看着父子在沙漠的脚步，在沙漠的互动……忽然感觉到一个父亲的爱。父亲如果少一些责备，多一些陪伴，创造机会和孩子一起玩乐、探险，孩子会多么喜欢这样的父亲啊……沙漠教会我们如何去爱！

记得有一年，我配合牧民接生小羊羔。小羊羔生下来后，第一次做母亲的羊妈妈不让小羊羔喝奶，小羊羔饿得直叫唤。我看到牧民把羊妈妈和

小羊羔赶出了屋子，外边真是寒冷。牧民说：如果羊妈妈不让羊羔吃奶，这个羊羔就活不了，不能人工喂小羊羔喝奶，必须让小羊羔叫唤，唤醒羊妈妈的母性。第二天早晨，我发现小羊羔安静地依偎在妈妈身边，我仔细端详羊妈妈的眼睛，和昨晚不一样了——不再充满恐慌，而是一位母亲的眼睛了！

沙漠，就像一面镜子，进入沙漠，不是为了研究沙漠，不是为了观察别人，而是让我有机会好好地观察自己。这10年，我结交了很多酷爱沙漠的朋友，我们常常约到沙漠深处，篝火边，很深地交心。我也深深地体味出静默的生活是一服良药，能够和解我们内在的冲突。

注：作者现任启承转合公司董事长兼领导力发展顾问。

演艺人

王沪 1989 级本科

中关村高大的写字楼在每晚这个时分，就像吸烟的人吐出了一口"灰烬般的人群"。我被人群裹挟着涌到大街的人行道上，脑子里还在想着公司里那个令人窒息的项目会——每个人都表情真挚地从本部门的角度支持着这个项目，但是我敢肯定其实每个人心里都不相信这个项目能有什么好结果，只有信心满满的老大一个人被耍了。这件事就像大家每人都用一根细棍支撑着一个沉重的木偶，然而一旦它倒下来，没有谁会真的付出最后一丝力气去挽救。

外面的冷空气吸入鼻孔后，我才感觉到放松后的舒适，不知不觉已经走到当代商城边上的街角。忽然，一阵美妙的音乐从暮色中飘了过来。自在、从容的巴洛克风格与 IT 中心的紧张节奏格格不入，令人感觉轻松惬意。更意外的是，这并不是从哪家店传出来的，在商城炫丽的橱窗灯光

中，我看到一个拉小提琴的人的身影！

我当然想走近欣赏，因为曲子拉得非常棒，《小步舞曲》风格纯正，旋律热情而平稳。但是当我走到近前，马上就发现了这位演艺人是在耍花活：他的动作是无法与音乐匹配的。对于有过一点小提琴学习经历的人来说，看出这么明显的问题只是一两秒钟的事情。非常可笑的是，这位灰头土脸的江湖艺人不知师从什么人，左手手指在琴颈做各种按音、换把的动作，甚至揉弦、滑音都有，右手的上弓、下弓、换弦也"像模像样"，整个身体做出演奏的晃动动作。可是总体来讲，这一切实在是太假了。琴声实际上是从他脚边的一个长方形深色尼龙兜里发出的，那里面当然是一台录音机，而他如何在"拉琴"的时候不让琴发出声音，这个我至今也不明白。

紧接着他的麻烦来了：一个家伙不知从哪里跑了出来，可能是同行捣乱或是老乡开玩笑，竟然一声不吭地提起那个尼龙兜放到十米开外。拉琴人慌了，手上不敢停，脚下只好跟过去。但是捣乱的人没有放过他，最后竟然把尼龙兜提走了！演艺人只好停止"演奏"，跑着去追那个搅局的人，一转眼两个人都消失在了热闹的中关村大街上……

这一幕当然十分好笑，但是我又想道：他这样干，那些真正靠卖艺混口饭吃的人的谋生空间岂不是更小了？

后来的很多年里，在很多地方，从布拉格的查理桥头到上海南京路步行街，我见过很多街头艺人非常棒的表演。有点问题的只有一次：在北方的一个海滨城市，一个拉二胡卖艺的老人，坐在银行的高台阶前演奏。我也是远远地被非常悦耳的音乐吸引过去的，走近后发现，他虽然确实在拉二胡，但是主要的声音也是来自身边的一个布包，他是在被录音"带奏"。下午的阳光很强烈，老人可能是因为中暑，或者什么病突然发作，身子歪倒下去，手上停了，布包里的音乐还在继续……

金源燕莎商场与北京每一家高档商厦一样，一层永远弥漫着迷人的进口香水的芬芳。这里的气味、光照、装饰、各种奢侈品和漂亮的店员，包括商场内夸张的层高，都在给人传达强烈的幸福感，似乎这里的一切都与贫困、匮乏、生活压力这些东西无关。

前面围拢了一群人，我走过去一看，原来是某高档品牌在搞促销表演。美丽的女郎身着皮质的白衣白裙、白长筒靴，身材容貌俱佳，一头长发及腰，手持一支电声小提琴——只有琴颈没有琴箱、拖条电缆的那种。她把琴搭在肩上，马上一首维瓦尔第的《四季·冬》从扩音设备里冲向整个大厅，冬日里冰天雪地的凌厉气势在琴弓的迅速切削中展现开来。女乐手妩媚的身姿比音乐更吸引观众，尤其是一串上弓动作带动全身从下向上波动，长发甩出漂亮的 S 形曲线……

我习惯性地去观察她的琴艺，这段乐曲是非常快的，她的手指动作也非常快，加上有一定的距离，我无法判断这是不是真实的现场演奏。转念想，与其较那个真，为什么不把注意力放在舞姿上呢？

突然，音乐中断了，这是扩音设备的技术故障，而在音乐声消失之后的一秒，我看见她的手指仍摆放在四个音的位置上。

杨终于赶回来见到他父亲最后一面。他告诉我，他父亲是胃癌，但是一直非常乐观。杨给我看家人发给他的视频，我一眼就看出那是他家老房子的大客厅，我们小时候一起在那儿玩过，下午的阳光从熟悉的高大窗子照进来，家具、地板都比从前旧了，杨叔苍老了很多很多，疾病的原因也许超过了时间的原因。

杨叔坐在那架老钢琴前，脸上并没有什么痛苦，从容的手指间流淌出一首巴赫的二声部创意曲，杨告诉我，他当年学琴的时候是父亲陪他一起学的，他不在家这些年，杨叔每次弹这首曲子都对别人说好像找到一些当年的感觉……视频上杨叔的弹奏比正常速度略慢一些，但是十分精确，双手的对位像钟表一般严格，分奏连奏、轻音重音区分得十分清晰，琶音也相当干净，没有一点含糊，充满了巴赫音乐的韵味。据说这是杨叔在最后那段时间里最大的快乐，而且总在弹奏之后说儿子就快回来了。

但是视频里的弹奏中断了，可能是疼痛的原因，杨叔没有弹完就坐在了那里，而且杨说："爸爸后来也没有机会再重录一次。"这时我突然想起以前几次见过的音乐中断，而这一次，不仅没有对真假的担心，反而觉得

现天习文

小小手机屏幕里的事情就在眼前。

每次面对灿烂的星空，我总在想这人世间的一切是否真实。我们每个人都是人生舞台上的一个演艺人，也许每个人都曾经或多或少地假唱过：你的工作报告，你的数据论文，你的书信和各种作品……未必没有过一丝虚假，但是我们大多数人在大多数日子里的声音应该还算真实。

对每个人来说，最终将没有什么可以隐藏，最后需要面对的不是别人，只有自己。最幸福快乐的人是活得没有愧疚的人：他并不经常急于向别人表露什么，他的一生总是在唱着自己的歌。

寻星揽胜忆青海

——德令哈观星琐记

李鉴　1996 级本科

2015 年 8 月，我和同事到青海省德令哈市组织天文爱好者的"星空大会"。甫一到达便感受到了高原给的"下马威"——头疼，即便休息也没能完全缓解，德令哈的苍茫戈壁在我眼中一下子失色了很多。但没想到之后的几天，我却领略到了不一样的星空之美，各种不适一扫而空，其中在托素湖畔和茶卡盐湖的观星经历，尤其令人难忘。

托素湖和可鲁克湖位于柴达木盆地东部的怀头他拉草原上，距离德令

可鲁克湖畔的日落

哈市 40 多千米。两湖一大一小，安宁静美，犹如一对亲密的爱人，携手守望着戈壁和草原的这片静谧。可鲁克，是蒙古语"水草茂美的地方"之意，托素为"酥油湖"之意。两湖相邻，但风貌迥异。可鲁克湖属于微碱性淡水湖，湖清水净，芦苇荡层叠环绕，景色秀美。

托素湖则是典型的内陆咸水湖，戈壁环抱，绝少植被，湖岸开阔，一望无涯。风平浪静时，湖面水天一色、蔚为壮观；风起云涌时，则波涛汹涌、拍岸有声。两湖有一条河道相连。在当地传说中，托素和可鲁克就是一对忠贞的爱侣，为了追求幸福而遭逢不测，后来化为了湖泊。

我们的观测地在托素湖北岸的"外星人遗址"，这里视野开阔，几乎没有光害，又有湖景相伴。恰逢这天天气极佳，入夜后，满天星斗跳入眼帘，如钻石般明亮，又仿佛触手可及。夏夜的银河斜插正南方的湖面，好像一条银龙怡然戏水，又像几缕燃烧的轻烟，点缀着这里的宁静。这里是银河最明亮的部分，人马座和天蝎座雄踞其中，地平高度都在二三十度以上，更增添了银河的气势。南斗六星、"星空大茶壶"、蝎尾弯钩等标志性形状都清晰可辨，所有人都不由自主地把目光投向了这里，相机和望远镜争先恐后地对准了这个方向。我拿起双筒望远镜，尽情地扫视银河中心的宝藏，瞪大双眼，努力把这些记录着宇宙奥秘的星空片段存入自己的脑海。天蝎尾巴上的蝴蝶星团（M6）和托勒密星团（M7）最先跃入眼帘，然后是人马座的礁湖星云（M8）、天鹅星云（M17）还有狐狸座的衣架星群。接下来，我想观测武仙座球状星团（M13），可这时它在头顶上空不远处，用双筒镜仰看太累，只得先放弃。环顾四方，我发现飞马的四边形已经升起了三颗，是看仙女座大星云（M31）的好时机，用肉眼就能隐约看到它的倩影，双筒镜更不在话下。这团模糊的亮斑成为当晚的收官之作。

8 月 15 日下午 6 点半左右，我们从德令哈市长途奔袭来到茶卡盐湖。此时的茶卡太阳斜照，游客如织，大小车辆停满了车场。摄影爱好者都在守候"天空之镜"。盐湖很大，湖水很浅，可以花 10 元钱租一双雨靴下到湖里。靠近岸边的盐湖表层结晶已经被游客踩碎，只剩下满眼的脚印和黑色的淤泥，要想体验洁白的湖水倒映蓝天的美景，只能走到更深处了。黄昏的日光为茶卡盐湖披上了一层金色的轻纱，拉长的人影投射在湖面上。伴随着清风的吹拂，整个湖区呈现出一种圣洁的氛围，显得柔美而宁静。仔细听，大家的话语声仿佛都轻了下来。我沿着景区的小路一直前行，直到薄暮降临。仰头望去，夏季大三角已迫不及待地在高空亮出了光芒，虽然大气透明度不算太好，低空也有云儿在逡巡，不过晚上的观测依然值得期待。

从住宿营地远眺茶卡盐湖

入夜后的茶卡，三五成群的观星者（不在我们之列）可真不少，听他们用各地方言交谈着，我突然觉得对星空的热爱或许真可算是一种全民爱好，参加这次星空大会的老少爱好者们不就是很好的证明么？盐湖周边的采矿灯很亮（尽管也很远），湖边驻地的蒙古包也带来了一些光害，加上天气的影响，这里银河明显没有托素湖畔那么明亮。不过这并没有妨碍大家创作出好作品，盐湖边上坐落着好几座几米高的大型盐雕，可以借此地景加以精心构图。后来在星空大会微信群里，我果然欣赏到了许多令人赏心悦目的佳作。我找了个没人的角落，仰望着苍穹，分辨着我认识的每一颗星和星座，它们则向我投以热烈的星光。慢慢地，占据我脑海的不再是宇宙之谜，不再是人世之务，而是一种说不出的"空"，空空的，什么都没想，又仿佛想了很多很多……

本次观星之旅，还有一处值得一提，那就是哈里哈图国家森林公园。它是西北干旱地区海拔最高的森林公园，也是青海省海西州保存最完好的天然林之一，称得上是柴达木沙漠里的绿色明珠。山坡上遍布祁连圆柏、青海云杉，森林和草原为野生动物的繁衍栖息提供了良好的条件，猞猁、沙狐等都是这里的"常住民"。公园内泉眼密布，溪水潺潺，葱郁垂阴，与极度干旱的柴达木沙漠形成了鲜明的对比。在星空大会结束之后，我和几位朋友租车来到这里住了一晚。从太阳尚未落山时开始，我们沿着山谷蜿蜒向上，直到天色全黑，半山腰处的一条小溪挡住了去路。或许是因为植被丰富的缘故，徒步上行没有任何不适，让人忘了自己身在高原。整个景区只有我们几个人，清冷的夜色下，谷中一片寂静，和前几天的热闹很不一样，天地星辰仿佛只属于我们。在一个地势开阔处，回望南方升起的银河，它跨过两座如卧龙般隐现的山峦，确实有"拱桥"的气势，看上去又别有一番风味。

天文学对于人类的精神有着如同哲学、美学以及艺术一样的治愈作用。它能拨动我们内心深处的琴弦，就像一种魔法。但亲近星空的机会，就算对于像我这样的天文科普工作者而言，也是屈指可数的。2015 星空大会，德令哈，一次毕生难忘的高原观星经历，一次充满惊喜的大美青海之旅，这份记忆，教人怎能不珍藏？

民以食为天

陈冬妮　1997 级本科

（一）

2002 年年底，托"中德马普青年伙伴小组"的福，我平生第一次踏上欧洲大陆。从上海到慕尼黑再到田野茫茫人迹罕至的 Garching，还没有适应啥都靠自己的 Guest House，我就被告知周末超市休息，要想不被饿死，抓紧去买菜。怀揣以一当十的欧罗巴货币来到村里的贫民超市，惊讶地发现黄瓜居然是论"根"卖的。看着一根根粗大无比好似绿塑料一样的黄瓜，咱这没见过世面的小孩子实在是不能理解为何黄瓜能每根都一样大小，而且身价高达十多元人民币！同样体积的牛奶比瓶装水还便宜，更让人切齿的是，就连炒菜的油都比喝的水价低！

西红柿倒还是红色，先拿上几个起码可以炒鸡蛋。明明就是棵普通的白菜，名字上为啥要加 China，而且贵得离谱。来不及理会这些细节，蒙头蒙脑地扛回两袋子生活必需品，于是就悲剧了。黄瓜果然是"塑料"材质，丝毫没有那独特的清香，味同嚼蜡估计就是形容它的。自以为拿手的西红柿炒鸡蛋，也完全败在"干干"的西红柿手里，这道在中国怎么炒都会汤汁四溅的传统名菜，居然糊锅啦！

无奈之下，我翻出行李箱里珍爱的宝贝"老干妈"，以及如今的小伙伴们都吃不起的"鱼泉榨菜"，闻着炒锅里飘出的那一缕浓香辣味，说热泪盈眶是有点夸张，但"乾坤大挪移"的感觉扑面而来，已然忘却身在他乡。

（二）

作为一个地道的北方人，初到上海是无法理解以"肉烧卖""炒年糕""咸蛋黄粽子"为代表的咸味黏食佳肴的。在我们的头脑中，黏与甜是固定搭配，是不可拆分的组合；而咸与黏仿佛世仇，把黏食做成咸味，不要说真的做出成品，哪怕是有一丝一毫这样的念头，都是无法理喻的。然而"根深蒂固"的执念也总有土崩瓦解的一天，在上海的时间久了，你就无法避开浓浓的"肉烧卖"香，也不可能看着"炒年糕"而不动声色；待得再久一点，"油焖春笋""葱油蚕豆""茨菇烧肉""走油肉""葱油拌面""青团""老鸭汤""菜肉馄饨""浇头面"便来者不拒，甚至最不喜欢的"炸臭豆腐"好像也没那么臭不可闻了。

咸鲜也好，甜辣也罢，吃总是头等重要的事。但求一颗包容之心，心有多宽广，你的味蕾便多一分意料之外的幸福。

（三）

满以为德国的饭食已经是难吃的极限，因为除了猪肘子、猪肠子、腌酸菜、面包圈，就只剩各种百喝不厌的黄白黑啤以及雷司令了。但天下之大，总还有更胜一筹的"炸鱼薯条"在等你。2014年的华威校园，让我再一次明白一切只能自力更生。培根和"老干妈"完全可以炮制出"回锅肉"；雪白厚实好像永不入味的鱼块，改刀之后用咱的八角花椒葱姜蒜小米辣，还是能够以"香辣鱼块"的面目见人的；并非PIZZA不好，关键时刻还得靠它救命，但如果条件允许，一小撮紫菜、一点香葱、一滴香油的蛋花汤，还是魂牵梦萦的那个味道。

啰嗦几句：

接到陈黎老师布置的作业，为60年系庆写几行趣事，特别嘱咐不要回忆在校的往昔，而要毕业后的所感所悟。作为一枚吃货，满心满眼都是美食，搜肠刮肚的趣事无一不与这"天大的事"有关，权当博君一笑。

衷心祝福北师大天文系60华诞，也许正是那四年的"佛系"让我辈受益终身。毕竟，即使没有了佛系，我们还有"海草"。

2020年4月3日

人在智利

李抒璘 1999 级本科

转眼间，到智利已经 5 年多了，回头想起当初拖家带口刚到这个几乎距离中国最遥远的国度时的心境，新鲜、好奇，还有一丝对在异国他乡生活的忐忑，似乎已经恍如隔世。再看看身旁每两分钟过来转悠一圈抱怨作业太多，只比我低一头的闺女，几乎记不起她 2 岁多刚到智利时稚嫩的模样，不禁感叹时间过得也太快了。

热情的智利人

初到智利，当地人给我的印象总的说来是热情，特别是对小孩，尤为和善和耐心。那时候女儿还小，胖嘟嘟的脸，齐刘海的娃娃头，在中国人眼中再普通不过的容貌，却让她大受欢迎。无论是走在路上散步，还是去超市、商场，不时会有其他妈妈或者阿姨主动过来打招呼，朝着我闺女说"太可爱了""真好看"。我们在游乐场玩，总会有小孩子过来问"你们是中国来的吗？""能一起玩吗？"我带着女儿去买咖啡，店员总是多给两块饼干。去菜市场买水果时，如果有女儿在场，也时常有人热情地塞个橙子或者几个提子给她。我还没来得及飘飘然，一次和当地朋友的聊天让我知道了缘由。因为她两眼放光、口水都快流出来似地对我说"对呀对呀，我们智利人就是

觉得单眼皮的东方小孩特别好看（这里为我闺女正名一下，人家明明是内双！）"，事后还发给我一张她珍藏已久的我闺女和一个古装丹凤眼东方姑娘的剪贴照，着实让我想起了大受西方审美欢迎的超模吕燕。

总的说来，相比较其他在智利的外国人而言，智利人对中国人是友善的。我想可能由于大部分在外的中国人都懂得客随主便，且亚洲人比较克制谦让，不像有的欧美人那么强势"龟毛"吧。此外，稍微上点年纪的智利人似乎对中国多少是有些情结的。我的一位西语老师就说，她小时候经历过一段智利物资紧张的时期，那时候她觉得最好吃的东西是中国运来的"中国猪肉罐头"（我理解的午餐肉）。当然，我对智利人热情的评价也受到了不少质疑，常有当地人一脸不信地说：不会吧，智利人，特别是圣地亚哥人，应该是整个拉丁美洲最冷漠的。我确实也遇到过冷漠的，但是总的感觉是还好，也可能是别的拉美国家去得少，没有对比，当然这是后话了。

吃在智利

对于我这样一个吃货来说，一个地方是否具有吸引力的要素之一就是"有啥好吃的"。在这点上，智利的水果，诸如车厘子、蓝莓等，对我当初决定到这里工作着实加分不少。而实际上，到智利之后的每个夏天，我几乎天天抱着20块钱一公斤的车厘子吃到饱。便宜归便宜，要寻到品质好的水果也得费点心思。据说当地最好的车厘子，在上市前就已经打好包卖到国外了，当然价格也可观。

智利人比较引以为傲的还有他们的葡萄酒和皮斯科酸酒（Pisco Sour）。因为当地的气候原因，他们的葡萄酒是相当不错的，且物美价廉，性价比很高。纯的皮斯科一般酒精度较高，40%左右，对我这种平时不饮酒的人来说喝不太习惯，但若加上一些果汁调制成皮斯科酸酒，就让人很爱了。

智利作为最狭长的国家，有着超长的海岸线，其海产品也极为丰富。几乎每个到智利的游客都会到圣地亚哥著名的海鲜鱼市中央市场饱餐一顿，那里有最新鲜、性价比超高的海鲜大排档。

然而话说回来，出门在外，中国人最难满足的还是那个中国胃。在智利的中国人不算少，但是比起欧美国家来说还是不够多，因此好吃、正宗的中餐馆真是太难找了。我每每想起回国就激动不已，仔细想想澎湃的除了思乡的心，还有那个思念水煮鱼、火锅、烤鸭的胃啊。

佛系的智利人

拉丁美洲人民的生活节奏貌似是大家公认的慢。每当我抱怨在智利做事情如何如何慢，效率如何如何低时，总会有人语重心长地对我说："你就知足吧，智利在拉美已经算是工作效率高的了，得空去阿根廷看看，你就无话可说了。"我想想也是，其实真正工作中接触到的绝大部分智利人工作还是兢兢业业勤勤恳恳的。

让我觉得佛系排在第一的是他们的商业服务行业。商店里服务员漫不经心、爱买不买的态度，常常让你觉得他们视金钱为粪土。网购的话类似国内淘宝"亲、亲"直叫、热情似火的客服是不存在的，在智利的网购和快递体验着实让我无比怀念国内的某宝、某东。改善客户体验、提高服务质量对于神经大条的他们来说似乎是太麻烦的一件事。不过客观地说，最近由于疫情影响，大家居家隔离，可能由于需求量增加，他们的送货到家服务有了很大的改进。

平时生活中，有红绿灯坏了一礼拜没修好的情况，电路或者水管维修停电或停水个两三天也属正常，对于大部分人来说，似乎也都见怪不怪了。最近疫情暴发，重灾区圣地亚哥几乎全市隔离 3 周多后解封，政府宣布进入与病毒共存的新常态，并且要将复工复学计划提上议程。想想国内学校至今都还小心谨慎没有全面复学呢，我不禁捏了把汗，只能寄希望疫苗赶紧研制出来吧。

说到学校，他们的教育也佛系。正如前面说的，智利人对小孩尤其宽容和温和，虎爸虎妈在这里是不存在的。不论孩子有多淘，学得有多不咋地，学校的老师永远温柔和有耐心，我女儿鬼画符似的作业也被老师夸得跟朵花儿似的，这实在让我佩服得五体投地。闺女的钢琴老师时常"教育"我的就是一定要"微笑陪练，不要强迫"，我嘴上说着好，心里却在苦笑"臣妾做不到啊"。

天文观测圣地

说到智利，就不能不提它的天文，智利可是名声在外的天文观测圣地啊。智利北部气候干燥，有着世界闻名的阿塔卡马沙漠。那里降水量少，无云夜很多，大气稳定，特殊的地理和气候条件让它成为理想的望远镜设施建设台址。此外，因为智利地处南半球，与大多数北半球国家经纬互补，从而吸引欧美国家将大部分望远镜设施建设在这里。包括闻名遐迩的ALMA、VLT、LSST等。据统计，智利坐拥全球70%的天文望远镜设备，所以，"天文观测圣地"的称誉确实名不虚传。这也是我们一群天文工作者，背起行囊，不远万里来到这遥远国度的原因。

这里"盗图"两张，是同事在我们期待建设台站的文特峰拍摄的。第一张可以隐约看到远处山顶的集装箱和台址监测设备。那里寸草不生的山坡，遍地的石块，在夕阳的映照下，是不是特别像电视剧西游记中火焰山的取景地？第二张是他们晚上调试监测设备时拍的。我从没有晚上在山上待过，但是光看照片，就觉得那样的夜空真是美得让人窒息，令人向往。

智利当地对天文还是相当支持的，他们的天文学家普遍收入不低，且很受尊敬。智利政府本身对天文科研的投入并不多，但是他们对其他国家来智利建天文设备比较欢迎，并给予免税、人员引进外交通道等很多优惠待遇；作为回馈，凡是享受上述待遇的国家在智利建成望远镜后，需要分配10%的望远镜使用时间给智利本地机构的天文研究人员，以此来促进当地的天文研究。因此，我们来智利的工作之一便是看是否有适合国内天文设备的站址。当然，这并不是我们工作的全部，大部分人还是在利用当地的望远镜与当地学者合作，进行科学研究。

智利的美景

智利让人想要记录的地方太多了，它的自然风光绝对是可圈可点的。从南到北，从冰川到沙漠，它的景致风格大相径庭，各具特色，却都美得摄人心魂。写到这里，我不由去翻看之前去过地方的照片，虽然摄影水平不咋地，却都勾起我满满的回忆。

从左至右：智利南部兰科湖、Pucon、Molina 的青山绿水

智利最吸引人的是百内国家公园和南端可以看到冰川企鹅的蓬塔阿雷纳斯。它们位于智利南部，常年气温较低，我又实在怕冷，一直都没有鼓足勇气前往。只希望疫情能赶快平息，在我回国前还能有机会去看一看。此外，隶属智利的复活节岛上，那些充满神秘色彩的大型石雕，吸引着世界各地的考古学家和游客慕名前往。

写到这里，我心里禁不住暗暗叹息。从 2019 年 10 月起，由于地铁涨价，触发当地民众长期以来积累的一些矛盾和怨气，智利频频出现游行示威活动。而一些暴徒乘机发动暴乱，到处涂鸦，烧毁公物。现在一波未平一波又起，新冠疫情又开始肆虐。看着屋外依然灿烂的阳光、蔚蓝的天空，听着街上时不时响起的汽车开过的声音，恍惚间一切都似乎回到了从前，回过神却又意识到都不一样了。只希望暴乱和疫情都能尽快平息吧，还这个国度原有的平和与美丽。

2020 年 5 月 3 日

我和星缘的两次难忘经历

詹想 1999 级本科

星缘的由来

2003 年，我从北师大天文系毕业后，赴北京天文馆，从事天文科普和天文教育工作。2010 年，喜欢天文观测、喜欢户外露营，同时又喜欢登山的我，发起组建了一支队伍——星缘山风队。星缘，意味着因星空结缘；山风，以"登上山巅享受山风"来指代户外活动。这可能是国内第一支专注于户外及观星的队伍。从 2011 年年底开始，借助于微博、微信等自媒体的兴起，我们的队伍迅速发展，网罗了一大批北京地区的高水平天文爱好者。我们经常一起户外观星，赶上一些特殊天象，不管发生在哪里，我们都会相约一起前往观测。在这里，就简单聊两次令我终生难忘的和星缘一起的活动经历吧。

西灵山巅，云海银河

2013 年 7 月 13 日，我和星缘的几位小伙伴一起重装攀登海拔2400 多米的西灵山露营观星。那天的天气其实不太好，前一天刚下过雨，当天的天气预报报的是多云，

西灵山上的野花和灿烂的银河

西灵山云海、星空和银河全景

但我们仍坚持前往，因为我认为这样的天气说不定能看到云海上的星空。

那天爬山非常累——山很陡，我们中间还走错了路，最后真是咬紧牙关不断坚持才终于爬到山上。入夜，当我们围在一起吃着户外炉头灶具煮出来的热腾腾的泡面时，头顶的云散了，星空显现了出来。

我们置身亚高山草甸的繁花丛中，呼吸着带有花香的清新空气，耳中是虫鸣鸟叫，脚踏翻滚的云海，头顶是璀璨的繁星与浩瀚的银河。极度劳累之后，我们迎来极致的美景，当时的心情已经无法用语言来形容了。几乎是一瞬间，我热泪盈眶……

不远万里，美西追日

2017 年 8 月 21 日，在美国发生了一次日全食。日全食是地球上最壮美的天象，我们当然要组队去追啦！

我组建了一支 9 人的队伍，我们一起提前规划好了行程、申请了签证、订好了机票……至于住宿，考虑到日全食前后，在全食带内及附近的住宿一定很紧张而且很贵，同时在美国自驾房车旅行很方便，能同时解决住和行的问题，一定程度上解决吃的问题，因此房车成为

星耀纪念碑谷

我们的选择。事后证明，这一选择非常明智。

日全食前的一个多星期，我们驾驶两辆房车，把美国西部的重点美景游了一圈。美西的自然风光确实名不虚传：西雅图的雪山、雄伟的科罗拉多大峡谷、鬼斧神工的拱门国家公园、壮阔的纪念碑谷、险峻的马蹄湾、梦幻的羚羊谷、怪石嶙峋的布莱斯峡谷……全食后的几天，我们还跑了一趟著名的黄石国家公园，见识了这里生态之丰富、风景之雄浑、颜色之多彩……每个地方都令我流连忘返。

日全食前三天，我们结合天气预报和交通拥挤程度，果断放弃了预定

我用轻便长焦设备和单一参数傻瓜式拍摄，通过合理的后期处理得到的日全食特写

的热门观测地大提顿，而往东去了日全食时间更长、太阳高度更高，又处于平原地区、交通发达的里弗顿－卡斯珀一带。19 日晚，我们到达里弗顿。20 日，我们选择了这里的 Boysen 州立公园作为观测点。当天下午和晚上，我们在选为观测地的湖边停车休整、观测彩排、查缺补漏、做饭、晚餐……度过了一个相当悠闲舒服的日全食前夜。

21 日早上，西边半空有一些云。为求稳妥，我们往东转移到了云更少的卡斯珀。接近中午偏食快开始时，我们才到达卡斯珀南郊，在一条小公路边跟当地人一起观测。小伙伴们基本都携带了长枪短炮，希望能拍到精彩的照片，当然也有一位队友是专注于目视好好欣赏的。

我架设了 4 套设备，其中两套是卡片相机和手机，用于拍摄日全食场面的视频；另外两套，一套是轻便长焦系统，用于拍摄日食特写，另一套是广角系统，用于拍摄带地景的日全食照片，同时，它还承担一个非常重要的任务：给大家拍摄与日全食的合影。在日全食那短短的几分钟里，大家自己看和拍都来不及，一般不会有精力帮别人拍照，所以我架了一台自

动设备给大家谋福利。这套设备圆满完成了使命，忠实记录下了日全食全过程的广角画面，同时有 4 拨小伙伴利用它得到了和日全食无比珍贵的合

影。我们这次日全食观测圆满成功！

以上就是我和星缘的两次难忘经历。我和星缘的故事，还会继续写下去……

2020 年 4 月

星缘山风队的小伙伴们在日食观测胜利结束后的合影

第五章　谈天说地

我和太太与日全食的合影

生活诗话

查清哲（查球）2006 级研究生

向往天文
七绝

少年泛阅尤科普，
邂逅天文顿不同。
萌动情思何所致，
神奇宇宙美星空。

忆天文研学三载
七绝

三载京师往事多，
励耘杏路闻振铎。
学研更有兴隆测，
仍记松茸遍山果。

携稚子农庄游宴
七绝

暖阳携眷觅农家，
畦苑廊池景够夸。
依睹龟鱼神露怯，
脱追猫狗靥生花。

读郑板桥
七律

号比名大似东坡，
扬州最著一八怪。
三朝进士任南北，
一斋枝叶关情怀。
孤高三绝诗书画，
清正一官归去来。
难得糊涂多良友，
骇俗润格论价卖。

木棉
七律

重楼轩外英雄伟，
粗干虬枝锦拥连。
横叶因高凌矮木，
立冠缘近过遥巅。
风吹条束摇无定，
春挽芳华固且坚。
一树橙红花不落，
偶飞枯叶趁争先。

记夏湾夜市美食街

供职城区，家岛遥远。偶有夜值，常不能返。闻名夜市，近在夏湾。
碌碌终日，间或消遣。灯火通明，人潮攒攒。五湖四海，海猛生鲜。
面蔬蚝虾，炒煮烤煎。香飘扑鼻，惹人垂涎。择其三四，插足摊前。
美食几份，青岛另点。中途视频，妻子艳羡。酒足饭饱，赛似神仙。

起早

张珏 2011 级本科

大学考试拼的是考试周，谁熬得久、耗得住，谁就是赢家。我的定力与耐心向来少得可怜，超过晚上 12 点还在自习室就觉得亏待了自己，第二天不是睡到 10 点就是吃上一顿长达一个小时的豪华午餐。所以考试周期间我会在晚上 11 点入眠，第二天一早早起，有时 4 点、有时 5 点，依据科目紧急程度而定。

起早的最美妙之处在于吃早饭。

北京的冬天，不是一整天都有干冷的风在刮的。清晨出门去，不黑不白的天色，几颗不晓得名字的星星安安静静地待在那里，一点儿也看不出它们内部的核聚变是有多么激烈，温度有多么炽热。一如这个没人影儿的学校，仿佛一切都还在沉睡似的，天晓得有多少人已洗漱完毕干净利落地投身奋战了。倏地有一个戴着鸭舌帽穿着短裤在大街上晨跑的人和我擦肩而过，身边再无其他人，我便也就肆无忌惮地盯着他的背影远去，大清早戴个帽子干吗？大冬天穿条短裤干吗？然后想着想着开心了，继续肆无忌惮地自言自语着觅食去了。

我爱吃西北餐厅东面外卖窗口的鸡蛋饼，热乎的，香软适中。每次总是一层一层摞得高高的，卖的时候涂上一层面酱一抓就装进了袋子。烫手的鸡蛋饼，金黄色的质地，往口袋里一塞，整个人都暖了。师大的妹子每次只吃一个，但这对我而言刚好勾起食欲，然后就是坐在宿舍里抓心挠肺地纠结是忍着馋瘾还是出去再买一个。我还真有过爬起来再去买一个的时候，只是第二个永远没有第一个香。所以之后我就改变战略，直接买俩。偶尔食欲好了还想吃包子、夹肠饼，又不好意思让人家认为这么一个瘦瘦的女生吃这么多，于是我会强调一下：分开装。那天自然也是乐颠颠地奔着鸡蛋饼去了，一路想着柔软的饼托上焦黄鲜香的鸡蛋，口水都哗啦啦地直流了。只可惜，我吃早餐的热情太高涨了，饼还没有做好，而我看到的，是一场难以忘记的盛景。

做饼的师傅们一字排开，统统背对着我在忙活。狭长的工作间里，黄澄澄的灯光和着袅袅白烟，让人心头一暖，仿佛是过年时家中的大人一起聚在厨房里忙活年夜饭，有的择菜，有的切菜，有的炒菜。而一帮闹腾的孩子们则窝在客厅嗑着瓜子吃着糖葫芦，闹哄哄的电视机里主持人、歌手、演员乱作一团，即便没有人看，电视也开着。大家都在幸福地忙活着，等待着幸福的晚餐。工作间中几个高高的师傅穿着洁白的工作服，戴着洁白的厨师帽，我看不清他们的五官与脸庞，只见他们宽硕的肩膀一起一伏地揉面。还有人在拌鸡蛋，大概是为了我最爱的鸡蛋饼吧！不像是家里，只要在一个小饭碗里打几只鸡蛋用筷子搅匀，这里是用一个大盆在拌鸡蛋，看起来就极富满足感。我站在还未被太阳点燃的晨光下，隔着一层玻璃，痴痴地望着里面的世界，闹哄哄，但听不清他们在讲什么；热腾腾，但感觉不到里面的温度。没一会儿饥饿便把我拉回现实，看样子今天要改变食谱了。

之前我是去过一次食堂吃早饭的。那天赶中午的飞机回家，临走前应温万如（初中老师）的要求，拍一张与学校大门的合影。一大早我便黏上郭佳持（历史系室友）帮忙，顺便也和她去感受了一下新乐群的早饭。我向来讨厌新乐群一楼，因为那儿的桌子不合身，莫名要加上一道横梁，无论如何都想不出怎么安置腿。那天我们去得还算早，除了有他人常吐槽的胡萝卜包子，还有油条、各种油乎乎的饼、粥和可以现煮的方便面，几样开胃小菜还算家常素淡，很中国式的一个超大早餐铺子。可惜没有豆腐卷、豆腐脑，那是我最喜爱的"外卖式"早餐啊！在这儿待了这么久，始终是当不成家。早餐与家在我的眼中有一种妙不可言的联络。之后与同学聊起，才发现豆腐卷、油煎包是我们那儿独有的食物，就像沙光鱼、凤鹅、汪恕有滴醋这些从小到大习以为常的东西，到了外地后，瞬间就贴上了"我的"标签，这总让我有一种自豪感。"下回带点来给你们尝尝！"我总是如是说。由于新乐群太远、桌子不合身，且上一回并没有给我留下什么好印象，我选择了去学五。一样，还是来早了。于是我静静地坐在桌子旁观察起来。

学五有两片柜台，一片与新乐群的早餐无异，无非是些馒头花卷之类的。统一制服的工作人员把码得整整齐齐、摞了好几层的白面馒头从厨房一屉一屉地端出来，由于还没开始卖，他们有的是时间布置。把碗摆整齐，把小菜一字排开或摆成梅花状，把歪出队形的馒头拾掇归位，把大桶中的南瓜粥搅匀。这些人的脸上没有疲惫、乏味或对早起的厌恶，而是从平凡反复的生活中捕捉到了微妙的乐趣。一个小姑娘还给一个小伙儿的肩上来了一巴掌，催他动作快点，下巴一扬示意有人在等。我笑眯眯地说我不急，他俩就又笑盈盈地回厨房去了。而另一片柜台相当于是半开放性厨房，后面有人在做，前面有人在卖。现炸的油条、现磨的豆浆、现煮的面条，大桶大桶冒着蒸气的开水，一切都甚是美好。大多数的食物还都在制作过程中，而我已经饿得不行了，便选了做好的豆浆与春卷，还有一种油腻腻的面条，不记得是叫作热干面还是炒河粉了，其间一个男生也来点了一大盘，三口两口就这么干巴巴地吃了，然后火速撤离。我的饥饿程度导致我高估了自己的饭量，我说怎么要四个春卷时大妈一脸惊讶呢。春卷的外皮韧性极强，中间裹满了胡萝卜丝、绿豆芽，正好我刚开始整牙没多久，吃春卷这一过程的狼狈我就不多描述了。豆浆倒是很不错，可以自己随意加糖。北京不比连云港，食物一拿出来不封口分分钟就潮了、绵了、结块了。在宿舍里头，我们两个江苏人，一旦东西开封后没吃完，就立即

找小夹子夹起来放好，而两个天津人则是吃剩了的薯片就敞口放着，隔天再拿来吃一样那么脆。这边的白砂糖就这样盛在一个大碗里，里面放一个小勺，吃多少加多少，一天过去到了晚上还是粒粒分明，没进半点潮气。我往豆浆里加了两勺白糖，刚刚好香气扑人。据说老北京正宗的豆汁儿是酸的，一般人喝不来。

一顿饭吃过，天也亮了。路上背着包走的人、骑车的人也多了起来，都匆匆的，还没看清长相就过去了。鸡蛋饼终于也摞得高高的，等待着被抹上酱、被抓在手里了，我只能打着饱嗝远远地瞅上那么一眼。

一天就这么开始了。

后记：

正值系庆，翻开六年前随手记的这篇小文，一下子又怀念起我最爱的鸡蛋饼来。不只是鸡蛋饼，还有桂林米粉、西北的汤面片、新乐群四楼的砂（shá）锅（guǒ）面（miān）和麻辣烫、冬天大合唱排练后吃的关东煮、教工的饺子、学五一点五的肉夹馍、臊子面，更不用讲学校周边的各种小饭馆了（其实是老阿姨记不起名字来喽）。

文里讲，在北京待了那么久，终究是感觉和家不一样。现在回头看，在国外待了四五年，只要是祖国的怀抱就是家，管它是豆浆油条还是早茶螺蛳粉，都是家乡的味道。前几天大使馆登记我们的信息，让我知道如果留学生有需要，时时刻刻有祖国强大的后盾会提供帮助。六年前的我还分不清热干面和炒河粉，今年全世界为武汉加油的时候，我也做了人生第一份热干面，外国友人表示很咸很好吃。

疫情过去了我要回趟家。

注：作者目前在澳大利亚西澳大学攻读天体物理博士学位。

玫瑰星云

——致那些引我入门的祈愿

周梦怡　2019 级本科

可能与其他理科生不同，我一直自诩为一个喜欢文学的少女，此处文学特指科幻小说、诗歌以及杂文。正因为读过了各种各样的故事，看过了那些精彩纷呈的人生，我的脑海里总是充斥着一些关于未来的片段——多是我作为主角的奇幻经历，我将它们称为无用的妄想。

一切都是科幻带来的。如果一定要让我描写一下我读刘慈欣笔下的宇宙时内心是怎样的惊涛骇浪，我想我贫乏的词汇和欠缺的笔力是无法做到的，因为那种震撼在我心中回荡蔓延开来，让我充满了对宇宙和孤注一掷冲向星海的向往，还有个声音自心底叫嚣着让我和别人分享，这一点在我读完阿西莫夫的《永恒的终结》后也有所体现——我告诉我的家人、朋友："人类的脚步永远不会陷于这颗孕育了我们的星球上，我们一定会向星海深处启航。"

让我讲读后感，可能整篇文章都是用拙劣语言描绘的我心中的少年热血，所以读后感到此为止。我来讲讲我的文章标题。

听起来很不可思议，和众多天文爱好者不一样，我知道玫瑰星云是在一本小说中。主人公旅行时发现本应可见的玫瑰星云没有出现在舷窗中，借此引出了航线错误，并历经万难回到主星以及地球的故事。在故事将近

结尾的部分，他们终于见到了玫瑰星云——终于修正了错误。我总是一个有着特殊关注点的人，疑问在我心中发酵，膨大：贯穿了全文的玫瑰星云到底是何种样貌？

那是怎样的美丽。在寂静的夜空中绽放的玫瑰，如空谷幽兰独自吞吐着她的芳香。年轻的生命在其中孕育，等待着向宇宙发出自己光芒的那一日。我想，任何见过她美丽的人都不会再忘记她的面庞。

后来，我义无反顾地在高中夏令营等大学组织的活动报名表中，填写了我对于深空的向往——"保有着强烈的亲眼看看玫瑰星云的梦想。"不只是在望远镜中，我希望我的后代能更近距离地欣赏她的美丽。高三结束的那个夏天，我终于与星空更近了一步，和北师大天文系结下了不解之缘。

风雨 60 载，这个浪漫又严谨的学科已经在师大这百年校园中深深扎根，我感谢天文系给我一个与星空更进一步的机会，满足一个文学梦少女最初的祈愿。我不曾陪伴她度过从前的风雨，毕竟我与她相遇的时间是那么的短暂，但我有能力看见她未来的模样。无论我还在不在这个领域，也或许我在未完的人生里不能探索宇宙的奥秘，但我总会与星空为伴，因为我知道在麒麟座有一朵盛放的玫瑰，在寒冷的冬天也静静注视着我，承载着我的、人类对宇宙的不变的追逐与梦。

室友＆食友曾曾

陈启航 2019 级硕士

曾曾，一个工科出身，却躺着考上天文系的奇才。他是我的室友，是睡在我对铺的兄弟。入学的第二个晚上，他拖着皮箱艰难地走进"新家"的身影，我至今难忘。自从开课一起选了天体物理导论和等离子体天体物理两门课以后，我们就成了难兄难弟，再加上班里我一个老乡——吞吞(guì)，活脱脱苦难三兄弟。

那是一个闲适的晚上，曾曾学等离子体学到怀疑人生，正心烦之际，同班的朋友提议找个去处借酒消愁。于是，我们四个人带上一瓶青柠汁，几个鸡尾酒子弹杯，以及一瓶朗姆酒和龙舌兰找了个僻静处喝起来。我们小酌几杯后便聊起来，聊读研，聊国外趣事，聊梦想，聊爱情……曾曾说他想不通当时为啥就考了个天文专业。他说，他想毕业了找个收入不错的工作，然后过上闲适而无忧无虑的生活，反正也没有漂亮小姐姐看上他，"谈个 × 的恋爱"，"去 ×× 的爱情"，还不如好好挣钱。说着说着，脸就不争气地红了起来，酒劲儿也不争气地上头了。

酒过三巡，聊得正酣，有位朋友唱起了草原之歌，跳起了蒙古舞。我们笑得脸都疼。突然，曾曾仰天长啸："好想谈个恋爱啊！"大家先是一愣，随即哄堂大笑。"好想去南京啊，好想找个漂亮的南京小姐姐啊！""我为什么要读研啊！""我想要爱——情——"然后就看到他瘫坐

在那里闭着眼，一副渐入佳境的表情，嘴里嘀咕着"忏悔"的话语。

真香！

我们笑得脸疼、腰疼、肚子疼、浑身疼……

还有一次，那又是一个闲适的晚上。我们一行 5 人去东门外的爱德堡西餐吧，要了 5 人份骰子，玩起了由吞吞发起的"吹牛皮"游戏，惩罚是喝一口酒或吃一口鸡尾酒里的调味品：柠檬片、薄荷草，甚至小米椒或桂皮。酒喝完了当然就只能吃调味品了。曾曾最倒霉，他点了杯"血腥玛丽"，里面除了没有薄荷草，其他的都有。来自湖南的他很自信："我输了吃辣椒！"有一局曾曾连输几次，他拿着小米椒一口一口吃，还说："挺好吃的，也不是很辣嘛，要不你们也试试？"只有我信了他的鬼话，"试试就试试"，我吃到一半的时候，突然辣得想在地上打滚，足足喝了一瓶"Corona"啤酒，还吃泡芙饼和番茄酱解辣。曾曾还在一旁笑我，等他吃到一半的时候，笑容渐渐消失，不出一分钟的工夫，本来喝两口酒就脸红的他，脸已是红中带紫。他面目狰狞，嘴里仿佛有团火焰，喝水都不管用。坐在沙发最靠里的那端，他旋转，他跳跃，他瞪圆了眼，分秒不停歇……

2020 年 3 月 30 日于甘肃陇西

新五月花号在火星

任桐田　2019 级研究生

秋冬时节的大西洋
彻骨的深渊
此岸是新英格兰的港口
彼岸是未知的新大陆
野兽 蛮族 瘟疫 风暴
他们站在甲板上
他们坐在船舱里
离开舒适的城市
去高山之巅
把理想撑起
把公约铸下
等待明天

五月的花在园中纷飞
润泽着新英格兰肥沃的泥土
他们出生
他们死去

后继的船只往来憧憧
他们中必有人没机会来到彼岸
沉睡在洋底
漩涡把梦想一并吞没

他们出生
他们死去
种子终将萌发
在生命的轮转完成一圈之前
长成参天大树
又撒播新的种子
希望在田野里播种
田野在笔尖下保存
笔尖在言说间跃动
言说在勇气中永恒
永恒湮灭了虚无
直至百年千年

半个千年
五个百年
永恒此时属于火星
和它慷慨接待的租客

春夏时节的陨石坑
昏沉的苍凉

此岸是地球赤道的基地
彼岸是低洼的火星平原
辐射 低温 干涸 沙尘
他们站在舷窗旁
他们坐在舱室里
离开酷热的地球
去新的行星
把机遇捕捉
把勇气富集
期盼明天

五月的花在基地生长
唤醒了峡谷砂石 沉睡的脉动
他们出生
他们死去
后继的飞船往来憧憧
他们中必有人没机会来到彼岸
沉睡在太空
陨石把梦想一并击碎

他们出生
他们死去
种子终将萌发
在生命的轮转 完成一圈之前
长成参天大树
又撒播新的种子
勇敢在太空里起飞
太空在火焰下闪亮
火焰在冰层外飘逝
冰层在超越中消融
超越延伸了永恒

不再有时空的阻隔

通天塔终将倒下
巴比伦湮没于沙尘
震愕的囚徒将信件寄往远方
大西洋底沉睡无数初民
饥饿的它仍在涌动
吞噬着冰
撕咬着雪
周边火警轰鸣
仿佛昭示宇宙在热寂中终结

热力学的每一条定理都充分有效
从来都不缺统计学家帮它证明
过去和未来
久经考验
把信念留下
把偏差抹掉

在历史海洋中的泳者
同时怀有消极和积极
消极是免于淹死的防护
积极是补全要素的进取
五百年 是泳池赛道的一小段
五月花号 是开往火星的一粒沙子
它的船体终将锈蚀
它的乘客终将沉睡
但勇气将超越物理的限制
直至热寂前的永恒
等待着新的来客
将比赛记录还原

后记

2020 年对于全世界来说都是充满挑战的一年，世界范围的疫情打乱了人们的生活节奏，也改变了我们系庆 60 周年的计划安排。说起来，60 年在宇宙演化的长河中转瞬即逝，但我们北师大天文系人却是砥砺沧桑，艰苦前行。去年年底，系里布置任务给我——编撰天文系建系 60 周年纪念册。尽管系庆 50 周年时主编的纪念册《追星逐月》得到了基本的认可，但毕竟多年没有参与系里"大政方针"的讨论，站的高度不够，如何有大视角？所以，只有恳请天文系的老师、同学和系友们帮忙！我觉得自己唯一的优势是和天文系的人从年老者到年轻人都有交集。还有，由于时间紧迫，必须要找个好的帮手，不计报酬、肯投入、效率高，于是陈阳老师成为我的搭档。

首先要确定书名。神奇的是，几乎多人同时建议以系训"观天习文"为题！然后就是定内容。我希望纪念册能够反映近 10 年天文系的发展，能够展示各届系友的工作、才情和生活。同时，我也期望她不仅是一首生日庆典上的祝寿歌，更是一份有思想、有深度的作品。所以，我建议了本书的五项内容，分别是：题词贺词、系里十年发展概要、系友工作亮点、纪念类文章和系友的生活感悟。

比较难把握的是总结天文系这十年的发展。所幸张琳、张阳老师为我提供了这十年的"党政联席会议记录"，以及工会和学生工作的许多珍贵照片；两届系主任班子的工作报告则大致勾勒出天文系发展的脉络。加上各位学科带头人和实验室诸位教师的鼎立协作，总算让这部分内容丰满起来。曾在我们系工作过的曹文瀚老师，为我们征集了不少名人的墨宝，对他在疫情中的奔波深表感谢！系友艾力拍摄的慕士塔格峰星夜，诠释了观天习文之美，被我们选用为封面，在此也感谢他！

催稿和编辑的工作是琐碎繁复的，上百篇文稿良莠不齐，加之我们自

身文学功底的欠缺，我和被疫情阻隔在成都的陈阳经常网上切磋到深夜，既有文笔美编方面的打磨，也有不得不做的平滑抛光，一篇文章常常与作者间数次往返。但正如陈阳老师所总结的：

参与建系60周年纪念册的编辑工作，可以比其他系友提前半年时间看到《观天习文》的一百多篇稿件，更早地体会他们对人生的感悟和对天文系的感情——

"起早的最美妙之处在于吃早饭"，曾经问我瑞利散射后的天空为什么是蓝色而不是绿色或紫色的张珏原来是个吃货呀，一顿早饭都可以写得这样美妙！

"有了导师的尚方宝剑，我去放飞自我了"，印象中一直乐观洒脱的TT原来有着这样的心路历程。

"一直觉得作为老师，最大的幸福是迎来一届届的学生，然后引导他们前行，陪伴他们成长，守护着他们最美好的年华，在青春洋溢的身影上看到未来和希望。"要是记忆中那个可爱的小师妹，也曾做过我的中学老师，那将是一件多幸福的事情啊！

瞿渊师兄的眼镜竟然成为一代人的记忆，《天体力学和天文动力学》教材封面上的郑学塘老师竟有那样曲折的人生……

他们不再是我记忆中日益模糊的一个个名字或影像，而是一个个鲜活的人，有着自己的生活，有着喜怒哀乐各种感情。他们可以在担任HXMT总设计师的同时，保持"知足的生活态度"；也可以在非天文领域的工作中，仍然心怀"曾经的星辰与大海"。正是这一个个可爱、可敬的系友组成了我们的天文系，使之在这60年的岁月里虽经历坎坷，但仍不断前行！

陈阳老师的上述心语我感同身受。

六十年沧桑砥砺，一甲子春华秋实。我们期待疫情早日结束，更期待天文系在新一轮甲子中发展、强大！

最后，感谢您阅读本书。

陈黎 2020 年 9 月

图书在版编目（CIP）数据

观天习文:纪念北京师范大学天文系建系60周年 /
陈黎，陈阳主编. -- 北京 ： 当代世界出版社，2020.10
ISBN 978-7-5090-1344-1

Ⅰ．①观… Ⅱ．①陈… ②陈… Ⅲ．①北京师范大学
－校史－史料 Ⅳ．①G659.281

中国版本图书馆CIP数据核字(2020)第183081号

观天习文：纪念北京师范大学天文系建系60周年

作　　者：	陈 黎　 陈 阳
出版发行：	当代世界出版社
地　　址：	北京市东城区地安门东大街70-9号
网　　址：	http://www.worldpress.org.cn
编务电话：	（010）83907332
发行电话：	（010）83908410（传真）
	13601274970
	18611107149
	13521909533
经　　销：	全国新华书店
印　　刷：	北京博海升彩色印刷有限公司
开　　本：	710×1000毫米 1/16
印　　张：	25
字　　数：	366千字
版　　次：	2020年10月第1版
印　　次：	2020年10月第1次
书　　号：	ISBN 978-7-5090-1344-1
定　　价：	88.00元